Entrepreneurship

Herausgegeben von
M. Brettel, Aachen
L. T. Koch, Wuppertal
T. Kollmann, Duisburg-Essen
P. Witt, Wuppertal

D1723982

„Entrepreneurship" ist ein noch relativ junger Forschungszweig, der jedoch in Wissenschaft und Praxis stetig an Bedeutung gewinnt. Denn Unternehmensgründungen und deren Promotoren nehmen für die wirtschaftliche Entwicklung einen zentralen Stellenwert ein, so dass es nur folgerichtig ist, dem auch in Forschung und Lehre Rechnung zu tragen. Die Schriftenreihe bietet ein Forum für wissenschaftliche Beiträge zur Entrepreneurship-Thematik. Ziel ist der Transfer von aktuellen Forschungsergebnissen und deren Diskussion aus der Wissenschaft in die Unternehmenspraxis.

Herausgegeben von
Professor Dr. Malte Brettel
RWTH Aachen

Professor Dr. Lambert T. Koch
Universität Wuppertal

Professor Dr. Tobias Kollmann
Universität Duisburg-Essen
Campus Essen

Professor Dr. Peter Witt
Universität Wuppertal

Patrick Krell

Immaterielle Belohnungen, individuelle Kreativität und Innovationen in KMU

Eine empirische Analyse des mittleren und oberen Managements

Mit einem Geleitwort von Prof. Dr. Tobias Kollmann

 Springer Gabler

Patrick Krell
Essen, Deutschland

Dissertation Universität Duisburg-Essen, 2013

ISBN 978-3-658-05437-3   ISBN 978-3-658-05438-0 (eBook)
DOI 10.1007/978-3-658-05438-0

Die Deutsche Nationalbibliothek verzeichnet diese Publikation in der Deutschen Nationalbibliografie; detaillierte bibliografische Daten sind im Internet über http://dnb.d-nb.de abrufbar.

Springer Gabler
© Springer Fachmedien Wiesbaden 2014

Springer Gabler ist eine Marke von Springer DE. Springer DE ist Teil der Fachverlagsgruppe Springer Science+Business Media.
www.springer-gabler.de

Geleitwort

Patrick Krell hat es sich in dem vorliegenden, von der Fakultät für Wirtschaftswissenschaften der Universität Duisburg-Essen als Dissertationsschrift angenommenen Werk zur Aufgabe gemacht, einen Beitrag zur Forschung im Feld ‚Corporate Entrepreneurship' zu leisten. Ausgehend von der Feststellung, dass das Individuum bei der Entwicklung von Innovationen – auch im Kontext bestehender Organisationen – eine zentrale Rolle einnimmt, adressiert der Autor *Patrick Krell* die Frage, welche Faktoren einen Erklärungsbeitrag zur Entstehung von Intentionen zum intrapreneurialen Verhalten bei Mitarbeitern leisten können. Dabei greift der Autor auf die Annahme zurück, dass ein Unternehmen durch die Organisationsstruktur und -kultur Verhalten bzw. Verhaltensabsichten von seinen Mitarbeitern beeinflussen kann, wobei zu berücksichtigen ist, dass die Wirkungsweise dieser organisationalen Faktoren durch individuelle Faktoren, wie bspw. die individuelle Befähigung des Mitarbeiters, beeinflusst wird. Die Frage nach Faktoren, die einen signifikanten Einfluss auf die Intention zum intrapreneurialen Verhalten von Mitarbeitern haben, ist dabei mitnichten als rein akademische Fragestellung zu bewerten: Empirisch abgesichertes Wissen über Einflussfaktoren kann im Hinblick auf die Mitarbeiterauswahl und -entwicklung eine wertvolle Hilfestellung in der unternehmerischen Praxis darstellen. Die Verbesserung des Verständnisses der Beziehung zwischen organisationalen Faktoren und der individuellen Intention zum intrapreneurialen Verhalten stellt dabei zweifelsohne einen relevanten Fortschritt in der Forschungstradition dar.

Dabei gelingt es *Patrick Krell*, die identifizierte Forschungslücke überzeugend zu adressieren. Der Autor konstruiert ein ansprechendes Modell, das er basierend auf einem interessanten Primärdatensatz mit einer technisch nicht trivialen Auswertung einer empirischen Bewährung aussetzt. Die Befunde überführt der Autor in aussagekräftige Implikationen für die Wissenschaft und Praxis.

Zusammengenommen verfolgt und erreicht *Patrick Krell* mit dieser Schrift das Ziel, sowohl für die unternehmerische Praxis als auch für die wissenschaftliche Forschung interessante und bedenkenswerte Impulse zu setzen, die mit einigem Potenzial einhergehen, die Diskussion des Themas ‚Corporate Entrepreneurship' zu befruchten.

Ich wünsche der Arbeit eine sowohl in der Wissenschaft als auch in der Praxis verdientermaßen hohe Beachtung und Verbreitung und dem Autor *Patrick Krell* viel Erfolg bei seinen nächsten beruflichen Schritten.

Univ.-Prof. Dr. Tobias Kollmann

Vorwort

In der heutigen globalisierten Welt müssen kleine und mittlere Unternehmen zunehmend Innovationen hervorbringen, um auf den hart umkämpften Märkten langfristig überleben zu können. Einen besonderen Einfluss auf die Entwicklung von Innovationen haben betriebliche Anreizsysteme. Diese Dissertationsschrift widmet sich dem Forschungsbereich des Corporate Entrepreneurship. Es werden Theorien aus der Psychologie und Soziologie berücksichtigt, um den Effekt der immateriellen Belohnungen auf ein individuelles intrapreneuriales Verhalten vom Mitarbeiter zu analysieren. Der Einfluss der individuellen Kreativität des Mitarbeiters wird weiterhin als mediierende Variable untersucht. Die Forschungsergebnisse stützen sich auf die Befragung von Mitarbeitern des mittleren und oberen Managements von kleinen und mittleren IT-Unternehmen.

Diese Dissertationsschrift entstand während meiner Tätigkeit als wissenschaftlicher Mitarbeiter am Lehrstuhl für E-Business und E-Entrepreneurship an der Universität Duisburg-Essen. Zahlreiche Personen haben mir während dieser intensiven Zeit unterstützend und konstruktiv zur Seite gestanden. Dafür möchte ich mich herzlichst bedanken.

Mein größter Dank gebührt meinem Doktorvater Herrn *Univ.-Prof. Dr. Tobias Kollmann*, der mir als Mentor das wissenschaftliche Werkzeug zur Verfassung meiner Dissertationsschrift an die Hand gegeben hat. Mein Dank gebührt auch Herrn *Univ.-Prof. Dr. Rainer Elschen* für die freundliche Übernahme und zügige Erstellung meines Zweitgutachtens. Weiterhin danke ich Herrn *Univ.-Prof. Dr. Stefan Eicker* für seinen Beisitz als Drittprüfer während meiner Disputation.

Ferner möchte ich mich bei meinen ehemaligen Kollegen am Lehrstuhl bedanken. Mein ganz besonderer Dank gilt *Dr. Christoph Stöckmann*. Seine tiefgreifenden Gedanken und seine konstruktive Kritik waren mir bei der Umsetzung meines Forschungsvorhabens sehr hilfreich. Ebenso danke ich Herrn *Univ.-Prof. Dr. Andreas Kuckertz* für sein ausgiebiges Feedback und seine stetige Bereitschaft zur

Unterstützung. Des Weiteren möchte ich mich bei Herrn *Dr. Nils Middelberg*, Herrn *Dr. Marvin Behrendt* und Frau *Dr. Yvonne Meves* vom netSTART-Team für die schöne Zeit bedanken, die mir auch abseits der Arbeit sehr viel Freude bereitet haben. Zusätzlich gebührt mein Dank Herrn *Alexander Michaelis*, Herrn *Gil Breth*, Herrn *Jan Ely* und Frau *Jana Linstaedt* für die auflockernden Gespräche und die gute Zusammenarbeit am Lehrstuhl. Darüber hinaus möchte ich mich natürlich auch bei Herrn *Ingo Kummutat* und Frau *Cornelia Yano* für die operative und administrative Unterstützung bedanken.

Abschließend gilt meine höchste Dankbarkeit meiner Familie und meinen Freunden. Mein herzlichster Dank geht an meine Mutter *Anette Krell* und Herrn *Edgar Schmidt*, die mir über die vielen Jahre Rückhalt gegeben und mich immer auf meinem Lebensweg unterstützt haben. Ferner möchte ich mich bei meiner Freundin *Anneliese Forchmann* für die schönen gemeinsamen Jahre und die tägliche Unterstützung von ganzem Herzen bedanken. Meiner Oma Frau *Margret Kleinhans* und meinem Opa Herrn *Rolf Kleinhans* widme ich diese Arbeit. Ihr seid mir immer ein Vorbild gewesen.

Patrick Krell

Inhaltsverzeichnis

Abbildungsverzeichnis

Tabellenverzeichnis

Akronymverzeichnis

AMOS .... Analysis of Moment Structures

CEI .... Corporate Entrepreneurial Intention

DEV .... Durchschnittlich erfasste Varianz

EEM .... Entrepreneurial Event Model

EFA .... Explorative Faktorenanalyse

EM .... Expectation Maximization

EO .... Entrepreneurial Orientation

KFA .... Konfirmatorische Faktorenanalyse

KMO .... Kaiser-Meyer-Olkin

LISREL .... Linear Structural Relationships

MAR .... Missing at Random

MCAR .... Missing Completely at Random

ML .... Maximum Likelihood

MNAR .... Missing Not at Random

PAF .... Principal Axis Factor Analysis

PCA .... Principal Component Analysis

PLS .... Partial Least Squares

RBV .... Resource-Based-View

SEM .... Structural Equation Modeling

SGA .... Strukturgleichungsanalyse

SGM .... Strukturgleichungsmodell

TPB .... Theory of Planned Behavior

URL .... Uniform Resource Locator

VIF .... Variance Inflation Factor

1 Einleitung

Im Allgemeinen wird unter dem Begriff des Entrepreneurship das weitreichende Themenfeld der Unternehmensgründung zusammengefasst.[1] Die Forschungsdisziplin des Entrepreneurship gilt innerhalb der Forschungsgemeinschaft als relativ junges Feld, das sich zunehmend in den letzten Jahrzehnten sowohl auf internationaler Ebene als auch im deutschsprachigen Raum entwickelt hat.[2] Es handelt sich bei diesem Forschungsbereich um ein interdisziplinäres Forschungsfeld, das sich verschiedener Disziplinen bedient.[3] Hierzu zählen neben der Managementlehre auch exemplarisch die Psychologie und die Soziologie.[4]

Zunächst wurde bei der Entrepreneurshipforschung die Gründung von Unternehmen analysiert, wobei sich zunehmend auch Forschungsbemühungen mit der Thematik des Entrepreneurship im Unternehmen, dem sogenannten Corporate Entrepreneurship (CE), auseinandersetzen.[5] Grundsätzlich führen die Corporate-Entrepreneurship-Bestrebungen zu entrepreneurialen Aktivitäten im Unternehmenskontext.[6] Dieses Forschungsfeld hat seinen Ursprung in den 1980er Jahren und erfährt in den letzten Jahren zunehmend Beachtung, was sich beispielsweise in der Anzahl der Publikationen ausdrückt.[7] Insgesamt sollen durch den Corporate Entrepreneurship positive Elemente des Entrepreneurship auf den Unternehmenskontext übertragen

---

[1] Vgl. Gartner 1989, S. 47; Bhave 1994, S. 223; Faltin 2001, S. 126; Rauch/Frese 2007, S. 354f.; Kollmann/Christofor/Kuckertz 2007, S. 326; Kollmann 2013b, S. 1; Für eine detaillierte Klassifizierung des Forschungsfeldes Entrepreneurship siehe Hofer/Bygrave 1992, S. 93.

[2] Vgl. Bygrave/Hofer 1991, S. 13; Busenitz/West/Shepherd/Nelson/Chandler/Zacharakis 2003, S. 285; Shane 1997, S. 83; Kuratko 2005, S. 577; Kollmann/Kuckertz/Stöckmann/Krell 2012, S. 53; Eckhardt/Shane 2003, S. 334; Fallgatter 2004, S. 23; Gartner/Davidsson/Zahra 2006, S. 321; Grichnik 2006, S. 1304; Volery/Gundorf 2008, S. 72; Kuckertz 2012, S. 809; Kuratko 2006, S. 483; Low/Macmillan 1988, S. 139.

[3] Vgl. McMullen/Shepherd 2006, S. 149; Grégoire/Corbett/McMullen 2011, S. 1443.

[4] Vgl. Venkataraman 1997, S. 135.

[5] Vgl. Stevenson/Jarillo 1990, S. 17; Morris/Jones 1993, S. 875; Vozikis/Bruton/Prasad/Merikas 1999, S. 33; Kuratko/Hornsby/Bishop 2005, S. 276; Ireland/Covin/Kuratko 2009, S. 19; Zahra 1993a, S. 5; Russell 1999, S. 65; Schmelter/Mauer/Börsch/Brettel 2007, S. 717; Zahra/Covin 1995, S. 43. Für eine Meta-Studie zum Corporate Entrepreneurship siehe Zahra/Jennings/Kuratko 1999, S. 47ff.

[6] Vgl. Goodale/Kuratko/Hornsby/Covin 2011, S. 116.

[7] Vgl. Stevenson/Jarillo 1990, S. 17; Ireland/Covin/Kuratko 2009, S. 19; Kuratko 2010, S. 131.

werden. Dies sind zumeist Eigenschaften, die charakteristisch für junge Unternehmen sind. Hierzu zählen beispielsweise die hohe Flexibilität und Anpassungsfähigkeit sowie die Kreativität und Innovationskraft, die in der Literatur häufig im Zusammenhang mit Entrepreneurship untersucht werden.[8]

Diese Arbeit widmet sich dem Forschungsbereich des Corporate Entrepreneurship. Hierfür wird zunächst einleitend die Motivation hinsichtlich dieses akademischen Themenfeldes dargelegt (Kapitel 1.1). Im Anschluss wird die wissenschaftliche Problemstellung diskutiert, sodass darauf basierend die zentralen Forschungsfragen für diese Arbeit entwickelt und begründet werden können (Kapitel 1.2). Abschließend wird der Gang der Arbeit anhand der einzelnen Kapitel vorgestellt (Kapitel 1.3).

1.1 Motivation

Im Jahr 2007 konnte TENG bereits einen ersten empirischen Zusammenhang zwischen der Entwicklung von Innovationen und der Gründung eines Unternehmens belegen.[9] Allerdings führt eine Innovation innerhalb des Corporate-Entrepreneurship-Kontextes nicht zwingend zur Gründung eines neuen Unternehmens, sondern oftmals zur internen Entwicklung dieser Innovationen. Zu diesen Innovationen zählen zumeist die Prozess-, die Markt-, die Produkt- und die Dienstleistungsinnovationen.[10] Bereits SCHUMPETER unterstrich in seinen klassischen Werken die Bedeutung von individueller Kreativität bei der Entwicklung von Innovationen.[11] Hierdurch können neue Produkte oder Dienstleistungen, neue Rohstoffe, neue geographische Märkte,

---

[8]   Vgl. Acs/Audretsch 1994, S. 678; Hitt/Ireland/Camp/Sexton 2001, S. 484; Lomberg 2010, S. 9; Doppler/Lauterburg 2002, S. 53; Kindermann 2007, S. 49; Matzler/Schwarz/Kotzent/Deutinger 2007, S. 177; Kollmann/Stöckmann 2008, S. 11; Zahra 1991, S. 260; Barrett/Weinstein 1999, S. 57; Kuratko/Ireland/Covin/Hornsby 2005, S. 709; Rauch/Frese 2007, S. 359.
[9]   Vgl. Teng 2007, S. 131. Besonders sogenannte „Opportunity Entrepreneure", die gezielt eine Geschäftsgelegenheit verfolgen, haben einen positiven ökonomischen Effekt auf die nationale Wirtschaftsleistung. Demgegenüber tragen „Necessity Entrepreneure", die sich aus der Not heraus selbstständig machen, oftmals wenig zum wirtschaftlichen Erfolg einer Nation bei. Siehe Acs 2006, S. 98.
[10] Vgl. Möslein 2009, S. 8; Schmelter 2009, S. 18.
[11] Vgl. Schumpeter 1934, S. 132. Siehe auch Spath/Linder/Seidenstricker 2011, S. 16; Behrends 2006, S. 116; Howaldt/Kopp/Beerheide 2011, S. 15; Brundin/Patzelt/Shepherd 2008. S. 222; Ireland/Hitt/Sirmon 2003, S. 980; Dess/Lumpkin/McGee 1999, S. 85.

neue Produktionsmethoden und neue Organisationsmethoden entstehen.[12] In diesem Zusammenhang spricht SCHUMPETER auch von der sogenannten kreativen Zerstörung, die durch die Verdrängung von alten Produkten oder Strukturen Innovationen entstehen lässt.[13]

Insgesamt können Unternehmen durch die Entwicklung und Umsetzung von Innovationen einen Wettbewerbsvorteil gegenüber der Konkurrenz generieren, sodass sich dies positiv auf deren wirtschaftliche Situation auswirkt.[14] Dies gilt vorrangig für technologische Innovationen, deren Entwicklung dementsprechend oft von Unternehmen verfolgt wird.[15] Laut ZAHRA ist Corporate Entrepreneurship „important for organizational survival, profitability, growth, and renewal"[16]. Durch Corporate Entrepreneurship kann also die Leistungsfähigkeit eines Unternehmens beeinflusst werden. [17] Diese positiven Effekte gilt es durch zielgerichtete Corporate-Entrepreneurship-Aktivitäten zu entwickeln, und durch eine Verankerung einer Corporate-Entrepreneurship-Kultur im Unternehmen zu etablieren.[18]

Allerdings müssen für eine erfolgreiche Etablierung einer Corporate-Entrepreneurship-Kultur die Mitarbeiter ein entrepreneuriales Verhalten erlernen und verfolgen.[19] Laut GASSMANN und SUTTER ist der Mensch „der zentrale Treiber für Innovationen"[20]. In der Literatur wird in diesem Zusammenhang auch auf den sogenannten Intrapreneur verwiesen.[21] Demzufolge soll die Corporate-Entrepreneurship-Kultur die Bereitschaft der Mitarbeiter gegenüber der Entwicklung von Innovationen steigern. Beispielsweise

---

[12] Vgl. Burr 2004, S. 22; Grichnik 2006, S. 1308; Heesen 2009, S. 14.
[13] Vgl. Schumpeter 1934, S. 132.
[14] Vgl. Covin/Miles 1999, S. 56; Baden-Fuller 1995, S. 4; Phan/Wright/Ucbasaran/Tan 2009, S. 197; Fisch/Roß 2009, S. V; Howaldt/Kopp/Beerheide 2011, S. 31; Kuratko/Ireland/Hornsby 2001, S. 61; Wolfe 1994, S. 405; Zahra/Covin 1995, S. 45; Zahra/Neubaum/Huse 2000, S. 947.
[15] Vgl. Damanpour/Szabat/Evan 1989, S. 587; Lee/Wong 2004, S. 8; Wong/Ho/Autio 2005, S. 335; Morris/Kuratko/Covin 2008, S. 203.
[16] Vgl. Zahra 1996, S. 1713.
[17] Vgl. Guth/Ginsberg 1990, S. 8; Zahra 1993b, S. 333; Dess/Ireland/Zahra/Floyd/Janney/Lane 2003, S. 368f.
[18] Vgl. Hisrich/Peters/Shepherd 2008, S. 70.
[19] Vgl. Zampetakis/Beldekos/Moustakis 2007, S. 169.
[20] Vgl. Gassmann/Sutter 2008, S. 19. Siehe auch Mumford 2000, S. 314.
[21] Vgl. Pinchot 1985, S. 26; Antoncic/Hisrich 2001, S. 495; Honig 2001, S. 25; Fallgatter 2004, S. 25; Fichter 2005, S. 331f.; Menzel/Aaltio/Ulijn 2007, S. 733f.; Douglas/Fitzsimmons 2012, S. 1; Parker 2011, S. 19.

wird von Unternehmen die Verfolgung von individuellen Ideen gefördert, obwohl dies oftmals auch mit finanziellen Risiken verbunden ist.[22] Auch könnte sich beim Mitarbeiter eine Bereitschaft zu einem kreativen Problemlösungsverhalten aufbauen. Dies kann zur Entwicklung von Geschäftsgelegenheiten führen und sich somit erneut positiv auf den Unternehmenserfolg auswirken.[23] Zusammenfassend lässt sich feststellen, dass Corporate Entrepreneurship im Unternehmen zu einer Entwicklung und Umsetzung von Innovationen führt.

Als klassisches Beispiel für den Corporate Entrepreneurship gilt die Post-it-Entwicklung bei 3M.[24] Hier hat eine fehlerhafte Produktion kein Problem dargestellt, sondern das Post-it wurde durch die entrepreneuriale Organisationskultur bei 3M erfunden.[25] Die ursprüngliche Entwicklung eines haftenden Klebers, der sich leicht ablösen lässt, führte somit zu dieser Entwicklung.[26] Diese Erfindung konnte nur entstehen, weil das Management von 3M jedem Mitarbeiter 15 % seiner Arbeitszeit zur freien Verfügung gestellt hat, sodass diese innovative Projekte verfolgen konnten.[27] Die individuelle und kollektive Bereitschaft bei 3M gegenüber intrapreneurialen Handlungen hat dazu geführt, dass ein Produkt entwickelt wurde, dass sich heutzutage nahezu in jedem Büro wiederfindet.[28]

1.2 Problemstellung und Forschungsfragen

Im folgenden Abschnitt wird das Forschungsproblem diskutiert, sodass die Problemstellung dieser Arbeit erläutert und die zwei primären Forschungsfragen formuliert werden können.[29] Bereits im vorherigen Kapitel wurde die Bedeutung von Corporate Entrepreneurship und dessen Zusammenhang zur Entwicklung von

---

[22] Vgl. Douglas/Shepherd 2002, S. 88; Zhao/Seibert/Lumpkin 2010, S. 381; Douglas/Fitzsimmons 2012, S. 12.
[23] Vgl. Zhang/Bartol 2010, S. 112; Böhme 2011, S. 39; Hansen/Lumpkin/Hills 2011, S. 516; Gielnik/Frese/Graf/Kampschulte 2012, S. 559.
[24] Vgl. Hostager/Neil/Decker/Lorentz 1998, S. 16.
[25] Vgl. Pinchot 1985, S. 27.
[26] Vgl. Stummer/Günther/Köck 2008, S. 11.
[27] Vgl. Finkle 2012, S. 879; Haar/White 2013, S. 111.
[28] Vgl. Brand 1998, S. 17; Holmquist 2012, S. 21.
[29] Vgl. Kollmann/Kuckertz/Voege 2012, S. 76; Atteslander 2010, S. 22f.; Schnell/Hill/Esser 2011, S. 3.

Innovationen deutlich. Im Allgemeinen kann sich das Management zur Förderung eines innovativen Verhaltens der Mitarbeiter materiellen und immateriellen Arten der Belohnung bedienen.[30] Bei den materiellen Belohnungen handelt es sich zumeist um einen finanziellen Anreiz, der beispielsweise in Form von Bonuszahlungen oder Unternehmensanteilen erfolgt.[31] Bei den immateriellen Anreizen wird die Arbeit eines Angestellten von einem Vorgesetzten mit Lob oder Anerkennung honoriert. Hierdurch sollen die Mitarbeiter zu einem intrapreneurialen Verhalten motiviert werden, sodass Innovationen entstehen. In der aktuellen akademischen Literatur erfolgt häufig keine differenzierte Betrachtung zwischen den materiellen und immateriellen Belohnungen.[32] Besonders die immateriellen Belohnungen können einen positiven Einfluss auf die intrinsische Motivation des Mitarbeiters haben, die es vor allem im Zusammenhang mit einem intrapreneurialen Verhalten zu fördern gilt.[33]

Weiterhin wurden innerhalb der Literatur Untersuchungen über zukünftige individuelle Handlungen durchgeführt, wobei dies von der psychologischen Forschung kritisiert wird, da sich Handlungen oftmals nur bedingt vorhersagen lassen.[34] Diesem Umstand entsprechend werden innerhalb dieser Arbeit nicht die individuellen Handlungen, sondern die persönlichen Absichten zu einer bestimmten Handlung hin untersucht.[35] Im Englischen wird diese Absicht mit dem Begriff der Intention umschrieben. Demzufolge sind in dieser Arbeit nicht die intrapreneurialen Handlungen Gegenstand der Untersuchung, sondern die individuelle Intention zu einer intrapreneurialen Handlung. Dieser Einschätzung folgen auch KRUEGER, REILLY und CARSRUD. Ihrer Meinung nach ist die Identifikation einer Geschäftsgelegenheit „clearly an intentional process"[36]. Allerdings wird in der entrepreneurialen Literatur

---

[30] Vgl. Hostager/Neil/Decker/Lorentz 1998, S. 17.

[31] Vgl. Banker/Lee/Potter 1996, S. 222; Naffziger/Hornsby/Kuratko 1994, S. 37; Schat 2005, S. 21; Finkle 2012, S. 883; Sykes 1992, S. 253; Schmelter/Mauer/Börsch/Brettel 2007, S. 725.

[32] Hornsby/Kuratko/Zahra 2002, S. 253; Kuratko 2009, S. 67f.; Kuratko/Ireland/Covin/Hornsby 2005, S. 703f.

[33] Vgl. Eisenberg 1999, S. 251; Eisenberger/Rhoades/Cameron 1999, S. 1026; Shepherd/DeTienne 2005, S. 94.

[34] Vgl.Bagozzi/Baumgartner/Yi 1989, S. 35; Krueger/Reilly/Carsrud 2000, S. 413; Ajzen 2001, S. 27; Gollwitzer/Sheeran 2006, S. 69; Kautonen/Kibler/Tornikoski 2010, S. 178.

[35] Vgl. Kolvereid 1996a, S. 48; Krueger/Reilly/Carsrud 2000, S. 411; Liñán/Chen 2009, S. 595.

[36] Vgl. Krueger/Reilly/Carsrud 2000, S. 411. Siehe auch Hansen/Lumpkin/Hills 2011, S. 516.

zumeist nur die entrepreneuriale Intention zu einer Unternehmensgründung untersucht.[37] Dies wurde von DOUGLAS und FITZSIMMONS im Jahr 2012 kritisiert. Die Autoren forderten, dass künftige Forschungsbemühungen auch die intrapreneurialen Intentionen untersuchen sollten.[38]

Neben der Innovationsforschung wird die Kreativitätsforschung häufig in Verbindung zum Corporate Entrepreneurship gesetzt, da Innovationen meist durch einen kreativen Prozess entwickelt und umgesetzt werden.[39] Darauf basierend soll innerhalb dieser Arbeit auch die individuelle Kreativität der Mitarbeiter berücksichtigt werden, da diese Eigenschaft oftmals die Entwicklung von Innovationen bedingt.[40] In der Literatur wird auch eine detailliertere Untersuchung der Antezedenzien hinsichtlich der Entwicklung von Innovationen empfohlen.[41] Hierdurch können zusätzliche Erkenntnisse im Hinblick auf persönliche Charaktereigenschaften der Mitarbeiter und Innovationen gewonnen werden, die sowohl für die Wissenschaft als auch für die Praxis neue Implikationen liefern könnten, beispielsweise bei der Mitarbeiterauswahl.[42] Weiter soll überprüft werden, ob der mediierende Faktor der individuellen Kreativität die Beziehung zwischen den immateriellen Belohnungen und der Intention zu einer intrapreneurialen Handlung besser erklärt als der direkte Wirkzusammenhang.

Betrachtet wird auch die individuell wahrgenommene Erwünschtheit der Mitarbeiter gegenüber kreativen Handlungen, da dies einen positiven oder negativen Effekt auf ein intrapreneuriales Verhalten im Unternehmen haben kann.[43] Oftmals werden vom Individuum kreative Handlungen erst vollzogen, sobald das Individuum einen persönlichen Wunsch dazu hegt oder sich einen positiven Nutzen durch diese Handlung verspricht.[44] Zusätzlich werden die individuell wahrgenommenen

---

[37] Vgl. Bird/Jelinek 1988, S. 21; Krueger/Brazeal 1994, S. 91; Segal/Borgia/Schoenfeld 2005, S. 48; Lee/Wong/Foo/Leung 2011, S. 124.
[38] Vgl. Douglas/Fitzsimmons 2012, S. 1.
[39] Vgl. Dimov 2007, S. 561.
[40] Vgl. Shalley/Gilson 2004, S. 33.
[41] Vgl. Fitzsimmons/Douglas 2011, S. 432.
[42] Vgl. Brand 1998, S. 20f.; Zhou/Shalley 2003, S. 210; Finkle 2012, S. 879; Douglas/Fitzsimmons 2012, S. 2.
[43] Vgl. Douglas/Fitzsimmons 2012, S. 1.
[44] Vgl. Krueger 2000, S. 10; Krueger/Reilly/Carsrud 2000, S. 419; Douglas/Fitzsimmons 2012, S. 3.

intrapreneurialen Fähigkeiten der Mitarbeiter im Hinblick auf deren Intention zum intrapreneurialen Verhalten analysiert. [45] Hierdurch soll überprüft werden, ob Mitarbeiter über bestimmte Fähigkeiten verfügen sollten, um Innovationen entwickeln und verfolgen zu können. Zusätzlich können wissenschaftliche Aussagen über die individuelle Förderung bestimmter Fähigkeiten getroffen werden.

Ein Ziel dieser Arbeit ist die Überprüfung der immateriellen Belohnungen auf die Intention zum intrapreneurialen Verhalten im Corporate-Entrepreneurship-Kontext. In diesem Zusammenhang soll zusätzlich die individuelle Kreativität der Mitarbeiter berücksichtigt werden, sodass nicht nur organisationale Rahmenbedingungen untersucht werden, sondern auch persönliche Charaktereigenschaften. [46] Mit dieser Vorgehensweise orientiert sich diese Arbeit an den Empfehlungen von KURATKO. Laut KURATKO sollten sowohl das Individuum als auch der Unternehmenskontext innerhalb von empirischen Studien Berücksichtigung finden. [47] Diese Forschungslücken gilt es mit dieser Arbeit zu schließen.

Hierdurch ergeben sich für diese Arbeit zwei zentrale Forschungsfragen:

Forschungsfrage 1: *Wie lässt sich die Intention zum intrapreneurialen Verhalten beim Mitarbeiter steigern?*

Forschungsfrage 2: *Wird die Intention zum intrapreneurialen Verhalten beim Mitarbeiter besser erklärt, wenn die individuelle Kreativität des Mitarbeiters mit berücksichtigt wird?*

---

[45] Vgl. Krueger 1993, S. 8.
[46] Vgl. Rauch/Frese 2007, S. 360; Zampetakis/Beldekos/Moustakis 2009, S. 165.
[47] Vgl. Kuratko 2010, S. 156.

1.3 Gang der Arbeit

Zunächst wird der theoretische Forschungsrahmenen hergeleitet und das konzeptionelle Forschungsmodell entwickelt. Darauf aufbauend werden diese Erkenntnisse im weiteren Verlauf dieser Arbeit anhand einer quantitativen-empirischen Studie überprüft.[48] Demnach erfolgt zunächst die konzeptionelle Theoriebildung und im Anschluss die empirische Theorieprüfung.[49]

Im ersten und einleitenden Kapitel wird die aus der Literatur hergeleitete Motivation für diese Arbeit dargestellt (Kapitel 1.1). Darüber hinaus werden die wissenschaftlichen Problemstellungen identifiziert und die zwei zentralen Forschungsfragen formuliert (Kapitel 1.2).

Im zweiten Kapitel wird der theoretische Bezugsrahmen zu dieser Arbeit entwickelt. Im ersten Schritt werden die einzelnen Forschungsbereiche definiert und der jeweilige Status quo der Literatur diskutiert. Hierbei handelt es sich um den Corporate Entrepreneurship (Kapitel 2.1). Darauf folgt die Auseinandersetzung mit den Schwerpunkten dieser Arbeit. Hierzu zählen die Innovationen (Kapitel 2.1.1), die individuelle Kreativität (Kapitel 2.1.2), die materiellen und immateriellen Belohnungen (Kapitel 2.1.3), die wahrgenommene Erwünschtheit (Kapitel 2.1.4) und die wahrgenommenen Fähigkeiten (Kapitel 2.1.5). Im Anschluss werden die dieser Arbeit zugrundeliegenden Theorien diskutiert und deren Zusammenhang zum Forschungskontext erläutert. Hierbei werden Theorien zur Intentionsforschung (Kapitel 2.2.1), Theorien zur Kreativitätsforschung (Kapitel 2.2.2) und Theorien zur Resource-Based-View-Forschung (Kapitel 2.2.3) untersucht. Anschließend wird der theoretische Forschungskontext dargestellt (Kapitel 2.3).

Im dritten Kapitel erfolgt die Entwicklung des Forschungsmodells. Diese Entwicklung basiert auf den zuvor entwickelten Erkenntnissen und unter Berücksichtigung der aktuellen Literatur. Zunächst wird der Einfluss der immateriellen Belohnungen auf die Intention zum intrapreneurialen Verhalten im Corporate-Entrepreneurship-Kontext

---

[48] Vgl. Hofer/Bygrave 1992, S. 92.
[49] Vgl. Hofer/Bygrave 1992, S. 91.

erklärt (Kapitel 3.1). Im Anschluss wird die Forschungsmethode der Mediation im Strukturgleichungsmodell dargelegt (Kapitel 3.2), um den mediierenden Effekt der individuellen Kreativität erläutern zu können. Es folgt die Darstellung der moderierenden Effekte, wobei auch hier zunächst die Forschungsmethode einleitend vorgestellt wird (Kapitel 3.3), um die Moderationsvariablen der wahrgenommenen intrapreneurialen Erwünschtheit und der wahrgenommenen intrapreneurialen Fähigkeiten erklären zu können. Abschließend werden die Hypothesen basierend auf diesen Erkenntnissen formuliert und in einem Forschungsmodell grafisch visualisiert (Kapitel 3.4).

Im vierten Kapitel folgt die empirische Überprüfung des Forschungsmodells. Hierfür werden im ersten Schritt die Grundlagen der Kausalanalyse erläutert (Kapitel 4.1), um darauf basierend die empirische Vorgehensweise bestimmen zu können. Hierbei wird einleitend die Methode der Kausalanalyse vorgestellt (Kapitel 4.1.1), sodass darauf die Darstellung der Strukturgleichungsmodelle mit latenten Variablen beschrieben wird (Kapitel 4.1.2). Dann folgt die definitorische Abgrenzung zwischen kovarianz- und varianzanalytischen Ansätzen der Kausalanalyse (Kapitel 4.1.3). Nachfolgend wird die Wahl der varianzbasierten Analyse innerhalb dieser Arbeit anhand der wissenschaftlichen Literatur begründet (Kapitel 4.1.4). Abschließend werden die Gütekriterien beim varianzbasierten Ansatz präsentiert (Kapitel 4.1.5).

Im Anschluss wird die Datenerhebung vorbereitet (Kapitel 4.2). Zunächst erfolgt die Identifizierung und definitorische Abgrenzung der Grundgesamtheit und der Stichprobe (Kapitel 4.2.1). Im darauf folgenden Abschnitt wird die Wahl der Erhebungsmethode begründet (Kapitel 4.2.2). Die Variablen des Untersuchungs-modells werden operationalisiert (Kapitel 4.2.3) und die Daten erhoben sowie aufbereitet (Kapitel 4.3). Zunächst werden die Vorgehensweise der Datengenerierung präsentiert und die Rücklaufquote analysiert (Kapitel 4.3.1). Dann wird die Datenbasis auf Vollständigkeit und Ausreißer überprüft (Kapitel 4.3.2) sowie auf Repräsentativität und Normalverteilung untersucht (Kapitel 4.3.3).

Im letzten Abschnitt dieses Kapitels wird die quantitative-empirische Untersuchung ausgewertet (Kapitel 4.4). Zunächst wird die Gütebeurteilung der Datenbasis auf Gesamt- und Teilmodellebene präsentiert (Kapitel 4.4.1). Darauf folgend werden die deskriptiven Statistiken und Korrelationen erläutert (Kapitel 4.4.2). Im Anschluss werden die Ergebnisse der Kausalanalyse analysiert und die Hypothesen überprüft (Kapitel 4.4.3). Zusätzlich folgt eine grafische Darstellung der einzelnen Konstrukte und deren Wirkbeziehungen im Strukturgleichungsmodell.

Im fünften Kapitel werden die Ergebnisse dieser quantitativen-empirischen Untersuchung einer zusammenfassenden Betrachtung unterzogen und kritisch diskutiert (Kapitel 5.1). Darüber hinaus werden die Implikationen für die wissenschaftliche Forschung erläutert (Kapitel 5.2). Im Anschluss folgt die Präsentation der Implikationen für die unternehmerische Praxis (Kapitel 5.3). Abschließend werden die Limitationen dieser Studie beschrieben und Empfehlungen für künftige Forschungsbemühungen ausgesprochen (Kapitel 5.4). Die Struktur dieser Arbeit ist zu einem besseren Verständnis zusammenfassend in Abbildung 1 grafisch verdeutlicht.

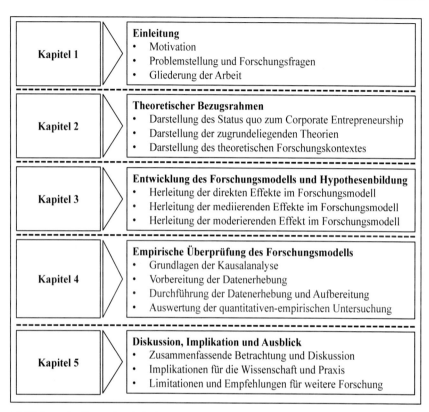

Abbildung 1: Gang der Arbeit

2 Theoretischer Bezugsrahmen

In diesem Kapitel wird anhand der Literatur der Status quo zu den zentralen Forschungsbereichen dieser Arbeit dargestellt. Hierzu wird zunächst der Bereich des Corporate Entrepreneurship diskutiert (Kapitel 2.1).

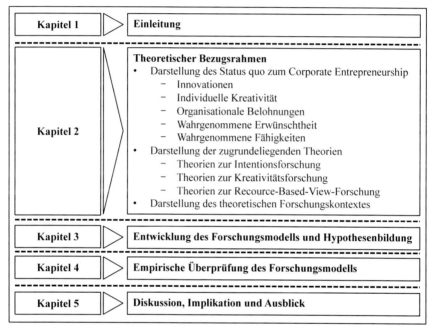

Abbildung 2: Darstellung und Einordnung von Kapitel 2 in den Gang der Arbeit

Darauf folgt die Darstellung der Innovationsforschung im Zusammenhang mit Corporate Entrepreneurship (Kapitel 2.1.1). Im Anschluss folgt die Betrachtung der individuellen Kreativitätsforschung (Kapitel 2.1.2). Danach wird die Literatur zu den organisationalen Belohnungen dargestellt (Kapitel 2.1.3). Im nächsten Abschnitt wird die wahrgenommene Erwünschtheit erläutert (Kapitel 2.1.4). Dieser Abschnitt schließt mit der Darstellung der wahrgenommenen Fähigkeiten (Kapitel 2.1.5). Anhand dieser Ausführungen werden die einzelnen Forschungsbereiche dieser Arbeit diskutiert und für die weitere Vorgehensweise definiert.

Im darauf folgenden Kapitel werden die für diese Arbeit zugrundeliegenden Theorien präsentiert und auf den Kontext dieser Forschungsarbeit übertragen (Kapitel 2.2). Hierbei handelt es sich um Theorien zur Intentionsforschung (Kapitel 2.2.1), Theorien zur Kreativitätsforschung (Kapitel 2.2.2) und Theorien zum Resource-Based-View (Kapitel 2.2.3). Im nächsten Kapitel folgt die Darstellung des theoretischen Forschungskontexts (Kapitel 2.3). Zu einem besseren Verständnis ist die Struktur dieses Kapitels zusammenfassend in Abbildung 2 grafisch dargestellt.

2.1 Darstellung des Status quo zum Corporate Entrepreneurship

Zunächst wird der Status quo der wissenschaftlichen Literatur zum bereits in Kapitel 1 dargestellten Forschungskontextes betrachtet. Durch diese Analyse können Aussagen über den theoretischen und empirischen Status quo getroffen werden, sodass sich das zuvor definierte Forschungsproblem belegen und begründen lässt. Darüber hinaus wird sichergestellt, dass mit dieser Arbeit die bisherige wissenschaftliche Forschung fortgeführt wird und das postulierte Forschungsmodell auf einer Betrachtung des Status quo der Literatur basiert. Bei der Entwicklung des Forschungsmodells müssen sowohl konzeptionelle als auch empirische Arbeiten berücksichtigt werden, da das Modell neuartig und den bereits bestehenden Modellen überlegen sein sollte, um Zusammenhänge besser erklären zu können.

Im Allgemeinen sind Unternehmen in der heutigen Zeit nicht nur dem lokalen oder nationalen Wettbewerbsdruck ausgesetzt, sondern stehen zunehmend in Konkurrenz zu Unternehmen weltweit.[50] Ein wesentlicher Einflussfaktor auf diese neuartigen dynamischen Gegebenheiten ist die Globalisierung.[51] Unternehmen müssen sich vermehrt diesen dynamischen Umweltbedingungen und technologischen Veränderungen anpassen.[52] Da die Arbeits- und Produktionskosten in Industrieländern

---

[50] Vgl. Kollmann/Stöckmann 2008, S. 11; Ireland/Hitt 1999, S. 44; Mumford/Scott/Gaddis/Strange 2002, S. 705; Heismann/Maul 2012, S. 39.

[51] Vgl. Zahra/Gravis 2000, S. 469; Stern/Jaberg 2007, S. 3; Witten/Mathes/Mencke 2007, S. 18; Gassmann/Sutter 2008, S. 26; McDougall/Oviatt 2000, S. 902; Hitt/Hoskisson/Harrison 1991, S. 7; Wördenweber/Wickord 2008, S. 10f.; Maurer/Fiedler 2011, S. 44; Stöger 2011, S. 12.

[52] Vgl. Frohman 1997, S. 39; Shane/Venkataraman 2000, S. 219; Gatignon/Tushman/Smith/Anderson 2002, S. 1103; Kollmann/Kuckertz 2003, S. 770; Frank 2006, S. 10; Thornhill 2006, S. 690;

oft erst durch hohe Verkaufserlöse gedeckt werden können, lohnt sich aus wirtschaftlichen Gesichtspunkten zumeist nur die Produktion von innovativen Gütern. Besonders Produkte mit fehlendem Innovationsgrad sind oft bereits am Markt verfügbar, beziehungsweise lassen sich diese Produkte zumeist leicht kopieren, sodass hier nur geringe ökonomische Erlöse erzielt werden können.[53] Demgegenüber sind innovative Produkte schwerer zu imitieren oder durch Patente geschützt, sodass höhere Verkaufspreise verlangt werden können und eine Produktion in Industrieländern möglich wird. Im Allgemeinen steigt die weltweite Nachfrage nach innovativen Produkten stetig.[54]

Die Innovationskraft von Unternehmen stellt eine der zentralen Voraussetzungen zur Sicherstellung deren Wettbewerbsfähigkeit dar, sodass die Entwicklung von Innovationen oft die Fortführung der Geschäftstätigkeiten von Unternehmen bedingt.[55] Hierfür sollten Unternehmen die Potentiale der kreativen und innovativen Mitarbeiter ausschöpfen,[56] um beispielsweise technologische Innovationen hervorzubringen.[57] So werden von den Unternehmen außerdem Arbeitsplätze geschaffen.[58] Zur Förderung dieser Innovationskraft sollten vom oberen Management intrapreneuriale Strukturen und Strategien entwickelt und etabliert werden.[59] Zu den bedeutendsten Innovationen

---

Witt/Witt 2008, S. 17; Zhang/Bartol 2010, S. 107; Pérez-Luño/Wiklund/Valle Cabrera 2011, S. 560; Hurley/Hunt 1998, S. 42; Ensley/Pearce/Hmieleski 2006, S. 260; Marino/Kreiser/Robinson 2010, S. 83f.; Nohria/Gulati 1996, S. 1245; Covin 1991, S. 443; Shane 2000, S. 448.

[53] Für eine detaillierte Differenzierung zwischen hohem und geringem Innovationsgrad siehe Heesen 2009, S. 32.

[54] Vgl. Qian/Li 2003, S. 881.

[55] Vgl. Covin/Miles 1999, S. 56; Baden-Fuller 1995, S. 4; Phan/Wright/Ucbasaran/Tan 2009, S. 197; Fisch/Roß 2009, S. V; Howaldt/Kopp/Beerheide 2011, S. 31; Kuratko/Ireland/Hornsby 2001, S. 61; Wolfe 1994, S. 405; Zahra/Covin 1995, S. 45; Zahra/Neubaum/Huse 2000, S. 947.

[56] Vgl. Hisrich/Peters/Shepherd 2008, S. 69; Kollmann/Stöckmann/Krell/Peschl/Buchwald 2013, S. 7; Böhme 2011, S. 39; Gilson/Shalley 2004, S. 468; Kaya 2006, S. 2084; Shalley/Gilson 2004, S. 33.

[57] Vgl. Wong/Ho/Autio 2005, S. 335; Lee/Wong 2004, S. 8; Goodale/Kuratko/Hornsby/Covin 2011, S. 116; Menzel/Aaltio/Ulijn 2007, S. 732; Heunks 1998, S. 270.

[58] Vgl. Birley 1986, S. 364; Kirchhoff/Phillips 1988, S. 261; Deeds/DeCarolis/Coombs 1998, S. 55; Acs 2006, S. 97; Pretorius/Millard 2005, S. 55; Schnegg/Raich 2007, S. 299; Kuckertz/Wagner 2010, S. 525.

[59] Vgl. Hisrich/Peters/Shepherd 2008, S. 75; Miller/Friesen 1982, S. 17; Scholtissek 2009, S. 193.

der letzten Jahrzehnte zählen die Entwicklungen in der Computer-, der Biotechnologie- und der Internetindustrie.[60]

In diesem Zusammenhang hat sich die wissenschaftliche Literatur zuletzt verstärkt dem Themenfeld des Corporate Entrepreneurship gewidmet.[61] Dessen Ziel ist die Steigerung der Innovationskraft von Unternehmen, sodass sich diese ökonomisch entwickeln und Wettbewerbsvorteile gegenüber anderen Mitbewerbern entstehen.[62] Corporate Entrepreneurship eignet sich besonders für kleine und mittlere Unternehmen zur Entwicklung von Ideen und Innovationen, da diese Unternehmen oftmals nur über eine begrenzte Ressourcenausstattung verfügen.[63] Diese begrenzten Ressourcen sind beispielsweise die finanzielle Ausstattung, das Unternehmensfachwissen oder die Anzahl an Mitarbeitern.[64]

In der Literatur existiert bislang keine einheitliche Definition des Begriffs Corporate Entrepreneurship.[65] Demzufolge hat sich eine Begriffsvielfalt entwickelt. Neben dem Corporate Entrepreneurship[66] existieren weitere Begriffe wie der Intrapreneurship[67], der interne Corporate Entrepreneurship[68], das Corporate Venturing[69], das externe Corporate Venturing[70] und das Strategic Renewal[71]. In Abbildung 3 sind diese einzelnen Arten des Corporate Entrepreneurship dargestellt.

---

[60] Vgl. Deeds 2001, S. 29.

[61] Vgl. Stevenson/Jarillo 1990, S. 17; Ireland/Covin/Kuratko 2009, S. 19.

[62] Vgl. Covin/Miles 1999, S. 56; Hayton/Kelley 2006, S. 407; Kaya 2006, S. 2074; Kuratko 2010, S. 129; Yiu/Lau 2008, S. 39; Zhang/Jia 2010, S. 747.

[63] Vgl. Pérez-Luño/Wiklund/Valle Cabrera 2011, S. 556; Schmelter/Mauer/Börsch/Brettel 2010, S. 715; Heunks 1998, S. 263.

[64] Vgl. Corbett/Hmieleski 2007, S. 116.

[65] Vgl. Sharma/Chrisman 1999, S. 11.

[66] Vgl. Burgelman 1983b, S. 1349; Burgelman 1984, S. 154; Covin/Slevin 1991, S. 7; Zahra 1996, S. 1715.

[67] Vgl. Nielson/Peters/Hisrich 1985, S. 181; Pinchot 1985, S. 26; Antoncic/Hisrich 2001, S. 495; Honig 2001, S. 25; Fichter 2005, S. 331f.; Douglas/Fitzsimmons 2012, S. 1; Wunderer 2007, S. 46; Antoncic 2003, S. 3; Parker 2011, S. 19; Ebner/Frank/Korunka/Lueger 2008, S. 27f.

[68] Vgl. Burgelman 1983a, S. 223; Burgelman 1985, S. 40; Jones/Butler 1992, S. 734; Covin/Miles 2007, S. 183.

[69] Vgl. Teng 2007, S. 134; Burns 2008, S. 167f.; Sykes 1986, S. 275; Morris/Kuratko/Covin 2008, S. 81; Covin/Miles 2007, S. 183; Shrader/Simon 1997, S. 50; Thornberry 2003, S. 330f.; Lomberg 2010, S. 11.

[70] Vgl. Hornsby/Naffziger/Kuratko/Montagno 1993, S. 30; Zajac/Golden/Shortell 1991, S. 171; Mes 2011, S. 106.

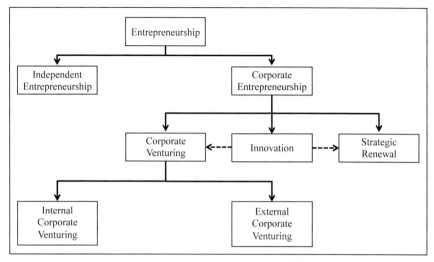

Abbildung 3: Die Differenzierung des Entrepreneurship[72]

Trotz dieser unterschiedlichen Termini wird laut ZAHRA ein gemeinsames Ziel verfolgt: „creating new business within established firms to improve organizational profitability and enhance a company´s competitive position or the strategic renewal of existing business"[73].

SHARMA und CHRISMAN definieren Corporate Entrepreneurship als „the process whereby an individual or group of individuals, in association with an existing organization, create a new organization or instigate renewal or innovation within that organization" [74]. Laut ZAHRA ist Corporate Entrepreneurship „a process of organizational renewal that has two distinct but related dimensions: innovation and venturing; and strategic renewal"[75] und „Corporate Entrepreneurship entails creating

---

[71] Vgl. Stopford/Baden-Fuller 1994, S. 522; Baden-Fuller/Volberda 1997, S. 95; Merrifield 1993, S. 388; Teng 2007, S. 135; Kuratko/Audretsch 2009, S. 8; Lumpkin/Bergmann Lichtenstein 2005, S. 451; Hayton 2005, S. 23; Dess/Lumpkin/McGee 1999, S. 85; Stopford/Baden-Fuller 1990, S. 399; Verbeke/Chrisman/Yuan 2007, S. 585.

[72] In Anlehnung an Sharma und Chrisman 1999, S. 20. Siehe auch Zahra 1991, S. 260; Kuratko 2010, S. 132.

[73] Zahra 1991, S. 260f.

[74] Sharma/Chrisman 1999, S. 18. Siehe auch Biniari 2012, S. 143.

[75] Zahra 1993b, S. 321. Diese Definition zum Corporate Entrepreneurship orientiert sich an den Ausführungen von Guth/Ginsberg 1990, S. 5.

new business by redefining the firm´s products (or services) or by developing markets"[76].

Diese Arbeit folgt der Corporate Entrepreneurship Definition von ZAHRA:

> „Corporate Entrepreneurship refers to formal and informal activities aimed at creating new business in established companies through product and process innovations and market developments. These activities may take place at the corporate, division (business), functional, or project level, with the unifying objective of improving a company´s competitive position and financial performance. Corporate Entrepreneurship also entails the strategic renewal of an existing business."[77]

Das Management sollte zur Entwicklung von Innovationen eine entrepreneuriale Kultur[78] und Denkweise im Unternehmen aufbauen.[79]. Dies fördert die Corporate-Entrepreneurship-Kultur im Unternehmen.[80] Hierzu zählen beispielsweise die interne Kontrollüberzeugung, die Anpassungsfähigkeit und die Risikobereitschaft des Individuums.[81] Diese positiven Aspekte des Entrepreneurship im unternehmerischen Kontext sollen durch die Etablierung einer Corporate-Entrepreneurship-Kultur gefördert werden.[82] Insgesamt wird durch eine Corporate-Entrepreneurship-Kultur die Wettbewerbsfähigkeit eines Unternehmens gesteigert.[83]

---

[76] Zahra 1991, S. 261.
[77] Zahra 1991, S. 262.
[78] Vgl. Hornsby/Kuratko/Montagno 1999, S. 9; Hurley/Hult 1998, S. 51; Hult/Snow/Kandemir 2003, S. 410; Ireland/Hitt/Sirmon 2003, S. 970f.
[79] Vgl. Krueger 2005, S. 134; Wright/Hoskisson/Busenitz/Dial 2000, S. 592; Casson 2005, S. 237; Kuratko 2009, S. 53; Shepherd/Patzelt/Haynie 2010, S. 61f. Die tiefe Verankerung einer Corporate-Entrepreneurship-Kultur im Unternehmen wird in der Literatur auch als Surface Entrepreneurship oder Deep Entrepreneurship bezeichnet. Siehe Sathe 1988, S. 389.
[80] Vgl. Kuratko/Hornsby/Bishop 2005, S. 275; Russell 1999, 71.
[81] Vgl. Begley/Boyd 1987, S. 82; Busenitz/Barney 1997, S. 11; Busenitz 1999, S. 325.
[82] Vgl. Kuratko 2006, S. 485.
[83] Vgl. Covin/Miles 1999, S. 56; Phan/Wright/Ucbasaran/Tan 2009, S. 198; Ahuja/Lampert 2001, S. 539; Barney 1986, S. 658.

Allerdings wird diese Kultur auch durch bereits vorhandene Strukturen im Unternehmen determiniert, sodass dies einen Einfluss auf die Etablierung einer entrepreneurialen Unternehmenskultur nehmen kann. [84] Demzufolge sollte ein strategisches Change Management gezielt im Unternehmen eingesetzt werden, um die Entwicklung einer entrepreneurialen Unternehmenskultur zu unterstützen.[85] Bei dieser Umsetzung bedarf es neben der Überzeugung des oberen Managements auch der Unterstützung des mittleren Managements, um Änderungen angemessen zu kommunizieren und konsequent umzusetzen. [86] Zusätzlich kann das mittlere Management durch einen intensiven Kontakt zum Mitarbeiter und einen entrepreneurialen Führungsstil[87] eine gelebte entrepreneuriale Unternehmenskultur effektiv etablieren[88] und somit einen direkten Einfluss auf die Exploration und Exploitation von Innovationen nehmen.[89]

Allerdings können Veränderungen auch zu Interessenkonflikten zwischen den hierarischen Ebenen führen und somit zu Widerständen.[90] Diese Konflikte können beispielsweise zwischen Mitgliedern des mittleren und oberen Managements hinsichtlich der Entwicklung und Umsetzung von Innovationen entstehen.[91] Diese müssen überwunden werden, da nur eine gute Zusammenarbeit beider Ebenen zum Unternehmenserfolg führen kann. [92] Demzufolge sollten diese Probleme schnell behoben werden, um eine entrepreneuriale Unternehmenskultur zu etablieren.[93]

---

[84] Vgl. Covin/Slevin 1988, S. 231.

[85] Vgl. Bleicher 1992, S. 463; Witten/Mathes/Mencke 2007, S. 26.

[86] Vgl. Stolzenberg/Heberle 2006, S. 229; Dess/Ireland/Zahra/Floyd/Janney/Lane 2003, S. 360; Dougherty/Heller 1994, S. 216; Wooldridge/Floyd 1990, S. 231.

[87] Vgl. Witt/Witt 2008, S. 29f.; Ensley/Pearce/Hmieleski 2006, S. 243; Ireland/Hitt/Sirmon 2003, S. 971f.; Kuratko/Audretsch 2009, S. 6f.; Dess/Ireland/Zahra/Floyd/Janney/Lane 2003, S. 358.

[88] Natürlich kann das obere Management durch die Vorgabe einer entsprechenden entrepreneurialen Strategie einen direkten Einfluss auf die Entwicklung einer entrepreneurialen Unternehmenskultur nehmen. Jedoch wird in der aktuellen Literatur eine hierarische Vorgehenweise über das mittlere Management beziehungsweise die Zusammenarbeit mit dem mittleren Management empfohlen. Siehe Goldsby/Kuratko/Hornsby/Houghton/Neck 2006, S. 18; Burns 2008, S. 127.

[89] Vgl. Hornsby/Kuratko/Zahra 2002, S. 255; Fichter 2005, S. 24; Stöckmann 2010, S. 90.

[90] Vgl. Schewe/Becker 2009, S. 6.

[91] Vgl. Hurst/Rush/White 1989, S. 87; Schewe/Becker 2009, S. 7.

[92] Vgl. Hauschildt/Salomo 2011, S. 38.

[93] Vgl. Ensley/Pearson/Amason 2002, S. 369.

Besonders eine angemessene Kommunikationspolitik und ein Informationsaustausch zwischen dem mittleren und oberen Management vermindert oder vermeidet diese Konflikte.[94] Innerhalb dieses Prozesses nehmen die Teilnehmer entsprechend ihrer hierarischen Position unterschiedliche Rollen ein.[95] Dieser Informationsaustausch kann sowohl „bottom-up" als auch „top-down" erfolgen.[96] Eine gute Kommunikation zwischen den hierarischen Ebenen verhindert, dass die Entwicklung von Innovationen eingeschränkt wird.[97] Besonders die direkte Kommunikation zwischen den Mitarbeitern im operativen Geschäft und dem mittleren Management sowie die Kommunikation zwischen dem mittleren Management und dem oberen Management sollte gefördert werden.[98]

Die Kommunikation zwischen den Mitarbeitern im operativen Geschäft und dem mittleren Management sollte auf Vertrauen basieren, sodass Ideen offen ausgesprochen werden können.[99] Innovationen können nur durch eine enge Zusammenarbeit aller hierarischen Ebenen entwickelt und umgesetzt werden. Da operative Mitarbeiter oft keinen direkten Kontakt zum oberen Management besitzen, muss diese Aufgabe vom mittleren Management übernommen werden.[100] Aufgrund der zumeist begrenzten Ressourcen sollte jede Führungsperson an der Entwicklung von Innovationen ein Interesse haben, da hierdurch Prozesse beschleunigt werden können. Dies kann zu einem schnelleren Betriebsablauf führen, was sich wiederum positiv auf den Unternehmenserfolg auswirkt.[101]

Laut COVIN und MILES existieren vier unterschiedliche Arten von Corporate Entrepreneurship, die sich im Gegensatz zu SHARMA und CHRISMAN auf die organisationale Ebene eines Unternehmens beziehen und den Mitarbeiter nicht explizit

---

[94] Vgl. Floyd/Lane 2000, S. 171; Neef-Cramer/Mentzel 2000, S. 36; Heismann/Maul 2012, S. 52.
[95] Vgl. Zerfaß 2009, S. 23; Brockhoff 2000, S. 119.
[96] Vgl. Kuratko/Ireland/Covin/Hornsby 2005, S. 703; Lubatkin/Seimsek/Ling/Veiga 2006, S. 666; Floyd/Wooldridge 1997, S. 467.
[97] Vgl. Gassmann/Sutter 2008, S. 12.
[98] Vgl. Burns 2008, S. 143; Zerfaß 2009, S. 28; Shane 1992, S. 29.
[99] Vgl. George/Zhou 2007, S. 609; Raich 2007, S. 92; Schewe/Nienaber 2009, S. 228; Schmolze 2011, S. 115; Sommerlatte 2012, S. 86.
[100] Für eine detaillierte Darstellung zum Aufbau einer Vertrauensbasis im Unternehmen siehe Schewe/Nienaber 2009, S. 234.
[101] Vgl. Nebe 2000, S. 3.

berücksichtigen. Hierzu zählen die nachhaltige Erneuerung, die organisationale Erneuerung, die strategische Erneuerung und die Markterneuerung.[102] Jede dieser Corporate-Entrepreneurship-Arten kann sich positiv auf die Wettbewerbsfähigkeit eines Unternehmens auswirken. In der unternehmerischen Praxis treten diese Formen des Corporate Entrepreneurship nicht nur unabhängig voneinander im Unternehmen auf, sondern können auch als Mischformen gleichzeitig vom Management verfolgt werden.[103]

Bei der nachhaltigen Erneuerung verfolgt das Unternehmen kontinuierlich und regelmäßig die Entwicklung von Produkten oder Dienstleistungen.[104] Hierbei handelt es sich oft um inkrementelle Innovationen.[105] So etabliert sich im Unternehmen eine gelebte entrepreneuriale Kultur, die Mitarbeiter bei der Entwicklung und Umsetzung von Innovationen unterstützt.[106] Besonders durch technologische Innovationen können neue Märkte erschlossen und Wettbewerbsvorteile generiert werden.[107]

Durch die organisationale Erneuerung sollen interne Prozesse, Strukturen und Kapazitäten einem Corporate-Entrepreneurialen-Kontext angepasst werden.[108] Dadurch kann sich die strategische Ausrichtung des Unternehmens ändern oder es können Veränderungen innerhalb der Wertschöpfungskette auftreten.[109] Dies führt insgesamt zu einer organisationalen Neuordnung.[110] Hierdurch können neue Produkte oder Dienstleistungen entwickelt werden, die wiederum einen Wettbewerbsvorteil für das Unternehmen darstellen können.[111]

---

[102] Vgl. Covin/Miles 1999, S. 50; Dess/Ireland/Zahra/Floyd/Janney/Lane 2003, S. 352.

[103] Vgl. Covin/Miles 1999, S. 48.

[104] Vgl. Covin/Miles 1999, S. 51.

[105] Vgl. Dewar/Dutton 1986, S. 1422; Damanpour 1991, S. 561f.; Damanpour 1996, S. 699; Christensen/Matzler/von den Eichen 1997, S. 6; Haid 2004, S. 114f.; Burr 2004, S. 24.

[106] Vgl. Bleicher 1992, S. 474; Dess/Ireland/Zahra/Floyd/Janney/Lane 2003, S. 354; Kaltenbach 1998, S. 60f.; Brockhoff 2000, S. 120; Aerssen 2009, S. 18; Böhme 2011, S. 46; Stöger 2011, S. 9. Hinsichtlich einer umfassenden definitorischen Abgrenzung der Theorien zur Organisationskultur sei auf Allaire/Firsirotu 1984 verwiesen.

[107] Vgl. Porter 1985, S. 63; McGrath/Tsai/Venkataraman/MacMillan 1996, S. 389; Elfring 2005, S. 2; Damanpour/Szabat/Evan 1989, S. 599; Kollmann/Krell 2011, S. 667b.

[108] Vgl. Danneels 2002, S. 1095.

[109] Vgl. Dess/Ireland/Zahra/Floyd/Janney/Lane 2003, S. 355.

[110] Vgl. Covin/Miles 1999, S. 52.

[111] Vgl. Hegarty/Hoffman 1990, S. 186; Aerssen 2009, S. 20.

Die strategischen Erneuerungen beziehen sich auf das strategische Management im Unternehmen.[112] Hierbei wird die Ausrichtung hinsichtlich des Marktes oder der Industrie erneuert, sodass dies zu einem Wettbewerbsvorteil gegenüber Mitbewerbern führt.[113] Bei dieser Form wird primär der Umwelteinfluss auf das Unternehmen in Bezug auf den Corporate Entrepreneurship betrachtet.[114] Des Weiteren wird oft die strategische Erneuerung durch die Entwicklung von Produkten oder Dienstleistungen ausgelöst.[115]

Bei der Markterneuerung wird durch die Entwicklung eines neuen Produktes oder einer neuen Dienstleistung ein Markt geschaffen.[116] Hierbei können Wettbewerbsvorteile durch die sogenannten Pioniervorteile generiert werden.[117] Das Unternehmen hat darüber hinaus die Möglichkeit, neue Industriestandards zu setzen und einen Benchmark zu bestimmen.[118] Durch die Etablierung von Corporate Entrepreneurship können diese Marktchancen genutzt werden.[119]

Diese vier Arten des Corporate Entrepreneurship können gezielt durch das strategische Management im Unternehmen umgesetzt werden. Allgemein definiert der strategische Entrepreneurship die „identification and exploitation of opportunities, while simultaneously creating and sustaining a competitive advantage"[120]. Laut HITT, IRELAND, CAMP und SEXTON wird der strategische Entrepreneurship als „entrepreneurial action with a strategic perspective"[121] definiert.

---

[112] Vgl. Ireland/Hitt 1999, S. 43.
[113] Vgl. McGrath/Tsai/Venkataraman/MacMillan 1996, S. 389; Ireland/Hitt/Camp/Sexton 2001, S. 52f.
[114] Vgl. Dess/Ireland/Zahra/Floyd/Janney/Lane 2003, S. 355.
[115] Vgl. Covin/Miles 1999, S. 53.
[116] Vgl. Dess/Ireland/Zahra/Floyd/Janney/Lane 2003, S. 355; Carland/Hoy/Boulton/Carland 1984, S. 357; Covin/Miles 1999, S. 47.
[117] Vgl. Porter 1985, S. 71f.; Barney 1991, S. 104. Wernerfelt 1984, S. 173; Hitt/Ireland/Camp/Sexton 2001, S. 484; Haar/White 2013, S. 122; Suarez/Lanzolla 2007, S. 377. Für eine detaillierte Übersicht an empirischen Artikeln siehe Lieberman/Montgomery 1998, S. 1117ff.; Covin/Slevin/Heeley 2000, S. 177.
[118] Vgl. Covin/Miles 1999, S. 54.
[119] Vgl. Schmelter 2009, S. 215.
[120] Ireland/Hitt/Sirmon 2003, 976. Siehe auch Ireland/Webb 2007, S. 50.
[121] Hitt/Ireland/Camp/Sexton 2001, S. 480

Diese strategische Unternehmensausrichtung zum Corporate Entrepreneurship fördert die Entwicklung von Produkten oder Dienstleistungen, die Erschließung von Märkten und die Überarbeitung von Unternehmensprozessen. [122] Zusätzlich sollte das Management einen entrepreneurialen Führungsstil verfolgen, um die Potentiale seiner Mitarbeiter hinsichtlich Corporate Entrepreneurship auszunutzen. [123] Da sich dies positiv auf den Unternehmenserfolg auswirkt, sollte der Corporate Entrepreneurship verstärkt im Unternehmenskontext umgesetzt werden. [124]

Diese Effekte des strategischen Entrepreneurship können durch die Etablierung einer Corporate-Entrepreneurship-Strategie verstärkt werden. [125] Hierbei müssen die Ressourcen, die Technologien, das Wissen und die Kompetenzen der Mitarbeiter berücksichtigt werden. [126] Dazu zählt auch die Umsetzung des Konzepts des Change Managements, da Unternehmen einem ständigen Wandel ausgesetzt sind. Es gilt diese stetigen Veränderungen auszunutzen. [127] Durch diese strategische Ausrichtung können systematisch neue Geschäftsgelegenheiten identifiziert und verfolgt werden, [128] damit die Wettbewerbsfähigkeit des Unternehmens steigt. [129]

Unter Change Management wird laut DÖRNER „die systematische Planung und Steuerung von Veränderungen und die nachhaltige Verankerung der Veränderung in der Kultur einer Organisation"[130] verstanden. In der Resource-Based-View-Theorie wird Change Management im engen Zusammenhang zu der Entwicklung von

---

[122] Vgl. Möslein 2009, S. 8; Schmelter 2009, S. 18.

[123] Beim entrepreneurialen Führungsstil werden Elemente des Strategischen Managements, der allgemeinen Führungstheorie und des Entrepreneurship kombiniert. Vgl. Witt/Witt 2008, S. 29f.; Dess/Ireland/Zahra/Floyd/Janney/Lane 2003, S. 358; Mumford/Scott/Gaddis/Strange 2002, S. 705; Ensley/Pearce/Hmieleski 2006, S. 243; Ireland/Hitt/Sirmon 2003, S. 971f.; Kuratko/Audretsch 2009, S. 6f.; Tierney/Farmer/Graen 1999, S. 591; Pearce II/Kramer/Robbins 1997, S. 147; Zhou/George 2003, S. 546.

[124] Vgl. Fallgatter 2004, S. 28.

[125] Vgl. Burgelman 1985, S. 50; Monsen/Boss 2009, S. 71; Sirén/Kohtamäki/Kuckertz 2012, S. 21.

[126] Vgl. Gassmann/Sutter 2008, S. 6.

[127] Vgl. Porter 1985, S. 60; Haid 2004, S. 114; Holm-Hadulla 2005, S. 67; Stolzenberg/Heberle 2006, S. 2; Kollmann/Häsel/Stöckmann 2007, S. 396; Ziemendorf 2009, S. 17.

[128] Vgl. Faltin 2001, S. 131.

[129] Vgl. Dutton/Duncan 1987, S. 279; Borch/Huse/Senneseth 1999, S. 49; Kuratko/Ireland/Hornsby 2001, S. 61; Hitt/Ireland/Camp/Sexton 2001, S. 479; Eddleston/Kellermanns/Zellweger 2012, S. 349; Ireland/Covin/Kuratko 2009, S. 19.

[130] Dörner 2011, S. 12.

Innovationen betrachtet.[131] Laut BADEN-FULLER führt die Veränderung von „establish patterns of behaviour in their own firm resulting in new knowledge, new routines and new capabilities/competencies"[132]. Zusätzlich haben HITT, IRELAND, CAMP und SEXTON einen empirischen Zusammenhang zwischen der Innovationskraft eines Unternehmens und dessen Profitabilität nachgewiesen.[133] Allerdings sollte das Management sich um die Unterstützung der Mitarbeiter im Unternehmen bemühen, da ein erfolgreiches Change Management oft nur mit allen beteiligten Personen umgesetzt werden kann.[134] Natürlich führt nicht jede Veränderung im Unternehmen zu einer Innovation, aber durch ein zielgerichtetes Change Management kann dies positiv beeinflusst werden.

Darüber hinaus lässt sich zwischen zwei unterschiedliche Betrachtungen differenzieren: einem internen und einem externen Corporate Entrepreneurship.[135] Der interne Corporate Entrepreneurship soll die Innovationskraft eines Unternehmens steigern. Beim externen Corporate Entrepreneurship wird das Ziel der Gründung einer neuen Geschäftseinheit verfolgt.[136] Laut ZAHRA haben die Umweltbedingungen, die strategische Ausrichtung und die interne Organisation einen maßgeblichen Einfluss auf die Corporate-Entrepreneurship-Initiativen.[137] Neben internen Produktentwicklungen können diese Innovationen auch zu sogenannten Spin-Offs, also Ausgründungen aus dem Unternehmen, führen.[138]

---

[131] Vgl. Baden-Fuller 1995, S. 9.
[132] Baden-Fuller 1995, S. 9.
[133] Vgl. Hitt/Ireland/Camp/Sexton 2001, S. 484.
[134] Vgl. Ziemendorf 2009, S. 122.
[135] Sharma/Chrisman 1999, S. 20.
[136] Vgl. Zahra 1991, S. 277.
[137] Vgl. Zahra 1991, S. 268; Zahra 1993b, S. 321f.; Eddleston/Kellermanns/Zellweger 2012, S. 349.
[138] Vgl. Agarwal/Echambadi/Franco/Sarkar 2004, S. 501; Wright/Hmieleski/Siegel/Ensley 2007, S. 802.

Die Ausnutzung von Geschäftsgelegenheiten ist auch beim Corporate Entrepreneurship, analog zur Gründung eines Unternehmens, mit Risiken und Unsicherheiten verbunden.[139] Dies liegt vor allem daran, dass die Innovation per Definition nicht vorher bekannt ist und sich der wirtschaftlicher Erfolg nur schwer ex-ante bestimmen lässt.[140]

Im Corporate-Entrepreneurship-Kontext stellt die Entrepreneurial Orientation (EO) eines der häufigsten untersuchten Konzepte dar.[141] Als einer der ersten Wissen-schaftler hat sich MILLER diesem Konzept gewidmet.[142] Dabei handelt es sich um ein Konzept auf Organisationsebene[143], wodurch die entrepreneuriale Ausrichtung eines Unternehmens determiniert werden soll.[144] Mit der Etablierung einer entrepreneurialen Orientierung sollen die Innovationskraft eines Unternehmens gesteigert und Wettbewerbsvorteile generiert werden.[145] Dies erfolgt zumeist auf Unternehmensebene und wird vom oberen Management vorgegeben,[146] wobei das Individuum die Innovationen hervorbringt und nicht eine entrepreneuriale Struktur im Unternehmen.[147]

---

[139] Vgl. McMullen/Shepherd 2006, S. 134f.

[140] Vgl. Phan/Wright/Ucbasaran/Tan 2009, S. 198.

[141] Vgl. Wiklund 1999, S. 37; Kollmann/Christofor/Kuckertz 2007, S. 329; Pérez-Luño/Wiklund/Valle Cabrera 2011, S. 555; Covin/Wales 2012, S. 677; Miller 2011, S. 876f.; Sciascia/Mazzoloa/Chirico 2013, S. 69; Pearce II Kramer/Robbins 1997, S. 149; Fayolle/Basso/Bouchard 2010, S. 725; Hughes/Hughes/Morgan 2007, S. 359; Kollmann/Stöckmann 2012 S. 1; Monsen/Boss 2009, S. 74. Für ein Review zum Thema Entrepreneurial Orientation siehe Rauch/Wiklund/Lumpkin/Frese 2009. Zum Thema Entrepreneurial Orientation wurden bis Ende 2010 bereits mehr als 256 wissenschaftliche Artikel publiziert. Siehe Covin/Lumpkin 2011, S. 855.

[142] Vgl. Miller 1983, S. 770; Covin/Green/Slevin 2006, S. 57; Covin/Lumpkin 2011, S. 855; George 2011, S. 1293; Miller 2011, S. 873; Covin/Wales 2012, S. 680.

[143] Vgl. Lee/Lee/Pennings 2001, S. 617; Richard/Barnett/Dwyer/Chadwick 2004, S. 256; Jantunen/Puumalainen/Saarenketo/Kyläheiko 2005, S. 226; Kreiser 2011, S. 1027.

[144] Vgl. Covin/Green/Slevin 2006, S. 57; Kollmann/Stöckmann 2012 S. 1; Covin/Lumpkin 2011, S. 857.

[145] Vgl. Rauch/Wiklund/Lumpkin/Frese 2009, S. 763; Bierly/Damanpour/Santoro 2009, S. 481; Thornberry 2003, S. 329; Kemelgor 2002, S. 67; Hayton/Kelley 2006, S. 407; Hult/Hurley/Knight 2004, S. 437.

[146] Vgl. Miller/Le Breton-Miller 2011, S. 1051.

[147] Vgl. Covin/Lumpkin 2011, S. 857; Farmer/Tierney/Kung-McIntyre 2003, S. 621.

In diesem Zusammenhang sei ein Zitat von Covin und Lumpkin angeführt:

„A behavioral model of entrepreneurship is suggested because behaviors rather than attributes are what give meaning to the entrepreneurial process. An individual's psychological profile does not make a person an entrepreneur. Rather, we know entrepreneurs through their actions. Similarly, non-behavioral organizational-level attributes, like organizational structure or culture, do not make a firm entrepreneurial. An organization's action make it entrepreneurial. In short, behavior is the central and essential element in the entrepreneurial process"[148].

In der Entrepreneurial-Orientation-Literatur haben sich zwei zentrale Konzepte etabliert. [149] Hierbei handelt es sich um die Überlegungen von Miller, der Entrepreneurial Orientation anhand der drei Dimensionen Innovativität, Risikobereitschaft und Proaktivität definiert. [150] Die Innovativität wird durch die Einbeziehung der Mitarbeiter bezüglich kreativer Handlungen zur Entwicklung von neuen Produkten oder Dienstleistungen abgebildet.[151] Die Risikoneigung beschreibt die Bereitschaft des Mitarbeiters zu risikobehafteten Handlungen bei denen der wirtschaftliche Erfolg ungewiss ist und die oftmals auch innerhalb von unsicheren Umweltbedingungen ausgeführt werden. [152] Beispielsweise können durch die Entwicklung einer Innovation finanzielle Kosten entstehen, die sich negativ auf den

---

[148] Covin/Lumpkin 2011, S. 858. Für eine weitreichende Übersicht an verfügbaren Definitionen siehe Covin/Wales 2012, S. 679.

[149] Vgl. Covin/Lumpkin 2011, S. 859f.

[150] Vgl. Miller 1983, S. 770; Covin/Slevin 1991, S. 7; Morris/Jones 1993, S. 875; Morris/Avila/Allen 1993, S. 596; Zahra 1996; S. 1714; Becherer/Maurer 1999, S. 28; Morris/Jones 1999, S. 71; Lee/Lee/Pennings 2001, S. 617; Kreiser/Marino Weaver 2002, S. 71; Doh/Pearce 2004, S. 647; Bhuian/Menguc/Bell 2005, S. 10; Richard/Barnett/Dwyer/Chadwick 2004, S. 257; Dess/Lumpkin 2005, S. 147; Wiklund/Shepherd 2005, S. 85; Hughes/Morgan 2007, S. 651; Lomberg 2010, S. 14ff.; Brundin/Patzelt/Shepherd 2008, S. 223; Rauch/Wiklund/Lumpkin/Frese 2009, S. 763; Kuratko 2010, S. 146; Haid 2004, S. 92; Kreiser 2011, S. 1027; Miller/ Le Breton-Miller 2011, S. 1051; Meves 2013, S. 24. Die englischen Begriffe hierzu lauten: Innovativeness, Risk Taking und Proactive. Für eine detaillierte Übersicht der drei Dimensionen siehe Kreiser/MarinoWeaver 2002, S. 79.

[151] Vgl. Atuahene-Gima/Ko 2001, S. 56; Runyan/Huddleston/Swinney 2006, S. 459; Rauch/Frese 2007, S. 358; Kerka/Kriegesmann/Kley 2008, S. 45.

[152] Vgl. Lee/Lee/Pennings 2001, S. 618; Dess/Lumpkin 2005, S. 152; Heavey/Simsek/Roche/Kelly 2009, S. 1296; Antoncic 2003, S. 13; Hitt/Nixon/Hoskisson/Kochhar 1999, S. 164; Forlani/Mullins 2000, S. 307; Shaver/Scott 1991, S. 28; Heunks 1998, S. 270.

Unternehmenserfolg auswirken.[153] Die Proaktivität bezieht sich im Unternehmens-kontext auf die Suche der Mitarbeiter nach Geschäftsgelegenheiten, um Produkte oder Dienstleistungen zu entwickeln.[154]

Dieses ursprüngliche Konstrukt wurde von LUMPKIN und DESS um zwei Dimensionen erweitert.[155] Es handelt sich um die Wettbewerbsaggressivität und die Autonomie.[156] Die Wettbewerbsaggressivität spiegelt die Wettbewerbsfähigkeit von Unternehmen wider, sowie deren Verhalten gegenüber Wettbewerbern.[157] Die Autonomie beschreibt die Selbstständigkeit von Mitarbeitern oder Teams, die somit ein entrepreneuriales Verhalten ausüben können.[158]

In der Literatur wurde oftmals der Zusammenhang zwischen einer entrepreneurialen Orientierung im Unternehmen und deren Leistungsfähigkeit untersucht.[159] Dies konnte von RAUCH, WIKLUND, LUMPKIN und FRESE auch in einer Meta-Studie nachgewiesen werden.[160] Besonders in wissensintensiven Branchen, wie beispielsweise der IT-Branche, kann durch eine entrepreneuriale Orientierung die Leistungsfähigkeit von Unternehmen gefördert werden.[161] Laut DESS und LUMPKIN stellt die Etablierung einer

---

[153] Vgl. Gassmann/Sutter 2008, S. 67.

[154] Vgl. Lumpkin/Dess 1996, S. 146; Grichnik 2006, S. 1308; Runyan/Huddleston/Swinney 2006, S. 460; Rauch/Wiklund/Lumpkin/Frese 2009, S. 763; Walter/Walter 2011, S. 72; Crant 1996, S. 43f.; Becherer/Maurer 1999, S. 30; Simsek/Lubatkin/Veiga/Dino 2009, S. 812; Meves 2013, S. 26; Crant 2000, S. 435.

[155] Vgl. Lumpkin/Dess 1996, S. 138ff.; Lumpkin/Dess 2001, S. 429; Dess/Lumpkin 2005, S. 148; Lyon/Lumpkin/Dess 2000, S. 1056; Hughes/Morgan 2007, S. 651. Für eine detaillierte Differenzierung zwischen der Proaktivität und der Wettbewerbsaggressivität siehe: Lumpkin/Dess 2001, S. 433f. Für eine differenzierte Betrachtung zwischen formativen und reflektiven EO Konstrukten siehe Covin/Wales 2012, S. 682ff. Siehe auch George 2011, S. 1295.

[156] Vgl. Lyon/Lumpkin/Dess 2000, S. 1056; Teng 2007, S. 121. Kollmann/Stöckmann 2008, S. 17. Die englischen Begriffe hierzu lauten: Proactiveness und Competive Aggressiveness.

[157] Vgl. Covin/Covin 1990, S. 35. Siehe auch MacMillan/Day 1987, S. 38.

[158] Vgl. Rauch/Frese 2007, S. 359; Shane 2003, S. 59; Rauch/Wiklund/Lumpkin/Frese 2009, S. 764; Stern/Jaberg 2007, S. 117. Für eine detaillierte Untersuchung hinsichtlich der Autonomie von Teams im Unternehmen siehe Patanakul/Chen/Lynn 2012, S. 734.

[159] Vgl. Wiklund 1999, S. 37; Atuahene-Gima/Ko 2001, S. 55; Wiklund/Shepherd 2003, S. 1311; Wiklund/Shepherd 2005, S. 74f.; Covin/Green/Slevin 2006, S. 57; Hughes/Morgan 2007, S. 651; Wang 2008, S. 650; Fayolle/Basso/Bouchard 2010, S. 707; Covin/Lumpkin 2011, S. 856; Kreiser 2011, S. 1025; Plambeck 2012, S. 607.

[160] Vgl. Rauch/Wiklund/Lumpkin/Frese 2009, S. 778.

[161] Vgl. Rauch/Wiklund/Lumpkin/Frese 2009, S. 780.

entrepreneurialen Orientierung im Unternehmen eine zwingende Voraussetzung für eine erfolgreiche Umsetzung von Corporate Entrepreneurship dar.[162]

Darüber hinaus existieren noch weitere Konzepte, die in einem engen Zusammenhang zum Corporate Entrepreneurship stehen. Hierzu zählen die Entrepreneurial-Attitude-Orientierung von ROBINSON, STIMPSON, HUEFNER und HUNT,[163] das Entrepreneurial-Behavior-Konzept von BROWN, DAVIDSSON und WIKLUND[164] und das Entrepreneurial-Management-Konzept von STEVENSON und JARILLO.[165] Allerdings wird in der Literatur die Abgrenzung der entrepreneurialen Orientierung gegenüber ähnlichen entrepreneurialen Konzepten als schwierig angesehen.[166]

Laut AGARWAL, ECHAMBADI, FRANCO und SARKAR fördert die Etablierung einer Corporate-Entrepreneurship-Kultur die Entwicklung von Innovationen.[167] Das nachfolgende Kapitel widmet sich diesem Zusammenhang.

2.1.1 Innovationen

Die Innovationen stellen den am häufigsten untersuchten Bereich innerhalb der Corporate-Entrepreneurship-Literatur dar.[168] Nachdem eine entrepreneuriale Geschäftsgelegenheit von einem Mitarbeiter identifiziert wurde, muss diese Idee umgesetzt werden, um als Innovation anerkannt zu werden.[169] Als Voraussetzung für die Entwicklung von Innovationen müssen von den Mitarbeitern kreative Ideen entwickelt werden, die neu und nützlich für das Unternehmen sind.[170] Laut SHANE und

---

[162] Vgl. Miles/Arnold 1991, S. 51; Dess/Lumpkin 2005, S. 147.
[163] Vgl. Robinson/Stimpson/Huefner/Hunt 1991, S. 13.
[164] Vgl. Brown/Davidsson/Wiklund 2001, S. 953.
[165] Vgl. Stevenson/Jarillo 1990, S. 17; Teece 2012, S. 1395.
[166] Vgl. Covin/Lumpkin 2011, S. 857.
[167] Vgl. Agarwal/Echambadi/Franco/Sarkar 2004, S. 504. Siehe auch Hult/Hurley/Knight 2004, S. 437.
[168] Vgl. Teng 2007, S. 131. Der Begriff Innovation stammt von dem lateinischen Wörtern novus „neu" und innovatio „etwas neu Geschaffenes" ab und bedeutet wörtlich Neuerung oder Erneuerung. Siehe Hartschen/Scherer/Brügger 2009, S. 7; Heesen 2009, S. 14; Derenthal 2009, S. 13; Finkle 2012, S. 879.
[169] Vgl. Shane/Eckhardt 2005, S. 177; Stern/Jaberg 2007, S. 14.
[170] Vgl. Zhou/George 2001, S. 683; Drazin/Glynn/Kazanjian 1999, S. 290; Zhou/George 2003, S. 551f.; Farmer/Tierney/Kung-McIntyre 2003, S. 619;

VENKATARAMAN entstehen Geschäftsgelegenheiten[171] durch „new goods, services, raw materials, markets and organizing methods can be introduced through the formation of new means, ends, or means-ends relationships"[172]. Die Marktakzeptanz einer Innovation stellt eine notwendige Voraussetzung für eine erfolgreiche Umsetzung dar.[173] Besonders häufig werden von Unternehmen Produkt- und Dienstleistungsinnovationen entwickelt, die es erfolgreich am Markt zu etablieren gilt.[174]

In der Literatur wird eine Innovation unterschiedlich definiert. Laut STEVENSON und JARILLO ist eine Innovation „a process by which individuals inside organizations pursue opportunities independent of the resources they currently control". Die Autoren LUMPKIN und DESS definieren den Begriff wie folgt: „Innovativeness reflects a firm's tendency to engage in and support new ideas, novelty, experimentation, and creative processes that may result in new products, services, or technological processes"[175]. Laut ECKHARDT und SHANE ergeben sich Innovationen aus „situations in which new goods, services, raw materials, markets and organizing methods can be introduced through the formation of new means, ends, or means-ends relationships"[176].

Darüber hinaus lässt sich eine enge Verbindung zwischen dem Forschungsbereich des Entrepreneurship und der Identifikation und Exploitation der Geschäftsgelegenheiten am folgenden Zitat von SHANE und VENKATARAMAN verdeutlichen: „(1) why, when, and how opportunities for the creation of goods and services come into existence, (2) why, when, and how some people and not others discover and exploit these opportunities, and (3) why, when, and how different modes of action are used to exploit entrepreneurial opportunities."[177]

---

[171] Die Geschäftsgelegenheiten werden in der Literatur als Opportunities bezeichnet. Siehe Shane 2003, S. 18. Siehe auch Doh/Pearce 2004, S. 647; Kollmann/Kuckertz 2006, S. 45.
[172] Shane/Venkataraman 2000, S. 220.
[173] Vgl. Kollmann 1998, S. 56; Kollmann 2000, S. 68; Kollmann 2004, S. 136ff.; Kollmann/Stöckmann 2007, S. 586; Kollmann 2013a, S. 62.
[174] Vgl. Plambeck 2012, S. 608. Für eine detaillierte Typisierung von Produktinnovationen siehe Danneels 2002, S. 1105f.
[175] Lumpkin/Dess 1996, S. 142.
[176] Eckhardt/Shane 2003, S. 336.
[177] Shane/Venkataraman 2000, S. 218.

Die Art und das Ausmaß einer Innovation basiert zumeist auf einer zuvor von einem Individuum oder einer Gruppe entwickelten Idee.[178] Hierbei kann zwischen einer inkrementellen und einer radikalen Innovation differenziert werden.[179] Die Entwicklung einer inkrementellen Innovation erfolgt schrittweise und kontinuierlich.[180] Die inkrementellen Verbesserungen können durch die fortwährenden internen Anpassungen an die externen dynamischen Umweltveränderungen im Unternehmen entstehen.[181] Demzufolge führen nicht nur radikale Ideen zu neuen Produkten oder Dienstleistungen. Innovationen können auch durch die Verbesserung von bereits existierenden Produkten oder Dienstleistungen entstehen.[182] Die Entwicklung eines ergonomischen Haltegriffs für Zahnbürsten ist beispielsweise eine inkrementelle Innovation.[183] Ein sogenanntes Innovationscontrolling kann die Planung und Umsetzung von inkrementellen Innovationen überwachen und kontrollieren.[184]

Die radikale Innovation stellt eine neuartige Entwicklung dar, die zumeist ad hoc hervorgebracht wird.[185] Hierdurch kann nicht vorhergesagt werden, ob und wann die Innovation ein Erfolg wird.[186] Oft weisen die radikalen Innovationen einen höheren Innovationsgrad auf als die inkrementellen Entwicklungen.[187] Ein Beispiel für eine radikale Innovation ist die Digitalfotografie.[188] Laut PLAMBECK wird „the degree of innovativeness of new products"[189] maßgeblich vom oberen Management beeinflusst.[190]

---

[178] Vgl. Hisrich/Peters/Shepherd 2008, S. 148.
[179] Vgl. Damanpour/Gopalakrishnan 1998, S. 8; Gatignon/Tushman/Smith/Anderson 2002, S. 1105; Stummer/Günther/Köck 2008, S. 19; Hartschen/Scherer/Brügger 2009, S. 61; Stockstrom 2009, S. 17; Zahra/Nielsen/Bogner 1999, S. 169; Subramaniam/Youndt 2005, S. 452; Maurer/Fiedler 2011, S. 54; Kollmann/Häsel/Stöckmann 2007, S. 396; Zillner/Krusche 2012, S. 35ff. Für eine detaillierte Darstellung siehe Dewar/Dutton 1986, S. 1425; Camisón-Zornoza/Lapiedra-Alcamí/Segarra-Ciprés/Boronat-Navarro 2004, S. 336; Chandy/Tellis 2000, S. 3.
[180] Vgl. Christensen/Matzler/von den Eichen 1997, S. 6; Haid 2004, S. 114f.; Burr 2004, S. 24.
[181] Vgl. Bleicher 1992, S. 457.
[182] Vgl. Woodman/Sawyer/Griffin 1993, S. 293.
[183] Vgl. Hartschen/Scherer/Brügger 2009, S. 10.
[184] Vgl. Littkemann 2005, S. 12.
[185] Vgl. Dewar/Dutton 1986, S. 1422.
[186] Vgl. Hill/Rothaermel 2003, S. 258.
[187] Vgl. Dewar/Dutton 1986, S. 1422; Chandy/Tellis 2000, S. 2.
[188] Vgl. Hartschen/Scherer/Brügger 2009, S. 10.
[189] Plambeck 2012, S. 617.
[190] Vgl. Plambeck 2012, S. 617.

Darüber hinaus können Innovationen im Unternehmen auf zwei unterschiedliche Arten entstehen: „new to the firm" und „new to the world".[191] Hierbei handelt es sich um die klassische „new to the world"-Innovation und die Imitation einer Innovation, sodass in diesem Kontext die Innovation „new to the firm" ist.[192] Dementsprechend kann auch laut SAMUELSSON und DAVIDSSON zwischen einer innovativen und imitierenden Gründung unterschieden werden.[193]

Zusätzlich existiert eine Abstufung hinsichtlich des Innovationsgrades.[194] Laut HISRICH, PETERS und SHEPHERD gibt es drei Innovationsgrade. Es handelt es sich um bedeutsame Innovationen, technologische Innovationen und ordinale Innovationen. Je nach Innovationsgrad werden die Innovationen klassifiziert.[195] Bei den bedeutsamsten Innovationen handelt es sich um die am seltensten auftretenden Innovationen, die oft weitreichende Auswirkungen haben.[196] Im Allgemeinen erfolgt die Gründung eines Unternehmens durch die Entwicklung einer technologischen Innovation.[197]

Innovationen können auch durch interne oder externe Netzwerke entstehen, da so auf bestimmte Informationen oder Ressourcen zugegriffen werden kann.[198] Darüber hinaus können Innovationen auch durch Communities entstehen.[199] Hierbei werden von SAND Communities zur Innovationsförderung und Innovationsdurchsetzung unterschieden. Laut SAND fördern technologische und strategische Communities Innovationen, wobei innovative und kreative Communities die Umsetzung einer Idee fördern.[200] Zusätzlich stellt Open Innovation eine weitere Möglichkeit zur Steigerung

---

[191] Vgl. Damanpour/Gopalakrishnan 1998, S. 3; Pérez-Luño/Wiklund/Valle Cabrera 2011, S. 555f.; Knight 1967, S. 478.
[192] Vgl. Drucker 1985, S. 15; Kollmann/Stöckmann 2008, S. 13; Ofek/Turut 2008, S. 575; Heesen 2009, S. 16; Pérez-Luño/Valle Cabrera/Wiklund/ 2011, S. 72; Pérez-Luño/Wiklund/Valle Cabrera 2011, S. 555.
[193] Vgl. Samuelsson/Davidsson 2007, S. 248.
[194] Vgl. Häsel/Kollmann/Breugst 2010, S. 203; Damanpour/Gopalakrishnan 1998, S. 1; DeTienne/Chandler 2004, S. 253.
[195] Vgl. Stockstrom 2009, S. 15.
[196] Vgl. Hisrich/Peters/Shepherd 2008, S. 148f.
[197] Vgl. Wong/Ho/Autio 2005, S. 335.
[198] Vgl. Dyer/Singh 1998, S. 676; Floyd/Wooldridge 1999, S. 130; Lee/Lee/Pennings 2001, S. 620; Kollmann 2006, S. 322; Kelley/Peters/O´Connor 2009, S. 223; Walter/Walter 2011, S. 64.
[199] Vgl. Möslein/Neyer 2009, S. 96f.
[200] Vgl. Sand 2011, S. 23.

der Innovationskraft eines Unternehmens dar:[201] Das Unternehmen greift auf externe Quellen zurück, um dieses Wissen zur Entwicklung von Innovationen zu seinem Vorteil zu nutzen.[202] Da auf externes Wissen zurückgegriffen werden kann, stellt diese Methode eine kostengünstige Alternative zum klassischen internen Innovations-management dar.

Die organisationale Lerntheorie beschreibt den Lernprozess innerhalb eines Unternehmens, der zusätzlich neue Ideen und Innovationen hervorbringen kann.[203] Basierend auf einem ständigen internen und externen Stimulus, werden die bestehenden Annahmen und Überzeugungen im Unternehmen kontinuierlich hinterfragt. Hierdurch werden Informationen erlernt und neues Wissen angeeignet.[204] Insgesamt führen dieser Lernprozess und die Anwendung dieses Wissens zur Entwicklung von Ideen und Innovationen.[205]

Dabei kann zwischen der Aneignung von Wissen und dem Erlernen von Wissen unterschieden werden.[206] Das Unternehmen eignet sich Wissen über externe Quellen an, das oftmals öffentlich und somit nicht ausschließlich dem Unternehmen zugänglich ist.[207] Dieses Wissen führt nicht ausnahmslos zu einem Wettbewerbsvorteil, jedoch können Nachteile entstehen, wenn ein Unternehmen nicht über diese Informationen verfügt. Das erlernte Wissen hingegen bildet sich durch interne Prozesse innerhalb einer Organisation.[208] Hierzu zählen beispielsweise Prozesse, Routinen oder Dokumentationen. Dieses neu erlernte Wissen ist oft unternehmensspezifisch und einzigartig, was zu einem Wettbewerbsvorteil führt.[209] In den meisten Fällen wird für

---

[201] Vgl. Möslein/Neyer 2009, S. 85; Schneider-Ammann 2011, S. 19; Clausen/Geschka/Krug 2012, S. 95; Dapp 2012, S. 122.

[202] Vgl. Bierly/Damanpour/Santoro 2009, S. 481; Wagner/Piller 2011, S. 102; Zillner/Krusche 2012, S. 122f.

[203] Vgl. Lumpkin/Bergmann Lichtenstein 2005, S. 452ff.; Lueger/Keßler 2006, S. 34.

[204] Vgl. Zahra/George 2002, S. 188.

[205] Vgl. Dess/Ireland/Zahra/Floyd/Janney/Lane 2003, S. 352; Dimov 2007, S. 561.

[206] Vgl. Dess/Ireland/Zahra/Floyd/Janney/Lane 2003, S. 356; Hayton 2005, S. 21; Muhle 2010, S. 30; Zahra/Nielsen/Bogner 1999, S. 173f.

[207] Vgl. Grant 1996, S. 115f.; Bierly/Damanpour/Santoro 2009, S. 481.

[208] Vgl. Sirén/Kohtamäki/Kuckertz 2012, S. 19.

[209] Vgl. Hult/Snow/Kandemir 2003, S. 404.

die Entwicklung von Innovationen sowohl auf erlerntes als auch auf angeeignetes Wissen zurückgegriffen.[210]

Neben der internen Entwicklung von Innovationen im Corporate Entrepreneurship, können diese auch in Zusammenarbeit mit anderen Unternehmen entstehen. Primär zählen hierzu die Joint-Ventures, die oftmals explizit mit dieser Zielvorgabe gegründet und als strategische Allianzen definiert werden.[211] Vor allem kleine innovative Unternehmen sollten mit Konzernen ein Joint-Venture bilden, um die jeweiligen Vorteile hinsichtlich Ressourcenausstattung und Innovativität ausnutzen zu können.[212] Zusätzlich können sich Unternehmen durch eine strategische Allianz spezielles oder technologisches Fachwissen aneignen.[213] Innovationen können aber auch mittels Akquisition anderer Unternehmen erworben werden.[214] Des Weiteren können Unternehmensbereiche durch eine selbstständige Ausgründung oder in Form eines Tochterunternehmens ausgegliedert werden, sodass kleine selbstständige Unternehmen entstehen. So können Innovationen oftmals effektiver und effizienter entwickelt werden, da sich dort eine Corporate-Entrepreneurship-Kultur schneller und einfacher etablieren lässt als in großen Unternehmen.

Die Entwicklung von Innovationen erfolgt im Unternehmen meist über einen kreativen Prozess.[215] Im Allgemeinen fördert die Etablierung einer Corporate-Entrepreneurship-Kultur im Unternehmen die Kreativität der Mitarbeiter und führt zur Entwicklung von Innovationen.[216] Hierbei wird die Innovationsfähigkeit eines Unternehmens über die individuelle Kreativität der Mitarbeiter bestimmt.[217] Da auf eine positive Evaluation einer Idee erst eine Innovation entwickelt wird, stellt die Kreativität der Mitarbeiter die

---

[210] Vgl. Corbett 2007, S. 103.
[211] Vgl. Eisenhardt/Schoonhoven 1996, S. 136; Li/Atuahene-Gima 2002, S. 469; Teng 2007, S. 119; Ireland/Webb 2007, S. 57; Burns 2008, S. 151f.; Kollmann 2013a, S. 722.
[212] Vgl. Knight 1989, S. 287; Shan 1990, S. 132; Damanpour 1996, S. 695; Heller 1999, S. 25.
[213] Vgl. Kollmann/Häsel/Breugst 2009, S. 55; Bojica/Fuentes Fuentes 2012, S. 397.
[214] Vgl. Zahra 1991, S. 261.
[215] Vgl. DeTienne/Chandler 2004, S. 245.
[216] Vgl. Burgelman 1985, S. 53; Van de Ven 1986, S. 601.
[217] Vgl. Gilson/Shalley 2004, S. 468.

Basis für eine Innovation dar.[218] Bei der Evaluation einer Geschäftsgelegenheit basiert eine Entscheidung für die Entwicklung dieser Idee auf definierten Kriterien und deren Erfolgswahrscheinlichkeit.[219] Besonders innovative Ideen erhöhen die Wahrscheinlichkeit eines wirtschaftlichen Erfolges.[220]

Das nächste Kapitel widmet sich der individuellen Kreativität von Mitarbeitern, um deren Einfluss auf die Entwicklung von Innovationen zu determinieren.

2.1.2 Individuelle Kreativität

Die individuelle Kreativität der Mitarbeiter stellt eine wichtige Ressource für Unternehmen dar und fördert entrepreneuriales Verhalten.[221] Laut MORRIS, KURATKO und COVIN ist Kreativität „the soul of entrepreneurship"[222]. Die Kreativität ist „eine Form von geistiger Aktivität, ein Erkenntnisvorgang, der in den Köpfen [...] stattfindet"[223]. Durch die Ausnutzung dieser Potentiale können sich Unternehmen entwickeln und wachsen. Die Entwicklung von Ideen und Innovationen stellt in der heutigen turbulenten und wettbewerbsintensiven Umwelt eine notwendige Voraussetzung für die Fortführung der Geschäftstätigkeit dar.[224]

Aus prozessorientierter Sichtweise ist die Kreativität eine vorgelagerte Phase bei der Entwicklung einer Innovation.[225] Durch eine kreative Handlung können Ideen entwickelt werden, die etwas Neues und Nützliches hervorbringen.[226] Deswegen geht der Entwicklung einer Innovation ein individueller kreativer Akt voraus. Maßgeblich

---

[218] Vgl. Zhou/George 2001, S. 683; Eckhardt/Shane 2003, S. 345; Shane/Locke/Collins 2003, S. 259; Schuler/Görlich 2007, S. 34f.; Möslein 2009, S. 6; Baron/Tang 2011, S. 49; Zillner/Krusche 2012, S. 198.

[219] Vgl. Grichnik 2006, S. 1311; Dietzsch 2011, S. 61.

[220] Vgl. Faltik 2001, S. 124.

[221] Vgl. Stevenson/Jarillo 1990, S. 19f.; Burroughs/Dahl/Moreau/Chattopadhyay/Gorn 2011, S. 53; Kaltenbach 1998, S. 24; Böhme 2011, S. 39; Perry-Smith 2006, S. 85.

[222] Morris/Kuratko/Covin 2008, S. 137.

[223] Csikszentmihalyi 1997, S. 41.

[224] Vgl. Baden-Fuller 1995, S. 4; Covin/Miles 1999, S. 56; Tierney/Farmer/Graen 1999, S. 592; Venkataraman/Van de Ven/Buckeye/Hudson 1990, S. 277; Ford/Gioia 2000, S. 705; Kuratko 2010, S. 129.

[225] Vgl. Kollmann/Stöckmann/Krell/Peschl/Buchwald 2013, S. 7; Mumford 2000, S. 313; Kirzner 1997, S. 67; Amabile/Conti/Coon/Lazenby/Herron 1996, S. 1154.

[226] Vgl. Baron 2007, S. 169.

werden Kreativität und Innovationskraft eines Unternehmens durch die Individuen und den unternehmerischen Kontext bestimmt. Oft bedarf es für eine Innovation mehrere kreative und habituale Handlungen, die zusammengenommen ein neuartiges Produkt entstehen lassen.[227] Deshalb werden Ressourcen zur Umsetzung einer Idee benötigt. Darüber hinaus sollte im Unternehmen ein entsprechendes Umfeld geschaffen werden, um das kreative Verhalten, die Entwicklung von Ideen und die Umsetzung dieser zu fördern.[228]

Im täglichen Sprachgebrauch werden die beiden Begriffe der Kreativität und Innovation oft synonym verwendet,[229] wobei FORD für eine differenzierte Betrachtung plädiert.[230] Kreativität umschreibt die schöpferische Kraft mit der Neuerungen (Innovationen) oder Erfindungen (Inventionen) vorangetrieben werden. Die eigentliche Invention wird zur Innovation, sobald diese umgesetzt wird.[231] Hierbei hängt der wirtschaftliche Erfolg der Innovation von der Neuheit der Invention ab.[232] Ein Beispiel ist die Markteinführung.[233] Im Allgemeinen ist die Idee eine geistige Vorstellung und stellt einen Lösungsansatz zu einem bestehenden Problem oder zur Behebung eines unbefriedigenden Sachverhaltes dar.[234]

Demzufolge ist Kreativität „something that is both novel and in some sense valuable"[235]. Laut FORD wird die Kreativität über drei Aspekte definiert: „First, creativity refers to an attribute of a product presented by an actor. Second, creativity is a subjective judgement made by members of the field about the novelty and value of a product. Third, creativity assessments are domain specific, and they may change over time as a domain evolves by retaining creative actions"[236].

---

[227] Vgl. Ford 1996, S. 1132.
[228] Vgl. Bleicher 1992, S. 474; Dess/Ireland/Zahra/Floyd/Janney/Lane 2003, S. 354; Kaltenbach 1998, S. 60f.; Brockhoff 2000, S. 120; Aerssen 2009, S. 18; Böhme 2011, S. 46.
[229] Vgl. Scott/Bruce 1994, S. 581; Shalley/Gilson 2004, S. 34.
[230] Vgl. Ford 1996, S. 1112.
[231] Vgl. Baumol 2004, S. 317f.; Stockstrom 2009, S. 10; Muhle 2010, S. 8.
[232] Vgl. Ahuja/Lampert 2001, S. 522.
[233] Vgl. Hayton 2005, S. 23.
[234] Vgl. Morris/Kuratko 2002, S. 105.
[235] Vgl. Ford 1996, S. 1114. Siehe auch Oldham/Cummings 1996, S. 608.
[236] Ford 1996, S. 1115.

Diese Arbeit folgt der Kreativitätsdefinition von CSIKSZENTMIHALYI:

„Creativity is any act, idea, or product that changes an existing domain, or
that transforms an existing domain into a new one"[237]. Darüberhinaus
definiert der Autor eine kreative Person als „someone whose thoughts or
actions change a domain, or establish a new domain"[238].

Hinsichtlich der individuellen Charakteristika wurden in der wissenschaftlichen
Literatur eine Vielzahl an Persönlichkeitsfaktoren identifiziert, die einen positiven
Einfluss auf die Kreativität eines Individuums haben.[239] Zur Bestimmung des
individuellen kreativen Verhaltens müssen laut WOODMAN, SAWYER und GRIFFIN
kognitive und nicht-kognitive Einflussfaktoren berücksichtigt werden. Laut den
Autoren determinieren primär die individuellen Charakteristika, die kognitiven
Einflussfaktoren und die intrinsische Motivation die Kreativität.[240]

Zu den kognitiven Faktoren zählen laut SHANE, LOCKE und COLLINS die Intelligenz,
das Wissen und die Erfahrung.[241] Diese Eigenschaften können vom Individuum erlernt
beziehungsweise entwickelt werden.[242] Insgesamt können durch eine zielgerichtete
Verwendung dieser Fähigkeiten neue Geschäftsgelegenheiten identifiziert werden.[243]

Die individuelle Kreativität wird auch durch ein divergentes und konvergentes Denken
gefördert.[244] Kreativität „can be thought of as contributing to both idiosyncratic and
adoptable solutions and to solutions that arise both within and beyond hierarchies and

---

[237] Csikszentmihalyi 1999, S. 28.
[238] Csikszentmihalyi 1999, S. 28. Der Begriff Kreativität leitet sich aus dem lateinischen Wort
„creare" ab. Dies bedeutet etwas hervorbringen, schaffen, erschaffen, neu schöpfen, erfinden,
erzeugen oder herstellen. Siehe Brunner 2008, S. 5.
[239] Vgl. Oldham/Cummings 1996, S. 608.
[240] Vgl. Woodman/Sawyer/Griffin 1993, S. 295; Shalley/Gilson 2004, S. 40; Shalley 1993, S. 484.
[241] Vgl. Shane/Locke/Collins 2003, S. 258; Baron 2007, S. 170. Siehe auch
Grégoire/Corbett/McMullen 2011, S. 1446; Mitchell/Busenitz/Lant/McDougall/Morse/Smith 2002,
S. 93; Hayton/Kelley 2006, S. 414. Siehe auch Shalley/Zhou/Oldham 2004, S. 937f.
[242] Vgl. Kuratko 2009, S. 133.
[243] Vgl. Hayek 1945, S. 522; Kirzner 1997, S. 62; Baron 2004, S. 237; Corbett 2005, S. 473; Corbett
2007, S. 97; Shepherd/DeTienne 2005, S 93; Hansen/Lumpkin/Hills 2011, S. 517.
[244] Vgl. Woodman/Sawyer/Griffin 1993, S. 298; Gielnik/Frese/Graf/Kampschulte 2012, S. 559. Für
eine detaillierte tabellarische Differenzierung zwischen dem konvergenten und divergenten Denken
siehe Steiner 2011, S. 35.

markets"[245]. Demzufolge kann durch die individuelle Kreativität ein Problem identifiziert und benannt, sowie eine Lösung entwickelt werden.[246] Dabei wird zwischen konkreten und abstrakten Problemen differenziert.[247] Ein konkretes Problem wird beispielsweise durch die Entwicklung eines neuen Unternehmenslogos definiert. Ein abstraktes Problem könnte die Steigerung der Unternehmensumsätze sein. Da es sich meist um einen komplexen Vorgang handelt, müssen kreative Handlungen vollzogen werden, um Lösungen für potentiell auftretende Probleme zu entwickeln. Demzufolge kann die individuelle Kreativität die Entwicklung von Produkten, Dienstleistungen, Prozessen und Märkten fördern.[248]

Zwar führen Intelligenz, Wissen und Erfahrungen zur Entwicklung von Innovationen,[249] jedoch kann sich die Innovationskraft des Individuums hierdurch auch verringern, da sich das Wissen und die Erfahrung einer Person auf einen bestimmten Bereich beschränken und ein erlernter routinierter Weg nicht verlassen wird.[250] Im organisationalen Kontext sollten bestimmte Tätigkeiten von verschiedenen Mitarbeitern abwechselnd ausgeführt werden, damit sich dieser Umstand nicht einstellen kann und das Potential für Kreativität und Innovationen ausgeschöpft wird.[251]

Grundsätzlich kann laut FALTIN jeder Mensch zu einem kreativen Verhalten animiert werden.[252] Allerdings wird eine kreative Handlung nur vollzogen, wenn das Individuum dazu motiviert ist.[253] Die drei maßgeblichsten emotionalen Faktoren

---

[245] Ford 1996, S. 1113.
[246] Vgl. Woodman/Sawyer/Griffin 1993, S. 299; Hisrich/Peters/Shepherd 2008, S. 144ff.
[247] Vgl. Ward 2004, S. 174.
[248] Vgl. Damanpour 1991, S. 556; Zhou/George 2001, S. 682; Stummer/Günther/Köck 2008, S. 14; Monsen/Patzelt/Saxton 2010, S. 123; Ward 2004, S. 175.
[249] Vgl. Cohen/Levinthal 1990, S. 128; Neef-Cramer/Methel 2000, S. 29; Yli-Renko/Autio/Sapienza 2001, S. 593; Corbett 2005, S. 476; Subramaniam/Youndt 2005, S. 450; Thornhill 2006, S. 692; Corbett 2007, S. 97.
[250] Vgl. Woodman/Sawyer/Griffin 1993, S. 301; Ahuja/Lampert 2001, S. 524f.
[251] Vgl. Gilson/Shalley 2004, S. 453.
[252] Vgl. Faltin 2001, S. 123.
[253] Vgl. Shane/Locke/Collins 2003, S. 257; Tubbs/Ekeberg 1991, S. 180; Hmieleski/Corbett 2006, S. 49.

hinsichtlich der Motivation sind Neugier, Interesse und Ehrgeiz.[254] Darüber hinaus führt auch die intrinsische Motivation eines Individuums zu kreativen Handlungen.[255] Laut AMABILE sorgt diese primär für den Unterschied zwischen dem „what an individual can do and what an individual will do"[256]. Die intrinsische Motivation eines Mitarbeiters seiner Arbeit gegenüber führt dazu, dass dieser seine Aufmerksamkeit auf die Arbeit richtet, Probleme schneller erkennt und intensiv nach Lösungen sucht.[257]

Ein Mitarbeiter kann durch eine zielgerichtete individuelle Unterstützung des Managements und den Einsatz von organisationalen Belohnungen zu einer kreativen Handlungen motiviert werden.[258] Da eine kreative oder innovative Handlung eines Individuums durch eine intrinsische Motivation gefördert wird, widmet sich das nächste Kapitel den materiellen und immateriellen Belohnungen, um zu überprüfen, ob diese sich positiv auf die Motivation auswirken können.

2.1.3 Materielle und immaterielle Belohnungen

Die organisationalen Belohnungen können in unterschiedlichster Form und Art im Unternehmen Anwendung finden. Zumeist wird zwischen materiellen und immateriellen sowie zwischen formellen und informellen Belohnungen unterschieden. Laut HORNSBY, KURATKO und ZAHRA sollte ein intrapreneuriales betriebliches Anreizsystem „goals, feedback, emphasis on individual responsibility, and result-based incentives"[259] berücksichtigen. Darüber hinaus sollte in diesem Zusammenhang auch die intrinsische und extrinsische Motivation betrachtet werden, da diese einen maßgeblichen Einfluss auf das individuelle intrapreneuriale Verhalten der Mitarbeiter

---

[254] Vgl. Holm-Hadulla 2005, S. 15.
[255] Vgl. Amabile 1997, S. 39; Eisenberg 1999, S. 251; Eisenberger/Rhoades/Cameron 1999, S. 1026; Ryan/Deci 2000, S. 55; Eisenberger/Rhoades 2001, S. 738; Kindermann 2007, S. 54; Jaussi/Dionne 2003, S. 492; Sathe 1988, S. 395; Shepherd/DeTienne 2005, S 94; Amabile/Khaire 2008, S. 107; Oldham/Cummings 1996, S. 610.
[256] Amabile 1988, S. 133.
[257] Vgl. Schuler/Görlich 2007, S. 14; Zhang/Bartol 2010, S. 113. Für eine detaillierte Übersicht hinsichtlich der Arbeitsmotivation siehe Ambrose/Kulik 1999, S. 231.
[258] Vgl. Madjar/Oldham/Pratt 2002, S. 757.
[259] Hornsby/Kuratko/Zahra 2002, S. 259.

haben kann.[260] Insgesamt wird die persönliche Motivation durch den individuellen Willen, etwas zu bewegen, bestimmt.[261]

In der Regel kann die Motivation der Mitarbeiter durch das Instrument der organisationalen Belohnungen hinsichtlich intrapreneurialer Aktivitäten gesteigert werden, sodass sich die Mitarbeiter im Unternehmen unternehmerisch verhalten.[262] Beispielsweise kann die Risikobereitschaft eines Mitarbeiters durch bestimmte Belohnungen gesteigert werden, damit auch Innovationen verfolgt werden, bei denen der Mitarbeiter ein Risiko eingehen muss und ein wirtschaftlicher Erfolg unsicher ist.[263]

In der Fachliteratur wird zwischen materiellen und immateriellen Belohnungssystemen unterschieden.[264] Durch die Anerkennung einer bestimmten Leistung eines Mitarbeiters, beispielsweise durch ein Lob, kann die intrinsische Motivation positiv beeinflusst werden.[265] Hierbei handelt es sich um eine immaterielle Form der Belohnung. Besonders diese Form kann einen positiven Einfluss auf die intrinsische Motivation der Mitarbeiter hinsichtlich Kreativität und der Entwicklung von Innovationen haben.[266] Diese Form der Belohnung entzieht sich meist einer direkten Beobachtung, stellt aber ein zentrales Instrument für Führungskräfte dar, um intrapreneuriales Verhalten zu steigern.

Die materiellen Belohnungen hingegen erfolgen zumeist in Form einer Bonuszahlung.[267] Diese Zahlung wird ausgeführt, wenn bestimmte Vorgaben des Unternehmens erreicht werden. Dieses Belohnungssystem beruht auf dem Utility-

---

[260] Vgl. Amabile 1997, S. 44.
[261] Vgl. Ryan/Deci 2000, S. 54.
[262] Vgl. Eisenberger/Selbst 1994, S. 1125; Eisenberg 1999, S. 251; Eisenberger/Aselage 2008, S. 95.
[263] Vgl. Rajagopalan/Finkelstein 1992, S. 128; Morris/Kuratko 2002, S. 62; Ireland/Covin/Kuratko 2009, S. 32; Menzel/Aaltio/Ulijn 2007, S. 738; Azoulay/Graff Zivin/Manso 2011, S. 530. Siehe hierzu auch die Ausführungen zur finanziellen Entlohnung von Mitarbeitern und der Agency Theory von Antoncic 2003, S. 16.
[264] Vgl. Amabile 1997, S. 44.
[265] Vgl. Shepherd/DeTienne 2005, S 94.
[266] Vgl. Eisenberg 1999, S. 251; Eisenberger/Rhoades/Cameron 1999, S. 1026; Gagné/Deci 2005, S. 332; Shepherd/DeTienne 2005, S. 94.
[267] Vgl. Barringer/Milkovich 1998, S. 307.

Maximization-Ansatz von DOUGLAS und SHEPHERD.[268] Das Modell besagt, dass ein Individuum nach maximaler finanzieller Entlohnung strebt und bereit ist, dafür zusätzliche Leistungen zu erbringen.[269] Der Utility-Maximization-Ansatz wurde bereits anhand von theoretischen und empirischen Studien überprüft und eignet sich zur Beurteilung von individuellen intrapreneurialen Handlungen im Unternehmenskontext.[270] Insgesamt haben die immateriellen Belohnungen einen größeren Einfluss auf die Motivation des Mitarbeiters zu einem intrapreneurialen Verhalten, als die materiellen Entlohnungen.[271]

Durch eine differenzierte Betrachtung der materiellen und immateriellen organisationalen Belohnungen kann die unterschiedliche Wirkung dieser Anreizsysteme verdeutlicht werden.[272] Darauf aufbauend sei folgend der Unterschied zwischen einer intrinsischen und einer extrinsischen Motivation diskutiert.[273] RYAN und DECI definieren den Unterschied wie folgt: „intrinsic motivation, which refers to doing something because it is inherently interesting or enjoyable, and extrinsic motivation, which refers to doing something because it leads to a separable outcome"[274]. Die intrinsische Motivation wird oft durch die Art der Aufgabe determiniert und führt zu einer sogenannten inneren Befriedigung.[275] Dies definieren THOMAS und VELTHOUSE als „intrinsic task motivation"[276]. Die extrinsische Motivation wird hingegen durch einen externen Stimulus, wie eine finanzielle Belohnung, befriedigt.[277] Folglich können die materiellen Anreize die individuelle extrinsische Motivation des Mitarbeiters steigern, jedoch gleichzeitig laut GAGNÉ und DECI die intrinsische Motivation verringern.[278] Deshalb kann eine intrinsische

---

[268] Vgl. Douglas/Shepherd 1999, S. 231; Douglas/Shepherd 2002, S. 82.

[269] Vgl. Douglas/Shepherd 1999, S. 231; Douglas/Shepherd 2002, S. 82.

[270] Vgl. Bandura 1982, S. 133f.; Monsen/Patzelt/Saxton 2010, S. 108.

[271] Vgl. Gist 1987, S. 476; Eisenberg 1999, S. 251; Schat 2005, S. 34.

[272] Vgl. Gagné/Deci 2005, S. 336.

[273] Vgl. Amabile/Hill/Hennessey/Tighe 1994, S. 952; Für einen detaillierten Überblick und eine definitorische Abgrenzung siehe Ryan/Deci 2000.

[274] Vgl. Ryan/Deci 2000, S. 55.

[275] Vgl. Zhou/Shalley 2003, S. 168; Taggar 2002, S. 315f.

[276] Thomas/Velthouse 1990, S. 668.

[277] Vgl. Bandura 1982, S. 133.

[278] Vgl. Gagné/Deci 2005, S. 356.

Motivation zu einem kreativen oder innovativen Verhalten am stärksten durch eine immaterielle Belohnung gesteigert werden.[279]

Diese Arbeit folgt der Definition zur intrinsischen und extrinsischen Motivation von AMABILE:

„Individuals are intrinsically motivated when they seek enjoyment, interest, satisfaction of curiosity, self-expression, or personal challenge in the work. Individuals are extrinsically motivated when they engage in the work in order to obtain some goal that is apart from the work itself."[280]

Darüber hinaus können im Unternehmen formell niedergeschriebene und in der Unternehmenskultur informell etablierte organisationale Belohnungen unterschieden werden. Die formelle Etablierung von Belohnungen erfolgt durch das obere Management. Im Allgemeinen sollten materielle Belohnungen die Motivation der Mitarbeiter hinsichtlich der Unternehmensziele fördern.[281] Im Gegensatz dazu sind die informellen organisationalen Belohnungen nicht schriftlich niedergeschrieben, sondern orientieren sich an der Unternehmenskultur. Hierbei handelt es sich um immaterielle Belohnungen, die sich durch Lob oder Anerkennung des Vorgesetzten seinem Mitarbeiter gegenüber ausdrücken. Die Unternehmenskultur sollte entsprechend den Zielen der organisationalen Belohnungen vom oberen Management gestaltet und kommuniziert werden.[282]

Zur Betrachtung der organisationalen Belohnungen sollte auch die individuelle Motivation hinsichtlich kreativer und innovativer Handlungen berücksichtigt werden.[283] Der Einfluss der betrieblichen Anreizsysteme sollte sich nach den persönlichen Charakteristika des Mitarbeiters unterscheiden.[284] Vereinfacht dargestellt lassen sich die Mitarbeiter eines Unternehmens in motivierte und unmotivierte

---

[279] Vgl. Eisenberger/Rhoades/Cameron 1999, S. 1026; Gagné/Deci 2005, S. 332; Eisenberger/Aselage 2008, S. 95.
[280] Amabile 1993, S. 188.
[281] Vgl. Eisenberger/Rhoades/Cameron 1999, S. 1026.
[282] Vgl. Ireland/Covin/Kuratko 2009, S. 32.
[283] Vgl. Amabile 1997, S. 44.
[284] Vgl. Zhou/George 2001, S. 692.

Individuen unterteilen. Sobald betriebliche Anreizsysteme im Unternehmen etabliert werden, können sich diese zwei Gruppen in drei unterschiedlichen Ausprägungen ausdrücken. Hierzu zählen die bereits motivierten Mitarbeiter, die weiterhin motiviert sind, die unmotivierten Mitarbeiter, die durch die organisationalen Belohnungen zu kreativen und innovativen Handlungen motiviert werden und die unmotivierten Mitarbeiter, die trotz organisationaler Belohnungen nicht zu kreativen oder innovativen Handlungen bereit sind. Bei den motivierten Mitarbeitern können organisationale Belohnungen keine Intention zu einer kreativen oder innovativen Handlung auslösen.[285]

Die unterschiedlichen Mitarbeitertypen im Unternehmen hat KIRTON untersucht. In seiner Arbeit wurde zwischen Adoptoren und Innovatoren im Unternehmen differenziert.[286] Dabei wurden besonders die Wechselwirkungen zwischen diesen beiden Mitarbeitertypen betrachtet, da durch beide Ansätze Lösungen für bestehende Probleme entwickelt werden können.[287] In diesem Zusammenhang wurde von dem Autor eine Skala entwickelt,[288] die Personen anhand deren Charaktereigenschaften klassifiziert.[289] Hierdurch können vom Management sogenannte „resistance to change"-Personen identifiziert werden.[290] Darüber hinaus wird das individuelle Verhalten hinsichtlich Adoption oder Innovation auch durch den persönlichen kulturellen Hintergrund beeinflusst.[291]

2.1.4 Wahrgenommene Erwünschtheit

In der Fachliteratur wird die wahrgenommene Erwünschtheit mit dem englischen Begriff der „Perceived Desirability" umschrieben. Hierbei handelt es sich um den Wunsch einer Person gegenüber einer bestimmten Tätigkeit.[292] Im Allgemeinen empfindet das Individuum eine bestimmte Tätigkeit nur als wünschenswert, wenn es

---

[285] Vgl. Ryan/Deci 2000, S. 61.
[286] Vgl. Tierney/Farmer/Graen 1999, S. 593.
[287] Vgl. Kirton 1976, S. 622; Faltin 2001, S. 134.
[288] Vgl. Kirton 1976, S. 626; Bagozzi/Foxall 1995, S. 204.
[289] Vgl. Kimberly/Evanisko 1981, S. 690.
[290] Vgl. Kirton 1976, S. 628.
[291] Vgl. Kollmann/Kuckertz/Breugst 2009, S. 117.
[292] Vgl. Krueger 2000, S. 10; Krueger/Reilly/Carsrud 2000, S. 419; Douglas/Fitzsimmons 2012, S. 3.

davon profitiert.[293] Da es sich um eine subjektive Einschätzung handelt, wird dies als wahrgenommene entrepreneuriale Erwünschtheit definiert. Oftmals wird im Entrepreneurship dieser Wunsch eines Individuums analysiert. [294] In diesem Zusammenhang wird zumeist die Intention zur Gründung eines Unternehmens untersucht.[295]

Dieser Kontext lässt sich auch im Corporate Entrepreneurship wiederfinden, da oft erst eine positive Haltung gegenüber intrapreneurialen Handlungen vorhanden sein muss, bevor ein Mitarbeiter kreativ oder innovativ wird.[296] Falls diese Haltung beim Mitarbeiter nicht vorhanden ist, wird dieser auch keine Innovationen entwickeln. Die wahrgenommene Erwünschtheit kann durch Kollegen, Vorgesetzte oder Mentoren beeinflusst werden.[297] Durch ein gezieltes Training und Coaching sowie den Aufbau von Wissen kann die wahrgenommene intrapreneuriale Erwünschtheit gesteigert werden. [298] Zusätzlich beeinflusst der kulturelle und soziale Hintergrund die Erwünschtheit.[299]

2.1.5 Wahrgenommene Fähigkeiten

Bei den wahrgenommenen entrepreneurialen Fähigkeiten handelt es sich um die subjektive Einschätzung bezüglich persönlicher Fähigkeiten.[300] Meist werden diese Fähigkeiten über das Konzept der Selbstwirksamkeitserwartung abgebildet.[301] Das sogenannte Self-Efficacy-Konzept wurde bereits im Jahr 1977 von BANDURA im Zusammenhang mit seinen Arbeiten zur Social-Learning-Theory vorgestellt[302] und bezieht sich auf die subjektive Überzeugung eines Individuums, einen Job oder eine

---

[293] Vgl. Jia/Wang/Ge/Shi/Yao 2012, S. 212.
[294] Vgl. Shepherd/Krueger 2002, S. 173; Veciana/Aponte/Urbano 2005, S. 168.
[295] Vgl. Krueger 1993, S. 8; Hmieleski/Corbett 2006, S. 48; Tukamushaba/Orobia/George 2011, S. 287; Tkachev/Kolvereid 1999, S. 269; Crant 1996, S. 42; Lee/Wong 2004, S. 10; Zellweger/Sieger/Halter 2011, S. 521.
[296] Vgl. Douglas/Fitzsimmons 2012, S. 1.
[297] Vgl. Shapero/Sokol 1982, S. 84f.; Rutherford/Holt 2007, S. 433.
[298] Vgl. Zhou/Shalley 2003, S. 167; Burroughs/Dahl/Moreau/Chattopadhyay/Gorn 2011, S. 57.
[299] Vgl. Veciana/Aponte/Urbano 2005, S. 166; Tukamushaba/Orobia/George 2011, S. 287.
[300] Vgl. Gist/Mitchell 1992, S. 183; Krueger/Dickson 1993, S. 386; Krueger/Reilly/Carsrud 2000, S. 419; Shane/Locke/Collins 2003, S. 267; Douglas/Fitzsimmons 2012, S. 4.
[301] Vgl. Ajzen 1991, S. 184; Krueger/Brazeal 1994, S. 94; Krueger 2000, S. 11.
[302] Vgl. Gist 1987, S. 472; Chen/Greene/Crick 1998, S. 297.

Aufgabe erfolgreich erledigen zu können.[303] Demzufolge werden Handlungen eher ausgeführt, wenn diese Individuen über eine hohe Selbstwirksamkeitserwartung verfügen und sich diese Aufgaben zutrauen.[304] Im Allgemeinen lässt sich durch die Betrachtung der Selbstwirksamkeitserwartung das individuelle und das entrepreneuriale Verhalten besser erklären.[305]

In der Literatur werden Einflussfaktoren auf die wahrgenommenen entrepreneurialen Fähigkeiten und somit auf die Leistungsfähigkeit hin untersucht.[306] Hierzu zählt beispielsweise die finanzielle Ausstattung, da die Verfolgung einer innovativen Handlung, beziehungsweise die Entwicklung einer Innovation, in der Regel finanzielle Mittel voraussetzt.[307] Zusätzlich führt ein höherer Bildungsgrad zu einer gesteigerten wahrgenommenen entrepreneurialen Fähigkeit, da sich diese Individuen eher zutrauen, gewisse Aufgaben erfolgreich zu bewältigen.[308] Dies kann durch interne Schulungen oder externe Weiterbildungen gesteigert werden.[309] Eine Steigerung der individuellen wahrgenommenen Fähigkeiten kann dazu führen, dass das Individuum eine zuvor verweigerte Handlung zu einem späteren Zeitpunkt unter Berücksichtigung der neu erlernten Fähigkeiten ausführt.[310] Die Unterstützung eines Vorgesetzten oder eines Mentors kann zusätzlich einen positiven Einfluss auf die wahrgenommenen Fähigkeiten haben,[311] da das Individuum so eher bereit ist, ein persönliches Risiko einzugehen oder auf das Wissen des Vorgesetzten oder Mentors zurückgreifen kann.[312] Hierdurch kann erklärt werden, warum Individuen mit den gleichen Fähigkeiten unterschiedliche Leistungen erbringen.[313]

---

[303] Vgl. Bandura 1982, S. 122; Dutton/Duncan 1987, S. 284; Tukamushaba/Orobia/George 2011, S. 288; Dutton/Webster 1988, S. 665; Shepherd/Covin/Kuratko 2009, S. 593; Baum/Locke 2004, S. 590; Bandura 1977, S. 191.
[304] Vgl. Wood/Bandura 1989, S. 364; Chen/Greene/Crick 1998, S. 310; Krueger/Reilly/Carsrud 2000, S. 418; Gollwitzer/Wieber/Myers/McCrea 2009, S. 138.
[305] Vgl. Baron 2004, S. 224; McGee/Peterson/Mueller/Sequeira 2009, S. 966.
[306] Vgl. Karl/O´Leary-Kelly/Martocchio 1993, S. 379.
[307] Vgl. Shapero/Sokol 1982, S. 86; Tukamushaba/Orobia/George 2011, S. 288.
[308] Vgl. Krueger 2000, S. 11.
[309] Vgl. Toledano/Urbano 2008, S. 396.
[310] Vgl. Cohen/Belyavsky/Silk 2008, S. 275.
[311] Vgl. Redmond/Mumford/Teach 1993, S. 120.
[312] Vgl. Krueger/Dickson 1993, S. 385; Krueger 2000, S. 15f.; Kram 1983, S. 608; Crant 2000, S. 450.
[313] Vgl. Shane/Locke/Collins 2003, S. 267.

Im Kontext zum Entrepreneurship wird die subjektive Überzeugung eines Individuums gegenüber seinen entrepreneurialen Fähigkeiten durch dieses Instrument abgebildet.[314] Da es sich um eine subjektive Einschätzung handelt, wird dies als wahrgenommene entrepreneuriale Fähigkeit definiert. Die entrepreneurialen Fähigkeiten können sich sowohl auf die Fähigkeiten zur Unternehmensgründung beziehen, als auch auf die Fähigkeit des Mitarbeiters zum Corporate Entrepreneurship, den sogenannten intrapreneurialen Fähigkeiten. Dieser Zusammenhang wurde bereits von DOUGLAS und FITZSIMMONS nachgewiesen.[315]

2.2 Zugrundeliegende Theorien

Die wissenschaftliche Literatur führt die Verwendung von Theorien als notwendige Voraussetzung für das wissenschaftliche Arbeiten an.[316] Im Allgemeinen sollte im ersten Teil einer Arbeit die Entwicklung des konzeptionellen Forschungsrahmens basierend auf Theorien erfolgen.[317] In diesem Kapitel werden die Theorien dieser Arbeit dargestellt.

Diese Theorien beziehen sich auf drei Bereiche der wissenschaftlichen Literatur, sodass sich der theoretische Rahmen nicht ausschließlich aus Managementtheorien bildet, sondern auch Theorien aus der Psychologie und Soziologie berücksichtigt werden.

Zunächst erfolgt die Darstellung der Theorien zur Intentionsforschung (Kapitel 2.2.1). Hierbei werden die Theory of Planned Behavior (TPB) von AJZEN und das Entrepreneurial-Event-Model (EEM) von SHAPERO diskutiert und in Verbindung zum Forschungskontext gesetzt. Darauf aufbauend wird das Modell zur Corporate-Entrepreneurialen-Intention (CEI) von FINI, GRIMALID, MARZOCCHI und SOBRERO dargestellt. Im Anschluss folgt die Betrachtung der Theorien zur Kreativitätsforschung (Kapitel 2.2.2). Primär werden die Theory of Individual Creative Action von FORD,

---

[314] Vgl. Baum/Locke/Smith 2001, S. 301; McGee/Peterson/Mueller/Sequeira 2009, S. 965.
[315] Vgl. Douglas/Fitzsimmons 2012, S. 1.
[316] Vgl. MacMillan/Katz 1992, S. 1; Low/MacMillan 1988, S. 146; Bygrave/Hofer 1991, S. 13; Hambrick 2007, S. 1346.
[317] Vgl. Hofer/Bygrave 1992, S. 92.

das interaktionistische Modell zur Kreativität von WOODMAN, SAWYER und GRIFFIN und das Modell zur individuellen Kreativität von AMABILE diskutiert. Abschließend wird die Theorie zum Resource-Based-View (RBV) erörtert (Kapitel 2.2.3). So wird der theoretische Rahmen dieser Arbeit begründet.

2.2.1 Theorien zur Intentionsforschung

In der Literatur wird oft kritisiert, dass individuelle Handlungen unzureichend determiniert werden können.[318] Die Wissenschaft empfiehlt, die Intention eines Individuums zu einer bestimmten Handlung zu untersuchen.[319] Die Intention mediiert die Beziehung zwischen einer Haltung und einer Handlung und gilt als bester Indikator.[320] Handlungen werden nicht ohne eine Intention ausgeführt.[321]

Die Intention zu einer Handlung wird durch Charaktereigenschaften sowie unternehmensinterne Rahmenbedingungen und unternehmensexterne Umweltbedingungen determiniert.[322] In der Literatur werden primär zwei Modelle betrachtet, die eine individuelle Intention zur Gründung eines Unternehmens analysieren.[323] Hierbei handelt es sich um das Entrepreneurial-Event-Model von SHAPERO[324] und The

---

[318] Vgl. Krueger/Reilly/Carsrud 2000, S. 413; Ajzen 2001, S. 27; Ajzen 2002, S. 665; Liñán/Chen 2009, S. 595; Kautonen/Kibler/Tornikoski 2010, S. 178.

[319] Laut Ajzen, Czasch und Flood wurden bereits Korrelationen zwischen einer Intention zu einer bestimmten Handlung und einer tatsächlichen Handlung von 0.90 und 0.96 in der empirischen Literatur nachgewiesen. Siehe Ajzen/Czasch/Flood 2009, S. 1356; Bandura 2001, S. 6; Darüber hinaus hat Krueger einen empirischen Zusammenhang von 0.67 identifiziert. Siehe Krueger 2000, S. 10. Die Wahrscheinlichkeit kann zusätzlich durch eine strategische Implementierung der Intention gesteigert werden. Siehe Bird 1988, S. 442; Kolvereid 1996b, S. 48; Gollwitzer 1999, S. 493; Van Auken/Stephens/Fry/Silva 2006, S. 326; Gollwitzer/Wieber/Meyers/McCrea 2009, S. 137; Ajzen 2000, S. 47; Gollwitzer/Sheeran 2006, S. 69; Krueger 2000, S. 18. Siehe hierzu auch die Meta-Studie zum Zusammenhang zwischen Intention und Handlung von Sutton 1998, S. 1319ff.

[320] Vgl. Bagozzi/Baumgartner/Yi 1989, S. 38; Kolvereid 1996a, S. 48; Krueger/Reilly/Carsrud 2000, S. 413; Fini/Grimaldi/Marzocchi/Sobrero 2012, S. 390.

[321] Vgl. Krueger 2000, S. 8.

[322] Vgl. Bird 1988, S. 442; Birley/Westhead 1990, S. 536; Kristof 1996, S. 1; Krueger/Reilly/Carsrud 2000, S. 414; Kristof-Brown/Zimmerman/Johnson 2005, S. 281; Hmieleski/Corbett 2006, S. 49; Rauch/Frese 2007, S. 360; Zhao/Seibert/Lumpkin 2010, S. 384; Douglas/Fitzsimmons 2012, S. 1; Dimov 2007, S. 564.

[323] Vgl. Krueger/Carsrud 1993, S. 315; Krueger/Brazeal 1994, S. 93; Crant 1996, S. 42; Lee/Wong/Foo/Leung 2011, S. 126.

[324] Vgl. Shapero/Sokol 1982, S. 72.

Theory of Planned Behavior von AJZEN[325]. Nach SHAPERO ist die Intention zu einer Handlung von drei Einflussfaktoren abhängig: die wahrgenommene Erwünschtheit, die individuelle Neigung zu einer Handlung und die wahrgenommene Fähigkeit.[326] Diese drei Faktoren zählen zu den drei Antezedenzien einer entrepreneurialen Intention.[327] Hingegen werden bei der Theory of Planned Behavior die individuelle Haltung gegenüber einer Handlung, die sozialen Normen und die wahrgenommene Verhaltenskontrolle als Prediktoren einer Intention definiert.[328] In einer empirischen Vergleichsstudie von KRUEGER, REILLY und CARSRUD hat sich das Model von SHAPERO dem von AJZEN überlegen gezeigt.[329] In der Literatur werden die zwei Antezedenzien der wahrgenommenen Erwünschtheit und der wahrgenommenen Fähigkeiten als Einflussfaktoren auf die entrepreneuriale Intention determiniert.[330]

Der Mensch lebt gerne in einer geordneten und routinierten Umgebung, die Sicherheit vermittelt. Deshalb müssen für das Individuum die Anreize für innovative Handlungen größer sein, als der Drang, täglichen Gepflogenheiten nachzugehen. Durch vorgegebene Unternehmensprozesse können Routinen entstehen, welche die innovativen Handlungen des Mitarbeiters einschränken.[331] Vorbilder können einen

---

[325] Vgl. Ajzen 1991, S. 179. Siehe hierzu auch eine Meta-Analyse zur Theory of Planned Behavior: Armitage/Conner 2001, S. 471.

[326] Da es sich bei dieser Ausführung um eine Übersetzung handelt, werden diese Faktoren kurz in der englischen Originalsprache dargestellt: the perceptions of desirability, the propensity to act, and the perception of feasibility. Vgl. Shapero/Sokol 1989, S. 83; Kolvereid 1996a, S. 49; Krueger/Reilly/Carsrud 2000, S. 418; Peterman/Kennedy 2003, S. 130f.; Guerrero/Rialp/Urbano 2008, S. 37; Kautonen/Kibler/Tornikoski 2010, S. 178; Lee/Wong/Foo/Leung 2011, S. 126; Zampetakis 2008, S. 155; Krueger 1993, S. 7.

[327] Vgl. Tukamushaba/Orobia/George 2011, S. 287.

[328] Da es sich bei dieser Ausführung um eine Übersetzung handelt, werden diese Faktoren kurz in der englischen Originalsprache dargestellt: the attitude towards the act, social norms, and perceived behavioral control. Vgl. Ajzen 1991, S. 182; Krueger/Carsrud 1993, S. 318; Kolvereid 1996a, S. 49; Kolvereid 1996b, S. 49; Krueger/Reilly/Carsrud 2000, S. 416; Perugini/Conner 2000, S. 706; Walter/Walter 2011, S. 62; Liñán/Chen 2009, S. 596; Autio/Keeley/Klafsten/Parker/Hay 2001, S. 147; Segal/Borgia/Schoenfeld 2005, S. 46; Zampetakis 2008, S. 155; Guerrero/Rialp/Urbano 2008, S. 37; Fishbein/Hennessy/Yzer/Douglas 2003, S. 3; Kautonen/Kibler/Tornikoski 2010, S. 178; Lee/Wong/Foo/Leung 2011, S. 126; Manstead/Van Eekelen 1998, S. 1376.

[329] Vgl. Krueger/Reilly/Carsrud 2000, S. 423.

[330] Vgl. Krueger/Brazeal 1994, S. 95; Veciana/Aponte/Urbano 2005, S. 167; Guerrero/Rialp/Urbano 2008, S. 35; Laspita/Breugst/Heblich/Patzelt 2012, S. 416; Fitzsimmons/Douglas 2011, S. 433; Krueger 2000, S. 20.

[331] Vgl. Damanpour 1996, S. 695; Nebe 2000, S. 4; Ahuja/Lampert 2001, S. 524f.; Rudzinski/Groth 2011, S. 157; Kollmann/Kuckertz/Stöckmann 2009, S. 300.

positiven Einfluss auf eine Intention zu einer innovativen Handlung haben.[332] Ebenso können sich Charaktereigenschaften wie die Leistungsmotivation [333] oder die Selbstwirksamkeit[334] positiv auswirken. So wird ein Mitarbeiter eher eine kreative Handlung ausüben, wenn dieser über eine hohe Selbstwirksamkeit verfügt und von dem Erfolg seiner Handlung überzeugt ist.[335]

Darauf aufbauend wurde von FINI, GRIMALID, MARZOCCHI und SOBRERO ein Modell zur Corporate-Entrepreneurialen-Intention entwickelt.[336] Die Autoren knüpfen an die Arbeit von DOUGLAS und FITZSIMMONS an, die eine differenzierte Betrachtung zwischen entrepreneurialen und intrapreneurialen Intentionen fordern.[337] Da die Innovationskraft von Unternehmen von dem Verhalten der Individuen bestimmt wird, wird von den Autoren das Verhalten der Gründer als Einflussfaktor für die Corporate-Entrepreneurial-Intention determiniert. Besonders bei kleinen und mittleren Unternehmen stellt die entrepreneuriale Intention von Individuen einen zentralen Einflussfaktor auf das gesamte entrepreneuriale Verhalten des Unternehmens dar.[338] Diese Intention zur Entdeckung einer neuen Geschäftsgelegenheit gilt es, systematisch und strategisch zu verfolgen. [339] Das Corporate-Entrepreneurial-Intention-Model basiert auf der Theory of Planned Behavior und berücksichtigt die drei Antezedenzien von AJZEN.[340] Hierbei handelt es sich um die individuelle Haltung gegenüber einem entrepreneurialen Verhalten, die subjektiven Normen und die wahrgenommene entrepreneuriale Verhaltenskontrolle.[341]

---

[332] Vgl. Krueger/Reilly/Carsrud 2000, S. 415.
[333] Hierbei handelt es sich um die individuelle Leistungsmotivation. Siehe Begley/Boyd 1987, S. 80f.; Shane/Locke/Collins 2003, S. 263f; Rauch/Frese 2007, S. 358; Walter/Walter 2011, S. 58.
[334] Vgl. Wood/Bandura 1989, S. 366. Siehe hierzu auch Cohen/Belyavsky/Silk 2008, S. 275.
[335] Vgl. Veciana/Aponte/Urbano 2005, S. 167; Dutton/Webster 1988, S. 671.
[336] Vgl. Fini/Grimaldi/Marzocchi/Sobrero 2012, S. 387.
[337] Vgl. Douglas/Fitzsimmons 2012, S. 1.
[338] Vgl. Fini/Grimaldi/Marzocchi/Sobrero 2012, S. 388.
[339] Vgl. Krueger 2000, S. 8.
[340] Für eine ausführliche Übersicht der Antezedenzien gegenüber dem Corporate Entrepreneurship siehe Shepherd/Krueger 2002, S. 169. Laut Kuratko handelt es sich hierbei um sogenannte Triggers for Corporate Entrepreneurship. Siehe Kuratko 2010, S. 137.
[341] Vgl. Fini/Grimaldi/Marzocchi/Sobrero 2012, S. 391f. Siehe auch Ajzen 1991, S. 184.

Das ursprüngliche Modell von FINI, GRIMALID, MARZOCCHI und SOBRERO wurde um vier Antezedenzien weiterentwickelt. Die situationsspezifische Motivation und die individuellen Fähigkeiten finden zusätzlich Berücksichtigung. Bei der situationsspezifischen Motivation werden die allgemeine entrepreneuriale Motivation und die aufgabenbezogene entrepreneuriale Motivation berücksichtigt, um die Haltung gegenüber einem entrepreneurialen Verhalten zu bestimmen.[342] Bei der allgemeinen entrepreneurialen Motivation werden beim Individuum das Leistungsbedürfnis, die Risikobereitschaft, die Ambiguitätstoleranz und die Kontrollüberzeugung im Modell ergänzt.[343] Die aufgabenbezogene entrepreneuriale Motivation betrachtet die Zielsetzung und Selbstwirksamkeit von Individuen. Besonders die Berücksichtigung der aufgabenbezogenen entrepreneurialen Motivation wird von den Autoren als Indikator zur Bestimmung der individuellen Haltung gegenüber einem entrepreneurialen Verhalten determiniert.[344] Außerdem kann eine Haltung durch die individuellen Fähigkeiten bestimmt werden. Deswegen wird die individuelle Haltung zusätzlich durch die Wahrnehmung der Fähigkeiten und Kompetenzen determiniert.[345]

Darüber hinaus wird laut FINI, GRIMALDI, MARZOCCHI und SOBRERO die entrepreneuriale Verhaltenskontrolle durch die umweltbezogene Unterstützung sowie Dynamik bestimmt. Bei der Unterstützung werden primär die verfügbaren Ressourcen betrachtet, da diese die wahrgenommene entrepreneuriale Verhaltenskontrolle beeinflussen. Falls kein Zugriff auf bestimmte Ressourcen besteht, kann dieser durch Netzwerke oder Kooperationen ermöglicht werden.[346] Der Einfluss von externen Umweltbedingungen auf ein entrepreneuriales Verhalten wurde bereits belegt.[347] Ferner haben Dynamiken einen Einfluss auf das entrepreneuriale Verhalten von Individuen. Durch eine dynamische oder wettbewerbsintensive Umwelt entstehen kontinuierlich neue Geschäftsmöglichkeiten für Unternehmen, sodass dies zu

---

[342] Vgl. Shane/Locke/Collins 2003, S. 274.
[343] Vgl. Begley/Boyd 1987, S. 880ff.; Shane/Locke/Collins 2003, S. 265f.
[344] Vgl. Fini/Grimaldi/Marzocchi/Sobrero 2012, S. 393.
[345] Vgl. Fini/Grimaldi/Marzocchi/Sobrero 2012, S. 395.
[346] Vgl. Stevenson/Jarillo 1990, S. 25; Dyer/Singh 1998, S. 675; Kautonen/Zolin/Kuckertz/Viljamaa 2010, S. 189; Baron 2007, S. 173.
[347] Vgl. Suarez/Lanzolla 2007, S. 380f.

entrepreneurialen Verhalten führt.[348] Hierbei handelt es sich oft um technologische Innovationen.[349] Für die subjektiven Normen wurden von den Autoren keine weiteren Antezedenzien definiert.[350]

Dem folgend sollte die Intention zu einer innovativen Handlung untersucht werden, um die Wahrscheinlichkeit eines intrapreneurialen Verhaltens von Mitarbeitern vorhersagen zu können.[351]

2.2.2 Theorien zur Kreativitätsforschung

Im folgenden Kapitel wird die Theorie zur Kreativitätsforschung durch die Theory of Individual Creative Action von FORD [352], dem interaktionistischem Modell zur Kreatitivät von WOODMAN, SAWYER und GRIFFIN[353] und dem Modell zur individuellen Kreativität von AMABILE[354] veranschaulicht. Die Theorie zur individuellen Kreativitätshandlung wurde erstmals von FORD im Jahr 1996 in der Academy of Management Review veröffentlicht. [355] Seine Theorie basiert auf dem interaktionistischem Modell zur Kreativität von WOODMAN, SAWYER und GRIFFIN.[356] Zu einem besseren Verständnis der Theorie von FORD werden zunächst das interaktionistische Modell von WOODMAN, SAWYER und GRIFFIN und das Modell zur Kreativität von AMABILE betrachtet.

Laut WOODMAN, SAWYER und GRIFFIN wird Kreativität „as interaction of person and situation [...] repeated at each level of analysis"[357] bestimmt. Die Autoren definieren Kreativität über einen interaktionistischen Ansatz, der drei unterschiedliche Ebenen im Unternehmen betrachtet. Hierzu zählen die Individual-, die Gruppen- und die

---

[348] Vgl. Wördenweber/Wickord 2008, S. 15; Steiner 2011, S. 52f.; Fini/Grimaldi/Marzocchi/Sobrero 2012, S. 395; Thornhill 2006, S. 690; Barrett/Weinstein 1999, S. 57.
[349] Vgl. Wong/Ho/Autio 2005, S. 335; Morris/Kuratko/Covin 2008, S. 203.
[350] Vgl. Fini/Grimaldi/Marzocchi/Sobrero 2012, S. 392.
[351] Vgl. Kautonen/Kibler/Tornikoski 2010, S. 181.
[352] Vgl. Ford 1996.
[353] Vgl. Woodman/Sawyer/Griffin 1993.
[354] Vgl. Amabile 1997.
[355] Vgl. Ford 1996, S. 1112.
[356] Vgl. Woodman/Sawyer/Griffin 1993, S. 293.
[357] Woodman/Sawyer/Griffin 1993, S. 296.

Organisationsebene.[358] Die Gruppenkreativität wird durch die Kreativität der einzelnen Mitarbeiter determiniert, da jede einzelne kreative Handlung einen Input zur Kreativität der Gruppe leistet. Demzufolge wird die organisationale Kreativität durch die Kreativität der einzelnen Gruppen bestimmt.[359] Die Kreativität eines Individuums, einer Gruppe oder einer Organisation wird ferner durch den sozialen Einfluss und den Kontext bestimmt.[360] Negative Erwartungen des Individuums gegenüber kreativen Handlungen können diese beeinträchtigen.[361]

Das Modell zur individuellen Kreativität von AMABILE aus dem Jahr 1997 betrachtet drei Charaktereigenschaften hinsichtlich kreativen Verhaltens.[362] Es handelt sich um die Erfahrungen, die kreativen Fähigkeiten und die Motivation hinsichtlich einer Aufgabe.[363]

Die individuelle Erfahrung gilt laut AMABILE als „foundation for all creative work"[364]. Laut der Autorin findet ein Individuum oft anhand von kognitiven Erfahrungen Lösungen zu bestehenden Problemen.[365] Die kreativen Fähigkeiten eines Individuums basieren meist auf technischen Erfahrungen, sodass daraus Innovationen entwickelt werden können.[366] Diese Fähigkeiten können sich durch berufliche Erfahrungen oder Lehrgänge entwickeln.[367] Die Motivation wird durch die intrinsische und extrinsische Motivation determiniert.[368] Abbildung 4 verdeutlicht diesen Zusammenhang.

---

[358] Vgl. Davidsson/Wiklund 2001, S. 83; Drazin/Glynn/Kazanjian 1999, S. 286; Taggar 2002, S. 316.
[359] Vgl. Woodman/Sawyer/Griffin 1993, S. 296.
[360] Vgl. Ford 1996, S. 1133.
[361] Vgl. Woodman/Sawyer/Griffin 1993, S. 300.
[362] Vgl. Ford 1996, S. 1134; Zhou/Shalley 2003, S. 166; Gielnik /Frese/Graf/Kampschulte 2012, S. 559. Darüber hinaus haben die Autoren Amabile/Conti/Coon/Lazenby/Herron ein Instrument zur Messung der Kreativität im Unternehmenskontext entwickelt. Hierbei handel es sich um KEYS: Assessing the Climate for Creativity. Siehe Amabile/Conti/Coon/Lazenby/Herron 1996, S. 1155.
[363] Vgl. Amabile 1997, S. 43.
[364] Amabile 1997, S. 42.
[365] Vgl. Brigham/De Castro/Shepherd 2007, S. 31.
[366] Vgl. Amabile 1997, S. 42.
[367] Vgl. Woodman/Sawyer/Griffin 1993, S. 305; Eisenberger/Rhoades 2001, S. 732; Zhou/Shalley 2003, S. 167; Burroughs/Dahl/Moreau/Chattopadhyay/Gorn 2011, S. 57.
[368] Vgl. Amabile 1993, S. 185; Amabile 1997, S. 44.

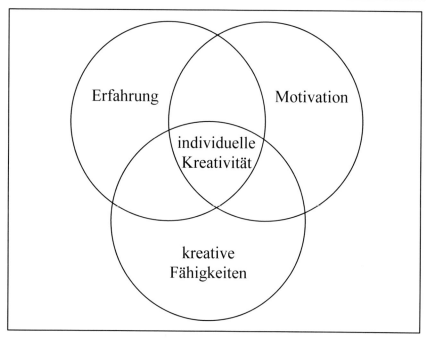

Abbildung 4: Das Modell der individuellen Kreativität[369]

Bei der Theory of Individual Creative Action von FORD beschreibt der Autor einzelne sogenannte Verhaltensepisoden, die ein Individuum hinsichtlich kreativer Handlungen motivieren. Laut Autor sind die Verhaltensepisoden „directed toward some goal(s) or desired outcome(s), occur in a particular context, and have a beginning and an end"[370]. Das Individuum verfolgt demnach durch eine kreative Handlung bestimmte Ziele. Durch die Ziele, die Interessen oder die Intentionen werden die Aufmerksamkeit und die Handlung gesteuert. Darüber hinaus haben folgende Faktoren laut Institute of Personality Assessment and Research einen Einfluss auf die kreative Leistung von Mitarbeitern: die Unabhängigkeit am Arbeitsplatz, die individuelle Kreativität, die

---

[369] Eigene Darstellung. In Anlehnung an Amabile 1997, S. 43.
[370] Ford 1996, S. 1117.

Vielfältigkeit der Arbeitsaufgaben, die vergangenen Leistungen und die Souveränität am Arbeitsplatz.[371]

Durch seine Erfahrungen verfügt das Individuum über ein eigenes Deutungsschema, persönliche Preferenzen, subjektive Erwartungen und ein individuelles Wissen über bestimmte Verhaltensweisen. Diese Verhaltensweisen sind hierarisch geordnet, denn jede Verhaltensepisode wird durch Sub-Dimensionen oder Super-Dimensionen mit bestimmt. Beispielsweise bedarf es zur Entwicklung eines neuen Produktes mehrerer Überlegungen zur technischen Umsetzung oder zum Design, die auf der individuellen Erfahrung des Mitarbeiters beruhen.[372] Diese kreativen Sub-Handlungen münden in der Entwicklung eines neuen Produktes.

Abbildung 5 stellt die einzelnen Elemente der Theory of Creative Individual Action von FORD zusammenfassend dar. Zunächst wird untersucht, ob die Handlung für das Individuum erwünscht ist. Außerdem werden die Motivation, das Wissen und die Fähigkeiten im Modell berücksichtigt. Diese vielen Indikatoren lassen auf eine hohe Komplexität der Theorie schließen. Laut FORD werden die kreative und die gewohnheitsmäßige Handlung eines Individuums durch diese Determinanten bestimmt. Falls ein Indikator nur mangelhaft ausgeprägt ist oder einem kreativen Verhalten entgegenwirkt, kann dieser Faktor auch einen negativen Einfluss ausüben. Jedoch können kreative Handlungen über strategische Maßnahmen gezielt positiv beeinflusst werden.[373] Das neue Produkt kann hierbei sowohl mittels kreativer Handlungen durch die Entwicklung eines neuen Designs als auch durch eine gewohnheitsmäßige Handlung in Form von wöchentlichen Gesprächen mit der Geschäftsführung zur Bewilligung eines bestimmten Budgets entstehen. Deswegen werden Innovationen oft durch kreatives und habituales Verhalten entwickelt.[374] Im folgenden Abschnitt werden die einzelnen Indikatoren beschrieben und definiert.

---

[371] Vgl. Ford 1996, S. 1120.
[372] Vgl. Grant 1996, S. 112.
[373] Vgl. Ford 1996, S. 1117.
[374] Vgl. Ford 1996, S. 1134.

Am Anfang einer kreativen Handlung, beziehungsweise der Entwicklung eines innovativen Produktes, steht die subjektive Überprüfung der Sinnhaftigkeit. Erst nach einer positiven Evaluation dieses zentralen Aspektes folgt die Motivation, eine kreative Handlung auszuführen. Zur Evaluation werden verfügbare Informationen auf deren Bedeutung und Struktur überprüft, um eine Entscheidung für oder gegen eine Handlung treffen zu können.[375] Die Interpretation der Dimensionen kann je nach Evaluation zu einer kreativen oder habitualen Handlung führen. Besonders im Zusammenhang mit der Entwicklung von Problemlösungen wird vom Individuum nach bereits bestehenden Lösungen gesucht, wobei dies oft nicht erfolgsversprechend ist.[376] Aus diesem Grund werden oftmals kreative Handlungen vollzogen.[377] Darüber hinaus wird das Verhältnis zwischen kreativen und habitualen Handlungen durch persönliche Charaktereigenschaften bestimmt. Die Ausführung einer kreativen Handlung setzt den Willen und die Motivation des Individuums voraus.[378]

Insgesamt wird die Intention eines Individuums zu einer bestimmten Handlung durch dessen Ziele bestimmt. Diese Ziele werden durch die Motivation determiniert. Die Motivation wird wiederum nicht nur durch das Ziel, sondern auch durch Erwartungen und Emotionen beeinflusst. Jeder dieser Faktoren kann einen positiven oder negativen Einfluss haben. Deswegen muss der Einfluss von negativen Faktoren begrenzt werden.

Die receptive Überzeugung beschreibt den Glauben an die persönliche Aufnahmefähigkeit. Dies kann zu der Annahme führen, dass auf ein kreatives Verhalten ein positives Ergebnis folgt. Diese Überzeugung fördert die Wahrscheinlichkeit, künftig eine kreative Handlung zu verfolgen. Dabei existiert bei der Ausführung dieser Handlung nur noch ein bedingtes Risiko. Dem gegenüber stehen negative Erfahrungen mit kreativen Handlungen, die zu einem schlechten Ergebnis oder sogar zu einer Bestrafung geführt haben. Falls ein Individuum zu oft

---

[375] Vgl. Sarasvathy/Berglund 2010, S. 163.
[376] Vgl. Basadur/Graen/Green 1982, S. 68.
[377] Vgl. Ward 2004, S. 174; Knight 1967, S. 481; Perry-Smith/Shalley 2003, S. 91.
[378] Vgl. Jaussi/Dionne 2003, S. 492; Shepherd/DeTienne 2005, S 94; Kindermann 2007, S. 54.

schlechte Erfahrungen macht, wird es keine weiteren Anstrengungen hinsichtlich kreativer Handlungen unternehmen und eher habitualen Verhaltensweisen folgen.

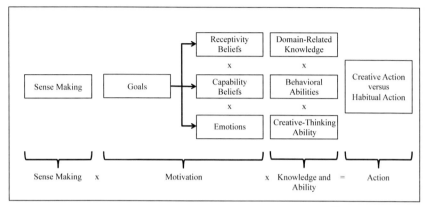

Abbildung 5: Die Theorie der individuellen kreativen Handlung[379]

Der Glaube an seine Fähigkeiten bezieht sich darauf, eine bestimmte Handlung erfolgreich ausführen zu können.[380] In der Literatur steht dieses Instrument in einem engen Zusammenhang zum Self-Efficacy-, Self-Confidence- und Self-Esteem-Konzept.[381] Demnach können hierdurch die habitualen Handlungen gefördert werden, da diese oft als erfolgsversprechend gelten. Dieses Instrument hat auch einen starken positiven Einfluss auf die individuelle Kreativität.[382]

Die Emotionen fördern die Motivation eines Individuums und beziehen sich zumeist auf Erwartungen über zukünftige Ereignisse. Emotionen verstärken die kognitiven Fähigkeiten durch Interesse, Angst, Freude oder Furcht. Basierend auf der Literaturrecherche sind kreative Mitarbeiter offen für emotionale Erfahrungen und produktiver, da sie in der Regel über ein hohes Maß an Energie verfügen. Kreative Mitarbeiter haben ein höheres Interesse und eine gesteigerte Freude an ihrer Arbeit.

---

[379] Eigene Darstellung. In Anlehnung an Ford 1996, S. 1118.
[380] Vgl. Bandura 1982, S. 122; Dutton/Duncan 1987, S. 284; Tukamushaba/Orobia/George 2011, S. 288; Dutton/Webster 1988, S. 665; Baum/Locke 2004, S. 590; Bandura 1977, S. 191.
[381] Vgl. Davidsson 1991, S. 409; Krueger/Dickson 1993, S. 385; Gist/Mitchell 1992, S. 185. In diesem Zusammenhang sei auch auf den entrepreneurialen Optimismus hingewiesen. Siehe Hmieleski/Baron 2009, S. 473.
[382] Vgl. Ford 1996, S. 1121.

Dadurch können unter anderem negative Emotionen unterdrückt werden, beziehungsweise werden diese nicht so stark wahrgenommen. Zusätzlich kann die sogenannte „Comfort Zone" beim Menschen für eine hohe Zufriedenheit sorgen, wobei sich diese zumeist im habitualen Umfeld befindet.

Die Fähigkeiten eines Individuums haben einen positiven Einfluss auf dessen kreative Handlungen.[383] Im Modell von FORD werden diese Fähigkeiten mit dem beruflichen Fachwissen, der Anpassungsfähigkeit und den kreativen Fähigkeiten abgebildet. Zum Fachwissen zählt auch die berufliche Erfahrung, die laut Literatur einen starken Einfluss auf ein individuelles kreatives Verhalten hat.[384] Zu den beruflichen Erfahrungen zählen nach ARDICHVILI, CARDOZO und RAY „prior knowledge of markets, prior knowledge of ways to serve markets, and prior knowledge of customer problems"[385]. Durch diese kann sich ein Individuum neues Wissen schnell aneignen und in einen kreativen Kontext setzen.[386] Erfahrungen können auch zu einem habitualen Verhalten führen, wenn die Mitarbeiter bereits erfolgreich etablierte Verhaltensweisen beibehalten. Auch Intelligenz kann einen positiven Einfluss auf die kreative Leistungsfähigkeit eines Individuums haben.[387]

Die Anpassungsfähigkeit beschreibt die Fähigkeit zur Veränderung beziehungsweise zur Anpassung eines Verhaltens an neue Bedingungen. Durch diese Eigenschaft können kreative Handlungen gefördert werden.[388] Dies gilt besonders bei dynamischen Umweltbedingungen im Corporate-Entrepreneurship-Kontext, da Informationsasymmetrien auftreten und sich Individuen diesen Veränderungen am effektivsten anpassen können.[389] Besonders durch einen stark ausgeprägten zwischenmenschlichen Austausch und einer hohen Kommunikationsfähigkeit kann sich ein Individuum

---

[383] Vgl. Beerheide/Katenkamp 2011, S. 81f.
[384] Vgl. Shane/Locke/Collins 2003, S. 258.
[385] Vgl. Ardichvili/Cardozo/Ray 2003, S. 114.
[386] Vgl Cohen/Levinthal 1990, S. 128; Bhardwaj/Camillus/Hounshell 2006, S. 248.
[387] Vgl. Fink 2011, S. 24; Schuler/Görlich 2007, S. 20f.; Steiner 2011, S. 19. Die multiple Intelligenz kann in sieben unterschiedlichen Formen auftreten. Hierzu zählen die sprachliche, logisch-mathematische, musikalische, körperlich-kinästhetische, räumliche, interpersonale und intrapersonale Intelligenz. Siehe Holm-Hadulla 2005, S. 11.
[388] Vgl. Shalley 1995, S. 483.
[389] Vgl. Zahra 1996, S. 1716; Ardichvili/Cardozo/Ray 2003, S. 114; Zillner/Krusche 2012, S. 17; Schmelter 2009, S. 215.

schnell neuen Umweltbedingungen anpassen.[390] Innerhalb von Unternehmen können neue Informationstechniken wie soziale Netzwerke die Kommunikation und die Informationsdiffusion fördern.[391] Laut PERRY-SMITH und SHALLEY kann die Kreativität besonders durch sogenannte schwache Netzwerkverbindungen erhöht werden.[392]

Die individuellen Fähigkeiten hinsichtlich kreativen Handlungen werden zusätzlich durch die kreativen Fähigkeiten bestimmt. So kann ein Individuum trotz einer hohen Motivation keine kreativen Leistungen hervorbringen, wenn es nicht über kreative Fähigkeiten verfügt. Zu den zentralen persönlichen Eigenschaften zur Kreativität zählen laut FORD das divergente Denken und die Assoziationsfähigkeit.[393] Durch das divergente Denken kann ein Individuum verschiedene Lösungen für ein Problem entwickeln.[394] Die Assoziationsfähigkeit hilft, Muster oder ungewöhnliche Zusammenhänge zu erkennen.[395]

Die individuelle kreative Handlung wird durch drei Variablen definiert. Hierbei handelt es sich um die Sinnhaftigkeit, die Motivation sowie das Wissen und die persönlichen Fähigkeiten. Laut FORD muss eine kreative Handlung „a relative advantage to habitual actions in terms of expected personal consequences before creative pursuits will be intentionally undertaken"[396] beinhalten.

---

[390] Vgl. Gilson/Shalley 2004, S. 453.
[391] Vgl. Ardichvili/Cardozo/Ray 2003, S. 115; Floyd/Wooldridge 1999, S. 130; Kollmann/Krell 2011a, S. 24; Kollmann/Krell 2011b, S. 667; Kollmann/Stöckmann/Skowronek 2012, S. 192; Kollmann 2013c, S. 15.
[392] Vgl. Perry-Smith 2003, S. 89. Siehe auch Perry-Smith 2006, S. 85.
[393] Vgl. Brunner 2008, S. 16.
[394] Vgl. Eisenberger/Selbst 1994, S. 1116; Heunks 1998, S. 264; Steiner 2011, S. 35.
[395] Vgl. Baron 2006, S. 104.
[396] Ford 1996, S. 1125.

2.2.3   Theorien zur Resource-Based-View-Forschung

Der ressourcenbasierte Ansatz gilt in der Managementforschung als eine der zentralen Theorien.[397] Aus strategischer Sicht können Unternehmen durch den Einsatz von Ressourcen Produkte oder Dienstleistungen entwickeln.[398] So können Unternehmen durch einen effektiven und effizienten Einsatz einen Wettbewerbsvorteil generieren.[399] Der Unternehmenserfolg kann durch die zur Verfügung stehenden Ressourcen gefördert, aber auch begrenzt werden, sodass entwickelte Innovationen nicht umgesetzt werden können oder bestimmte Risiken nicht eingegangen werden.[400] Im Allgemeinen werden unter diesen Ressourcen „assets, capabilities, organizational processes, firm attributes, information, knowledge"[401] verstanden.[402]

Der direkte oder indirekte Zugriff auf seltene Ressourcen stellt einen Wettbewerbsvorteil für Unternehmen dar,[403] da hierdurch Wettbewerbern der Zugang zu diesen Ressourcen verweigert werden kann.[404] Besonders Start-ups oder kleine und mittlere Unternehmen verfügen meist nur über eine begrenzte Ressourcen-ausstattung.[405] Der Zugriff auf Ressourcen kann allerdings durch strategische

---

[397] Vgl. Lieberman/Montgomery 1998, S. 1112; Barney 2001a, S. 46; Barney 2001b, S. 643; Newbert 2007, S. 121; Barney/Wright/Ketchen 2001, S. 625; Priem/Butler 2001, S. 22; Foss/Ishikawa 2007, S. 749; Wright/Dunford/Snell 2001, S. 701.

[398] Vgl. Wernerfelt 1984, S. 173; Deeds 2001, S. 30.

[399] Vgl. Barney 1991, S. 102; Conner 1991, S. 121; Borch/Huse/Senneseth 1999, S. 49; Rangone 1999, S. 233; Makadok 2001, S. 387; Priem/Butler 2001, S. 23; Brush/Greene/Hart 2001, S. 64; Suckow 2011, S. 61; Eisenhardt/Martin 2000, S. 1105; Matzler/Schwarz/Kotzent/Deutinger 2007, S. 178; Teng 2007, S. 127; Derenthal 2009, S. 61; Lee/Lee/Pennings 2011, S. 615f.

[400] Vgl. Wernerfelt 1984, S. 171; Chandler/Hanks 1994, S. 332; Alvarez/Busenitz 2001, S. 756; Barney 2001b, S. 649; Peteraf 1993, S. 179; Nebe 2000, S. 3; Foss/Ishikawa 2007, S. 763; Hitt/Bierman/Shimizu/Kochhar 2001, S. 13; Fichter 2005, S. 326f.; Haar/White 2013, S. 110. Da die Resource-Based-View-Theorie Unternehmenserfolg in Abhängigkeit von der Ressourcen-ausstattung des Unternehmens definiert, können anhand der Theorie Leistungsunterschiede zwischen Unternehmen erklärt werden. Siehe Conner 1991, S. 144; Hitt/Bierman/Shimizu/Kochhar 2001, S. 13.

[401] Barney 1991, S. 101.

[402] Für eine detaillierte Übersicht an Definitionen zum Resource Based View siehe Priem/Butler 2001, S. 24.

[403] Vgl. Fiol 1999, S. 191; Fiol 2001, S. 691; Priem/Butler 2001, S. 25; Derenthal 2009, S. 62.

[404] Vgl. Wernerfelt 1984, S. 173; Teng 2007, S. 127.

[405] Vgl. Kollmann/Kuckertz 2003, S. 770; Kollmann/Häsel/Stöckmann 2003, S. 384; Rothwell 1991, S. 125; Vossen 1998, S. 89; Simsek/Veiga/Lubatkin 2007, S. 1398.

Allianzen gefördert werden.[406] Dies kann besonders für kleine und mittlere Unternehmen nützlich sein.[407] Laut BARNEY, WRIGHT und KETCHEN entsteht ein Wettbewerbsvorteil für Unternehmen, wenn die „resources and capabilities a firm controls [that] are valuable, rare, imperfectly imitable, and not substitutable"[408].

Grundsätzlich basiert die Resource-Based-View-Theorie auf zwei Annahmen.[409] Die erste besagt, dass Ressourcen im Allgemeinen heterogen verteilt sind[410] und jedes Unternehmen über unterschiedliche Ausstattungen verfügt.[411] Die zweite besagt, dass die Ressourcen unbeweglich sind.[412] Dies bedeutet, dass diese nicht einfach zwischen Unternehmen getauscht werden können.[413] Als Beispiel seien komplexe Produktionsanlagen oder landwirtschaftliche Anbauflächen angeführt. Diese Annahmen wurden von PETERAF um zwei Aspekte erweitert: die ex-post und ex-ante Beschränkungen für den Wettbewerb.[414]

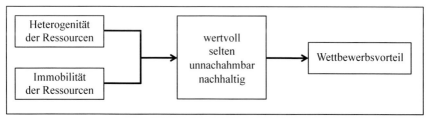

Abbildung 6: Die zentralen Aspekte der Resource-Based-View-Theorie[415]

---

[406] Vgl. Eisenhardt/Schoonhoven 1996, S. 136; Teng 2007, S. 119; Burns 2008, S. 151f.

[407] Vgl. Eisenhardt/Schoonhoven 1996, S. 136; Teng 2007, S. 120; Bojica/Fuentes Fuentes 2012, S. 397.

[408] Barney/Wright/Ketchen 2001, S. 625. Siehe auch Barney 1991, S. 99.

[409] Vgl. Newbert 2007, S. 123; Sirmon/Hitt/Ireland 2007, S. 273. Siehe auch Abbildung 6.

[410] Vgl. Barney 1991, S. 99; Dyer/Singh 1998, S. 660; Alvarez/Busenitz 2001, S. 757; Foss/Ishikawa 2007, S. 749; Suckow 2011, S. 61; Teng 2007, S. 127f.

[411] Vgl. Grant 1996, S. 110.

[412] Vgl. Grant 1991, S. 126f.; Eisenhardt/Martin 2000, S. 1105; Teng 2007, S. 129f.

[413] Vgl. Ireland/Hitt/Sirmon 2003, S. 972; Haar/White 2013, S. 110.

[414] Vgl. Peteraf 1993, S. 182ff.; Alvarez/Busenitz 2001, S. 763ff.

[415] In Anlehnung an Barney 1991, S. 112.

In diesem Zusammenhang wird auch zwischen tangiblen und intangiblen Ressourcen differenziert.[416] Zu ersteren zählen Betriebsmittel in Form von Rohstoffen oder Waren. Zu zweiteren gehören Managementerfahrung, soziale Strukturen oder Branchen-kenntnisse.[417] Eine besonders wichtige Ressource ist das verfügbare Wissen der Individuen und der Organisation zur Entwicklung eines Wettbewerbsvorteils.[418] Darüber hinaus verfügen kleine und mittlere Unternehmen oft über einzigartige Ressourcen, sodass ein Wettbewerbsvorteil entstehen kann.[419] Laut HITT, BIERMAN, SHIMIZU und KOCHHAR sind „intangible resources [...] more likely than tangible resources to produce a competitive advantage".

Meist werden Geschäftsgelegenheiten von Entrepreneuren verfolgt, obwohl diese nicht die benötigte Ressourcenausstattung besitzt.[420] Laut CSIKSZENTMIHALYI verfügen besonders kreative Menschen „über die erstaunliche Fähigkeit, sich fast jeder Situation anzupassen und sich mit dem zu behelfen, was gerade zur Verfügung steht, um ihre Ziele zu erreichen"[421]. Im Zusammenhang zum Corporate Entrepreneurship stellen außerdem kognitive Fähigkeiten und entrepreneuriales Verhalten wichtige Ressourcen dar, um innovative Geschäftsgelegenheiten zu identifizieren.[422] Beim Corporate Entrepreneurship sollen diese Eigenschaften des individuellen Entrepreneurship übertragen werden, um einen positiven Einfluss auf den Ressourceneinsatz zu nehmen.[423] Laut GALUNIC und RODAN können Innovationen beim Resource-Based-View-Ansatz auch durch eine neuartige Verwendung von Ressourcen entstehen.[424]

---

[416] Vgl. Wernerfelt 1984, S. 172; Lockett/Thompson 2001, S. 725; Borch/Huse/Senneseth 1999, S. 52; Rangone 1999, S. 234.

[417] Vgl. Barney/Wright/Ketchen 2001, S. 625.

[418] Vgl. Brush/Greene/Hart 2001, S. 73; Yli-Renko/Autio/Sapienza 2001, S. 587.

[419] Vgl. Rangone 1999, S. 235.

[420] Vgl. Teng 2007, S. 122.

[421] Csikszentmihalyi 1997, S. 80.

[422] Vgl. Alvarez/Busenitz 2001, S. 755; Corbett 2005, S. 473.

[423] Vgl. Teng 2007, S. 120.

[424] Vgl. Galunic/Rodan 1998, S. 1193. Siehe auch Gartner/Shaver/Gatewood/Katz 1994, S. 8; Hayton/Kelley 2006, S. 407.

Der ressourcenbasierte Ansatz wird laut BARNEY, WRIGHT und KETCHEN oft im Hinblick auf fünf Forschungsbereiche untersucht: Human-Resource-Management, Economics and Finance, Entrepreneurship, Marketing und International Business.[425]

2.3 Darstellung des theoretischen Forschungskontextes

In der folgenden Abbildung 7 wird der theoretische Forschungskontext dieser Arbeit dargestellt. Der mediierende Effekt der individuellen Kreativität zwischen einer immateriellen Belohnung auf die individuelle Intention zu einem intrapreneurialen Verhalten wird dargestellt, ebenso die moderierenden Einflüsse der wahrgenommenen intrapreneurialen Erwünschtheit und der wahrgenommenen intrapreneurialen Fähigkeiten.

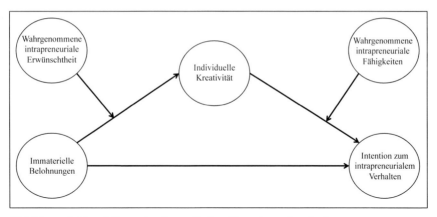

Abbildung 7: Darstellung des theoretischen Forschungskontextes

---

[425] Vgl. Barney/Wright/Ketchen 2001, S. 627ff.

3 Entwicklung des Forschungsmodells und Hypothesenbildung

In diesem Kapitel werden das Forschungsmodell hergeleitet und die Hypothesen formuliert. Hierfür werden die zentralen Forschungsfragen[426] sowie die Erkenntnisse der Literaturdiskussion[427] und des theoretischen Rahmens[428] berücksichtigt.[429] Durch ein Forschungsmodell wird ein vereinfachtes Abbild der Wirklichkeit erzeugt beziehungsweise ein realer Sachverhalt grafisch abgebildet.[430] Zur Überprüfung dieser oft komplexen Sachzusammenhänge werden Hypothesen formuliert, die empirisch überprüft werden. So kann ein Zusammenhang zwischen Variable X und Y durch eine Hypothese in einem Forschungsmodell postuliert werden.[431] Laut BORTZ und DÖRING sollte eine Hypothese „eine mehr oder weniger präzise Beziehung zwischen zwei oder mehr Variablen"[432] abbilden. Nach BACKHAUS, ERICHSON, PLINKE und WEIBER müssen für die Verwendung einer Strukturgleichungsanalyse „explizite Hypothesen über die Beziehungen in einem empirischen Datensatz"[433] formuliert werden.

Darüber hinaus sollten laut SPARROWE und MAYER Hypothesen auf eine „established theory, offering relevant empirical evidence, and explaining how variation in X leads to variation in Y"[434] gestützt sein. Zusätzlich wird durch die Formulierung einer Hypothese ein positiver oder negativer Wirkzusammenhang dargestellt.[435] Hypothesen können entweder als Wenn-Dann-Aussagen[436] oder als Je-Desto-Aussagen[437] formuliert werden.[438]

---

[426] Siehe Kapitel 1.2.

[427] Siehe Kapitel 2.1.

[428] Siehe Kapitel 2.2.

[429] Vgl. Atteslander 2010, S. 43. Siehe Kapitel 2.1.

[430] Vgl. Homburg 2000, S. 31. Für eine detaillierte Auflistung an Eigenschaften eines Modells siehe Assenmacher 2002, S. 10f.

[431] Vgl. Kromrey 2009, S. 42; Schnell/Hill/Esser 2011, S. 49.

[432] Bortz/Döring 2009, S. 8.

[433] Vgl. Backhaus/Erichson/Plinke/Weiber 2005, S. 358.

[434] Sparrowe/Mayer 2011, S. 1100.

[435] Vgl. Backhaus/Erichson/Plinke/Weiber 2005, S. 358.

[436] Vgl. Bortz/Döring 2009, S. 7; Schnell/Hill/Esser 2011, S.49.

[437] Vgl. Diekmann 2009, S. 129.

[438] Vgl. Schwetz/Swoboda/Benischek/Mallau/Samac/Straßegger-Einfalt 2010, S. 54.

In der fachwissenschaftlichen Literatur werden vier Kriterien zur Formulierung von Hypothesen empfohlen:[439]

- Eine wissenschaftliche Hypothese bezieht sich auf reale Sachverhalte, die empirisch untersuchbar sind.

- Eine wissenschaftliche Hypothese ist eine allgemeingültige, über den Einzelfall oder ein singuläres Ereignis hinausgehende Behauptung („All-Satz").

- Einer wissenschaftlichen Hypothese muss zumindest implizit die Formalstruktur eines sinnvollen Konditionalsatzes („Wenn-dann-Satz" beziehungsweise „Je-desto-Satz" zugrunde liegen).

- Der Konditionalsatz muss potenziell falsifizierbar sein, dass heißt es müssen Ereignisse denkbar sein, die dem Konditionalsatz widersprechen.

Im folgenden Kapitel werden die direkten Effekte der immateriellen Belohnung auf die individuelle Intention zum intrapreneurialen Verhalten dargestellt (Kapitel 3.1). Im Anschluss folgt die Betrachtung des mediierenden Effektes der individuellen Kreativität zwischen den immateriellen Belohnungen und der individuellen Intention hinsichtlich eines intrapreneurialen Verhaltens (Kapitel 3.2). Danach werden die moderierenden Effekte der wahrgenommenen intrapreneurialen Erwünschtheit und der wahrgenommenen intrapreneurialen Fähigkeiten dargelegt (Kapitel 3.3). Zunächst wird der moderierende Effekt der wahrgenommenen intrapreneurialen Erwünschtheit auf die Beziehung zwischen den immateriellen Belohnungen und der individuellen Kreativität betrachtet. Im Anschluss wird der moderierende Effekt der wahrgenommenen intrapreneurialen Fähigkeiten zwischen der individuellen Kreativität und der individuellen Intention zu einem intrapreneurialen Verhalten veranschaulicht. Das Kapitel schließt mit einer Betrachtung des Forschungsmodells (Kapitel 3.4). Zu einem besseren Verständnis ist die Struktur dieses Kapitels in Abbildung 8 abgebildet.

---

[439] Vgl. Bortz/Döring 2009, S. 4.

Kapitel 1	Einleitung
Kapitel 2	Theoretischer Bezugsrahmen
Kapitel 3	**Entwicklung des Forschungsmodells und Hypothesenbildung** • Herleitung der direkten Effekte im Forschungsmodell • Herleitung der mediierenden Effekte im Forschungsmodell • Herleitung der moderierenden Effekte im Forschungsmodell
Kapitel 4	Empirische Überprüfung des Forschungsmodells
Kapitel 5	Diskussion, Implikation und Ausblick

Abbildung 8: Darstellung und Einordnung von Kapitel 3 in den Gang der Arbeit

3.1 Immaterielle Belohnung und die Intention zum intrapreneurialem Verhalten

In der Fachliteratur konnte bereits ein Zusammenhang zwischen der Innovationskraft eines Unternehmens und dessen Leistungsfähigkeit bestätigt werden.[440] In einer Meta-Analyse von 42 empirischen Studien haben ROSENBUSCH, BRINCKMANN und BAUSCH diesen Zusammenhang nachgewiesen.[441] MCGRATH, TSAI, VENKATARAMAN und MACMILLAN konnten einen positiven Effekt von Innovationen auf die Wettbewerbsfähigkeit von Unternehmen belegen.[442]

Zusätzlich haben PÉREZ-LUÑO, WIKLUND und VALLE CABRERA den Unterschied zwischen „new to the firm"- und „new to the world"-Innovationen analysiert und die Entwicklung von einzigartigen Innovationen beziehungsweise die Übernahme von etablierten Innovationen durch Unternehmen untersucht.[443] Beispielsweise kann ein Unternehmen durch die Imitation einer Innovation Entwicklungskosten oder -zeit

---

[440] Vgl. Damanpour/Szabat/Evan 1989, S. 587; Gilson/Shalley 2004, S. 453; Covin/Green/Slevin 2006, S. 57; Wang 2008, S. 650; Covin/Lumpkin 2011, S. 856.
[441] Vgl. Rosenbusch/Brinckmann/Bausch 2011, S. 441.
[442] Vgl. McGrath/Tsai/Venkataraman/MacMillan 1996, S. 398.
[443] Vgl. Pérez-Luño/Wiklund/ Valle Cabrera 2011, S. 555f. Siehe auch Hauschildt/Salomo 2011, S. 18f.

einsparen, wobei über diese strategische Vorgehensweise Pioniergewinne ausbleiben.[444] PITTAWAY, ROBERTSON, MUNIR, DENYER und NEELY untersuchten zusätzlich den Einfluss von Netzwerken auf die Innovationskraft eines Unternehmens.[445]

In dieser Arbeit werden die Innovationen auf Individualebene analysiert, sodass es einer detaillierteren Betrachtung der Beziehung zwischen dem Individuum und der Entwicklung von Innovationen bedarf. Die intrapreneurialen Charaktereigenschaften von Individuen im Bezug auf deren Innovationsverhalten waren bereits Untersuchungsgegenstand zahlreicher Studien. Exemplarisch haben MUELLER und THOMAS die interne Kontrollüberzeugung und die Innovationskraft von Individuen bezüglich deren kultureller Hintergründe untersucht. [446] Darüber hinaus haben BRUNDIN, PATZELT und SHEPHERD den Einfluss der Emotionen des Managements auf das entrepreneuriale Verhalten der Mitarbeiter erforscht.[447]

Basierend auf den empirischen Untersuchungen konnte ein Zusammenhang zwischen den immateriellen Belohnungen und einem intrapreneurialem Verhalten der Mitarbeiter nachgewiesen werden.[448] Von den Wissenschaftlern IRELAND, COVIN und KURATKO wurde ein positiver Zusammenhang zwischen den immateriellen Belohnungen und den Mitarbeiterinnovationen belegt.[449] Dabei wurde deutlich, dass sich besonders eine immaterielle Belohnung positiv auf das intrapreneuriale Verhalten beim mittleren und operativen Management auswirkt.[450] In dieser Studie wird darüber hinaus die individuelle Intention zu einer intrapreneurialen Handlung untersucht, da in der Literatur die Intention eines Menschen als bester Prädiktor für zukünftige Handlungen gilt.[451]

---

[444] Vgl. Faltin 2001, S. 129; Lieberman/Asaba 2006, S. 366.
[445] Für einen detaillierten Review siehe Pittaway/Robertson/Munir/Denyer/Neely 2004, S. 137.
[446] Vgl. Mueller/Thomas 2000, S. 51f.
[447] Vgl. Brundin/Patzelt/Shepherd 2008, S. 221.
[448] Vgl. Eisenberg 1999, S. 251; Monsen/Patzelt/Saxton 2010, S. 106.
[449] Vgl. Ireland/Covin/Kuratko 2009, S. 19.
[450] Vgl. Ireland/Covin/Kuratko 2009, S. 32.
[451] Siehe Kapitel 2.2.1.

Die immateriellen Belohnungen wurden bereits bei der Entwicklung eines Corporate-Entrepreneurship-Instrumentes zur Messung der entrepreneurialen Faktoren berücksichtigt.[452] Hierbei handelt es sich um das Corporate-Entrepreneurship-Assessment-Inventory (CEAI) von HORNSBY, KURATKO und ZAHRA[453] und das Entrepreneuriale-Management-Instrument von BROWN, DAVIDSSON und WIKLUND[454].

Obwohl der Einfluss von immateriellen Belohnungen für Unternehmen von zentraler Bedeutung ist, widmen sich nur vereinzelt Wissenschaftler diesem Forschungsgebiet.[455] Laut PHAN, WRIGHT, UCBASARAN und TAN wurden die Corporate-Entrepreneurship-Instrumente noch nicht ausreichend untersucht, sodass die Autoren in diesem Bereich weiteren Forschungsbedarf sehen.[456] Zusätzlich wird für diese Arbeit nicht eine bestimmte Handlung postuliert, sondern die individuelle Intention eines Mitarbeiters zu einem intrapreneurialen Verhalten.[457] Dies stellt einen bedeutenden Unterschied zur bisherigen Forschung dar, da diese Forschungsarbeit den Status quo zur Intentionsforschung berücksichtigt und einen neuen Ansatz verfolgt.

Darauf basierend wird Hypothese 1 wie folgt formuliert:

Hypothese 1: *Je höher der Grad der immateriellen Belohnungen vom Vorgesetzten seinem Mitarbeiter gegenüber, desto höher ist die Intention zum intrapreneurialen Verhalten beim Mitarbeiter.*

---

[452] Vgl. Hornsby/Kuratko/Zahra 2002, S. 253.

[453] Vgl. Hornsby/Kuratko/Zahra 2002, S. 265. Anhand einer detaillierten Literaturrecherche wurden die einzelnen Bestandteile des CEAI definiert. Siehe auch Hornsby/Kuratko/Montagno 1999, S. 11.

[454] Vgl. Brown/Davidsson/Wiklund 2001, 967f.

[455] Vgl. Monsen/Patzelt/Saxton 2010, S. 106.

[456] Vgl. Phan/Wright/Ucbasaran/Tan 2009, S. 203.

[457] Siehe Kapitel 2.2.1.

3.2 Mediierende Effekte

Eine Mediation kann in einem Interventionsmodell dargestellt werden.[458] Laut
MacKinnon, Lockwood, Hoffman, West und Sheets überträgt ein Mediator „the
effect of an independent variable to a dependent variable"[459]. Nach Shrout und
Bolger erfolgt eine Mediation, wenn „a causal effect of some variable X on an
outcome Y is explained by some intervening variable M"[460]. Dieser intervenierende
Effekt wird in der Psychologie durch Mediation dargestellt.[461] Im Gegensatz dazu
handelt es sich in der Soziologie um einen indirekten Effekt.[462] Zunehmend werden in
der Literatur mediierende Einflüsse berücksichtigt.[463] Von 1996 bis 1999 wurden über
200 Artikel veröffentlicht, die ein Interventionsmodell untersuchen.[464] In Abbildung 9
ist ein mediierender Effekt dargestellt.

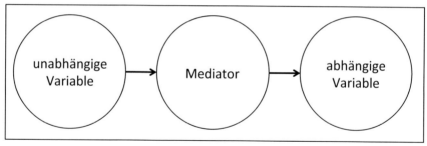

Abbildung 9: Grafische Darstellung eines Mediationseffektes[465]

Die Kreativitätsforschung leistet einen Beitrag zur Implementierung von Innovations-
aktivitäten im Unternehmen.[466] In der aktuellen wissenschaftlichen Literatur wird ein
positiver Einfluss der organisationalen Rahmenbedingungen auf die Kreativität der

---

[458] Vgl. Baur 2008b, S. 291; Helm/Eggert/Garnefeld 2010, S. 528. Siehe auch Abbildung 9.
[459] MacKinnon/Lockwood/Hoffman/West/Sheets 2002, S. 83.
[460] Shrout/Bolger 2002, S. 422.
[461] Vgl. MacKinnon/Fairchild/Fritz 2007, S. 596.
[462] Vgl. Fox 1980, S. 3; MacKinnon/Lockwood/Hoffman/West/Sheets 2002, S. 83.
[463] Vgl. Shrout/Bolger 2002, S. 422.
[464] Vgl. MacKinnon/Lockwood/Hoffman/West/Sheets 2002, S. 83. Für eine detaillierte Differen-
     zierung nach Forschungsbereichen siehe MacKinnon/Fairchild/Fritz 2007, S. 596.
[465] Eigene Darstellung. In Anlehnung an MacKinnon/Lockwood/Hoffman/West/Sheets 2002, S. 86.
     Siehe auch Baron/Kenny 1986, S. 1176; MacKinnon/Fairchild/Fritz 2007, S. 595.
[466] Siehe Kapitel 2.2.2.

Mitarbeiter bestätigt.[467] Somit werden die Mitarbeiter durch betriebliche Anreiz-systeme zu kreativen Handlungen ermutigt.[468] Innerhalb der entrepreneurialen Forschung wurde bereits ein positiver Zusammenhang zwischen der individuellen Kreativität und der Identifikation von neuen Geschäftsgelegenheiten bestätigt.[469]

In der fachwissenschaftlichen Literatur werden viele Determinanten untersucht, die sich auf die individuelle Kreativität auswirken können.[470] Laut WARD hat das individuelle kognitive Wissen einen zentralen Einfluss auf die persönliche Kreativität.[471] Erst durch die kreative Allokation von bereits verfügbarem Wissen lassen sich neue Ideen entwickeln.[472] Nach WARD handelt es sich dabei um „a process whereby previously separate ideas, concepts, or other forms are mentally merged"[473]. GIELNIK, FRESE, GRAF und KAMPSCHULTE untersuchten den moderierenden Effekt von der Vielfalt an Informationen zwischen dem divergenten Denken und der Entwicklung einer Geschäftsgelegenheit und konnten diese Hypothese bestätigen.[474] Außerdem können Kreativität und das Problemlösungsverhalten der Mitarbeiter durch ein Coaching oder Training gesteigert werden.[475] Auch ein unkonventioneller Führungsstil hat laut JAUSSI und DIONNE einen positiven Einfluss auf die Kreativität der Mitarbeiter.[476]

Nach ZHOU und GEORGE wird die Kreativität der Mitarbeiter primär durch „respect, rewards, and recognizes employees who exhibit creativity"[477] unterstützt. Die Motivation kann laut MARVEL, GRIFFIN, HEBDA und VOJAK zusätzlich durch ein

---

[467] Vgl. Krueger/Carsrud 1993, S. 315; Lee/Wong/Foo/Leung 2011, S. 126; Krueger/Brazeal 1994, S. 93; Crant 1996, S. 42.

[468] Vgl. Eisenberger/Rhoades 2001, S. 728; Zhou/George 2001, S. 684; Zhou/Shalley 2003, S. 179ff.

[469] Vgl. Shane 2003, S. 56f.; Gielnik/Frese/Graf/Kampschulte 2012, S. 559.

[470] Vgl. Zhou/Shalley 2003, S. 165.

[471] Vgl. Shane/Locke/Collins 2003, S. 258; Mitchell/Busenitz/Lant/McDougall/Morse/Smith 2002, S. 93; Baron 2007, S. 170. Siehe auch Grégoire/Corbett/McMullen 2011, S. 1446; Hayton/Kelley 2006, S. 414. Siehe auch Shalley/Zhou/Oldham 2004, S. 937f.

[472] Vgl. Ward 2004, S. 176.

[473] Ward 2004, S. 176.

[474] Vgl. Gielnik/Frese/Graf/Kampschulte 2012, S. 559.

[475] Vgl. Woodman/Sawyer/Griffin 1993, S. 305; Eisenberger/Rhoades 2001, S. 732; Zhou/Shalley 2003, S. 167; Hennessey/Amabile 2010, S. 576; Burroughs/Dahl/Moreau/Chattopadhyay/Gorn 2011, S. 57; Schmelter/Mauer/Börsch/Brettel 2007, S. 721; Basadur/Graen/Green 1982, S. 41.

[476] Vgl. Jaussi/Dionne 2003, S. 491.

[477] Zhou/George 2001, S. 686.

Anreizsystem gefördert werden, das „goals, feedback, individuality, and rewards based on results"[478] berücksichtigt. Bei einer aktiven Unterstützung des Mitarbeiters durch das Unternehmen beziehungsweise den Vorgesetzen, wird die Gefahr einer negativen Konsequenz bei Misserfolg seiner Idee nachdrücklich gemindert.[479] So wird die Wahrscheinlichkeit eines kreativen Verhaltens beim Mitarbeiter erhöht. Zusätzlich kann das Selbstvertrauen des Mitarbeiters durch eine hohe Anerkennung vom Vorgesetzten derart gesteigert werden, dass sich dieser kreative Leistungen zutraut.[480]

Die individuelle Kreativität wird vorwiegend durch eine stark ausgeprägte intrinsische Motivation gefördert.[481] Gemeinhin kann die intrinsische Motivation zur individuellen Kreativität durch immaterielle Belohnungen gesteigert werden,[482] jedoch nicht durch materielle Belohnungen.[483] Durch einen finanziellen Anreiz kann lediglich die Motivation zu einer Handlung erhöht werden, wenn es sich um eine routinierte Handlung handelt.[484] Sobald es sich um eine kreative Handlung handelt, können sich finanzielle Anreize und eine extrinsische Motivation sogar negativ auf ein intrapreneuriales Verhalten auswirken beziehungsweise die intrinsische Motivation verringern.[485] Auch ein positives Feedback durch einen Vorgesetzten kann die intrinsische Motivation des Mitarbeiters zu kreativem Verhalten steigern.[486] Daher eignen sich immaterielle Belohnungen in Form von Anerkennung und Lob zur Steigerung der intrinsischen Motivation und so zur Entwicklung eines intrapreneurialen Verhaltens.[487] Die Bedeutung der Motivation hinsichtlich der

---

[478] Marvel/Griffin/Hebda/Vojak 2007, S. 755.
[479] Vgl. Zahra 1996, S. 1715; George/Zhou 2007, S. 608.
[480] Vgl. Ireland/Covin/Kuratko 2009, S. 31; Oldham/Cummings 1996, S. 611; Finkle 2012, S. 881.
[481] Vgl. Amabile 1997, S. 39; Eisenberg 1999, S. 251; Drazin/Glynn/Kazanjian 1999, S. 287; Eisenberger/Rhoades/Cameron 1999, S. 1026; Ryan/Deci 2000, S. 55; Eisenberger/Rhoades 2001, S. 738; Kindermann 2007, S. 54; Jaussi/Dionne 2003, S. 492; Shepherd/DeTienne 2005, S. 94; Amabile/Khaire 2008, S. 107; Taggar 2002, S. 315f.; Shalley/Gilson 2004, S. 40.
[482] Vgl. Woodman/Sawyer/Griffin 1993, S. 300; Eisenberg 1999, S. 251; Shepherd/DeTienne 2005, S. 94; Eisenberger/Rhoades/Cameron 1999, S. 1026; Marvel/Griffin/Hebda/Vojak 2007, S. 756.
[483] Vgl. Gagné/Deci 2005, S. 356.
[484] Vgl. Eisenberger/Rhoades/Cameron 1999, S. 1026; Eisenberger/Rhoades 2001, S. 731.
[485] Vgl. Woodman/Sawyer/Griffin 1993, S. 300; Eisenberg 1999, S. 254; Eisenberger/Rhoades 2001, S. 728; Marvel/Griffin/Hebda/Vojak 2007, S. 756; Burroughs/Dahl/Moreau/Chattopadhyay/Gorn 2011, S. 57; Hennessey/Amabile 2010, S. 581; Mumford 2000, S. 324.
[486] Vgl. Gist 1987, S. 475; Zhou/Shalley 2003, S. 194; George/Zhou 2007, S. 605.
[487] Vgl. Shepherd/DeTienne 2005, S 94; Hennessey/Amabile 2010, S. 581.

individuellen Kreativität wurde bereits im Modell der individuellen Kreativität von AMABILE diskutiert.[488] Die individuelle Motivation zu kreativen Handlungen kann laut der „Theory of Individual Creative Action" von FORD durch Emotionen gesteigert werden.[489] Diese positiven Emotionen werden durch immaterielle Belohnungen des Vorgesetzten hervorgerufen und führen laut FORD zu einer intrinsischen Motivation hinsichtlich einer kreativen Handlung beim Mitarbeiter.[490]

Der positive Einfluss der individuellen Kreativität auf die Innovationskraft wurde bereits von BARON und TANG nachgewiesen.[491] Laut FORD stellt die Kreativität der Mitarbeiter eine zwingende Voraussetzung für Innovationen im Unternehmen dar.[492] Die Autoren haben zusätzlich einen mediierenden Effekt der individuellen Kreativität nachgewiesen.[493] ZHAO, SEIBERT und HILLS analysierten darüber hinaus den mediierenden Einfluss der Selbstwirksamkeit auf eine entrepreneuriale Intention und haben anhand der Ergebnisse einen positiven Zusammenhang bestätigt.[494] Daher sollte ein fundiertes Forschungsmodell den Einfluss der Kreativität auf die individuelle Intention zu einem intrapreneurialen Verhalten als Mediator berücksichtigen.[495]

In der Fachliteratur finden sich oft Untersuchungen, die diese beiden Phänomene getrennt voneinander untersucht haben. So widmen sich Soziologen, Ökonomen und Ingenieure meist der Analyse von Innovationen, wobei die individuelle Kreativität oft von Psychologen erforscht wird.[496] Laut FORD wurde der Mitarbeiterkreativität zu wenig Beachtung im Innovationsmanagement gewidmet, sodass sich die Foschung verstärkt dieser Untersuchung widmen sollte.[497] BARON und TANG fordern, die Beziehung zwischen der individuellen Kreativität und der individuellen innovativen

---

[488] Vgl. Amabile 1997, S. 43. Siehe auch Abbildung 4.
[489] Siehe Kapitel 2.2.2.
[490] Siehe Abbildung 5.
[491] Vgl. Baron/Tang 2011, S. 53.
[492] Vgl. Ford 1996, S. 1112.
[493] Vgl. Baron/Tang 2011, S. 57.
[494] Vgl. Zhao/Seibert/Hills 2005, S. 1265.
[495] Siehe Abbildung 7.
[496] Vgl. Ford 1996, S. 1112.
[497] Vgl. Woodman/Sawyer/Griffin 1993, S. 306; Ford 1996, S. 1113.

Handlung verstärkt Betrachtung zu schenken.[498] Außerdem fehlt es einer detaillierten Betrachtung der Bedeutung der individuellen Kreativität auf die Entwicklung von Innovationen, da die empirischen Ergebnisse oftmals widersprüchlich sind.[499]

Darauf basierend werden folgende Hypothesen formuliert:

Hypothese 2a: *Je höher der Grad der immateriellen Belohnung vom*
Vorgesetzten seinem Mitarbeiter gegenüber, desto mehr
kreative Handlungen werden vom Mitarbeiter verfolgt.

Hypothese 2b: *Je höher der Grad der kreativen Handlungen des*
Mitarbeiters, desto höher die Intention zum
intrapreneurialen Verhalten beim Mitarbeiter.

Hypothese 2c: *Die kreativen Handlungen des Mitarbeiters mediieren die*
Beziehung zwischen der immateriellen Belohnung und der
Intention zum intrapreneurialen Verhalten beim Mitarbeiter.

Hypothese 2d: *Ein Modell, das die kreativen Handlungen des Mitarbeiters*
als Variable enthält, ist einem Modell überlegen, das nur den
direkten Einfluss der Dimensionen der immateriellen
Belohnungen auf die Intention zum intrapreneurialen
Verhalten beim Mitarbeiter berücksichtigt.

3.3 Moderierende Effekte

In einem Interventionsmodell kann neben einem Mediationseffekt auch eine Moderationsbeziehung berücksichtigt werden. Laut MACKINNON, FAIRCHILD und FRITZ wird im Modell eine Variable ergänzt „that affect the hypothesized relation among a set of variables"[500]. Die Autoren CHAMPOUX und PETERS definieren eine Moderation wie folgt: „A moderator variable affects the form of the relationship

---

[498] Vgl. Baron/Tang 2011, S. 49.
[499] Vgl. Eisenberg 1999, S. 251; Gielnik/Frese/Graf/Kampschulte 2012, S. 559.
[500] MacKinnon/Fairchild/Fritz 2007, S. 605.

between two other variables"[501]. Demzufolge wird die Beziehung zwischen Variable X und Y durch die Variable Z beeinflusst.[502] Die moderierenden Effekte werden von Wissenschaftlern unterschiedlichster Disziplinen zunehmend zur empirischen Überprüfung komplexer Sachverhalte berücksichtigt.[503] In Abbildung 10 ist ein moderierender Effekt dargestellt.

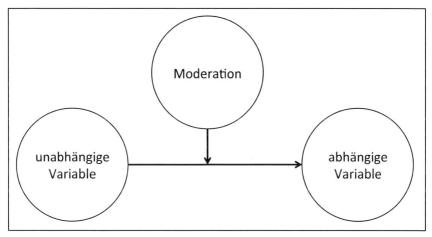

Abbildung 10: Grafische Darstellung eines Moderationseffektes[504]

In der Literatur werden die entrepreneurialen Intentionen grundsätzlich von der wahrgenommenen entrepreneurialen Erwünschtheit und der wahrgenommenen entrepreneurialen Fähigkeit determiniert. Dies wird auch in dieser Arbeit berücksichtigt.[505] Zunächst wird der moderierende Effekt der wahrgenommenen intrapreneurialen Erwünschtheit auf die Beziehung zwischen der immateriellen Belohnung und der individuellen Kreativität begründet. Es folgt die Diskussion des moderierenden Effektes der wahrgenommenen intrapreneurialen Fähigkeiten auf die Beziehung

---

[501] Champoux/Peters 1987, S. 243.

[502] Vgl. Arnold 1982, S. 169; Aguinis 1995, S. 1141; Aguinis/Beaty/Boik/Pierce 2005, S. 94.

[503] Vgl. Arnold 1982, S. 143; Champoux/Peters 1987, S. 243; Stone-Romero/Alliger/Aguinis 1994, S. 167; Aguinis 1995, S. 1141. Für einen detaillierten Review siehe Aguinis/Beaty/Boik/Pierce 2005, S. 94.

[504] Eigene Darstellung. Siehe auch Baron/Kenny 1986, S. 1174.

[505] Vgl. Dimov 2007, S. 564; Lee/Wong/Foo/Leung 2011, S. 125; Jia/Wang/Ge/Shi/Yao 2012, S. 209.

zwischen der individuellen Kreativität und der individuellen Intention zu einem intrapreneurialen Verhalten.

Die Wissenschaftler FITZSIMMONS und DOUGLAS haben den Zusammenhang zwischen den individuellen entrepreneurialen Intentionen und der wahrgenommenen entrepreneurialen Erwünschtheit sowie den wahrgenommenen entrepreneurialen Fähigkeiten untersucht.[506] Dabei konnte ein negativer Interaktionseffekt zwischen der Erwünschtheit und den Fähigkeiten nachgewiesen werden. [507] Die Autoren schlussfolgerten, dass diese beiden Variablen nicht als Indikatoren der Intention zu einem intrapreneurialen Verhalten betrachtet werden sollten.[508] Daher werden die beiden Variablen im Forschungsmodell nicht als direkte Effekte berücksichtigt, sondern als indirekte moderierende Einflussfaktoren.

Die Autoren kritisierten, dass in der wissenschaftlichen Literatur die Motivation zu einer entrepreneurialen Handlung nur vollzogen wird, wenn sowohl die wahrgenommene Erwünschtheit als auch die wahrgenommenen Fähigkeiten stark ausgeprägt sind. Laut FITZSIMMONS und DOUGLAS entsteht bereits eine Motivation zu einer entrepreneurialen Handlung, wenn einer dieser beiden Faktoren eine bestimmte Ausprägung erreicht hat,[509] sodass diese beiden Einflussfaktoren auch unabhängig voneinander betrachtet werden können.

Im Zusammenhang mit Corporate Entrepreneurship wird mit der wahrgenommenen intrapreneurialen Erwünschtheit der Wunsch eines Mitarbeiters hinsichtlich eines intrapreneurialen Verhaltens beschrieben.[510] In der Literatur wurde der Einfluss der Erwünschtheit auf die Intention zu einer entrepreneurialen Handlung bereits untersucht und konnte empirisch bestätigt werden.[511]

---

[506] Vgl. Fitzsimmons/Douglas 2011, S. 431. Dieser Zusammenhang wurde auch von weiteren Autoren nachgewiesen. Siehe Veciana/Aponte/Urbano 2005, S. 167; Douglas/Fitzsimmons 2012, S. 3; Laspita/Breugst/Heblich/Patzelt 2012, S. 416.
[507] Vgl. Fitzsimmons/Douglas 2011, S. 436f.
[508] Vgl. Fitzsimmons/Douglas 2011, S. 436f.
[509] Vgl. Fitzsimmons/Douglas 2011, S. 437.
[510] Vgl. Krueger 1993, S. 8. Siehe auch Kapitel 2.1.4.
[511] Vgl. Krueger 1993, S. 16; Krueger/Brazeal 1994, S. 91; Segal/Borgia/Schoenfeld 2005, S. 42. In diesem Forschungszusammenhang wurden oft Studierende befragt, sodass weitere Forschungs-

Zum Beispiel haben TOLEDANO und URBANO den positiven Einfluss einer entrepreneurialen Ausbildung auf die wahrgenommene Erwünschtheit untersucht.[512] Laut der Autoren kann die individuelle Erwünschtheit einer kreativen Handlung durch einen Lernprozess positiv oder negativ beeinflusst werden.[513] VECIANA, APONTE und URBANO haben den kulturellen und den sozialen Einfluss auf die wahrgenommene entrepreneuriale Erwünschtheit analysiert und konnten einen positiven Zusammenhang nachweisen.[514]

Generell lässt sich die wahrgenommene Erwünschtheit durch betriebliche Anreizsysteme steigern.[515] Hierzu zählen materielle Belohnungen, wie Bonuszahlungen, oder immaterielle Belohnungen, wie Anerkennung und Lob vom Vorgesetzten.[516] Da es sich bei einem kreativen Verhalten um eine neue Handlung handelt, müssen die Anreize zur Verfolgung höher sein als jene, eine routinierte Handlung weiter auszuführen.[517] Laut ZAMPETAKIS muss bereits eine wahrgenommene Erwünschtheit beim Individuum bestehen, bevor dieses kreativ wird.[518] Da die Beziehung zwischen der immateriellen Belohnung und der individuellen Kreativität durch die Erwünschtheit beeinflusst wird, kann für das Forschungsmodell ein moderierender Einfluss postuliert werden.[519]

Darauf basierend wird folgende Hypothese formuliert:

Hypothese 3a: *Die wahrgenommene intrapreneuriale Erwünschtheit des Mitarbeiters wirkt positiv moderierend auf die Beziehung zwischen der immateriellen Belohnung des Vorgesetzten für den Mitarbeiter und der individuellen Kreativität des Mitarbeiters.*

---

tätigkeiten eine Befragung von Probanden im Unternehmenskontext zum Ziel haben sollte. Siehe hierzu Autio/Keeley/Klafsten/Parker/Hay 2001, S. 145; Veciana/Aponte/Urbano 2005, S. 165.

[512] Vgl. Toledano/Urbano 2008, S. 396.
[513] Vgl. Krueger 2000, S. 10.
[514] Vgl. Veciana/Aponte/Urbano 2005, S. 166. Siehe auch Tukamushaba/Orobia/George 2011, S. 282.
[515] Vgl. Hostager/Neil/Decker/Lorentz 1998, S. 17; Krueger 2000, S. 14.
[516] Vgl. Douglas/Fitzsimmons 2012, S. 4.
[517] Vgl. Shepherd/Krueger 2002, S. 173.
[518] Vgl. Zampetakis 2008, S. 154.
[519] Siehe Abbildung 7.

Im Zusammenhang zum Corporate Entrepreneurship beschreiben die wahrgenommenen intrapreneurialen Fähigkeiten das intrapreneuriale Verhalten des
Mitarbeiters.[520] Der positive Einfluss der wahrgenommenen Fähigkeiten auf die
Intention wurde bereits ausreichend empirisch bestätigt.[521] Zusätzlich werden die
intrapreneurialen Leistungen von Mitarbeitern laut WOOD und BANDURA durch deren
entrepreneuriale Selbstwirksamkeit beeinflusst.[522] Das bedeutet, dass sobald die
individuell wahrgenommenen intrapreneurialen Fähigkeiten vom Mitarbeiter als hoch
eingeschätzt werden, dieser auch höhere intrapreneuriale Leistungen erbringt, die sich
auch durch die Entwicklung von Innovationen ausdrücken können.[523]

Die intrinsische Motivation wird oft zusammen mit dem Konzept der Selbstwirksamkeit untersucht.[524] Demnach verfügt ein Individuum über eine hohe
intrinsische Motivation, wenn dessen Selbstwirksamkeit entsprechend ausgeprägt
ist.[525] Diese fördert wiederum dessen Leistungsbereitschaft und Innovationskraft.[526]
Laut SHANE und ECKHARDT entwickeln Mitarbeiter mit hohen wahrgenommenen
entrepreneurialen Fähigkeiten mehr Innovationen.[527] Dies wird von den Autoren
besonders mit dem Umstand in Verbindung gebracht, dass diese Mitarbeiter über ein
hohes Selbstbewusstsein verfügen und sich die Umsetzung einer Idee zutrauen.[528]

Von LEE, WONG, FOO und LEUNG wurde ein moderierender Effekt der
Selbstwirksamkeit zwischen der individuellen Zufriedenheit am Arbeitsplatz und einer
entrepreneurialen Intention beim Mitarbeiter bestätigt.[529] Hierdurch konnte zusätzlich
bestätigt werden, dass die wahrgenommene entrepreneuriale Erwünschtheit und die
wahrgenommenen entrepreneurialen Fähigkeiten nicht abschließend als Anteze-

---

[520] Vgl. Krueger 1993, S. 8; Segal/Borgia/Schoenfeld 2005, S. 42.
[521] Vgl. Krueger 1993, S. 16.
[522] Vgl. Wood/Bandura 1989, S. 366. Siehe hierzu auch Cohen/Belyavsky/Silk 2008, S. 275;
Veciana/Aponte/Urbano 2005, S. 167; Dutton/Webster 1988, S. 671.
[523] Vgl. Wood/Bandura 1989, S. 366.
[524] Vgl. Chen/Greene/Crick 1998, S. 298; Shalley/Zhou/Oldham 2004, S. 946.
[525] Vgl. Chen/Greene/Crick 1998, S. 298; Shalley/Zhou/Oldham 2004, S. 946.
[526] Vgl. Hostager/Neil/Decker/Lorentz 1998, S. 15.
[527] Vgl. Shane/Eckhardt 2005, S. 181.
[528] Vgl. Wood/Bandura 1989, S. 364; Chen/Greene/Crick 1998, S. 310; Krueger/Reilly/Carsrud 2000,
S. 418; Gollwitzer/Wieber/Myers/McCrea 2009, S. 138.
[529] Vgl. Lee/Wong/Foo/Leung 2011, S. 125.

denzien einer entrepreneurialen Intention determiniert sind.[530] Darüber hinaus haben DOUGLAS und FITZSIMMONS einen signifikanten Einfluss der individuellen wahrgenommenen Fähigkeiten und die intrapreneurialen Intentionen nachgewiesen.[531] Da die Beziehung zwischen der kreativen Handlung vom Mitarbeiter und der Intention zu einem intrapreneurialen Verhalten durch die wahrgenommenen intrapreneurialen Fähigkeiten beeinflusst wird, kann für das Forschungsmodell ein moderierender Einfluss postuliert werden.[532]

Darauf basierend wird folgende Hypothese formuliert:

Hypothese 3b: *Die wahrgenommenen intrapreneurialen Fähigkeiten des Mitarbeiters wirken positiv moderierend auf die Beziehung zwischen der individuellen Kreativität und der Intention zum intrapreneurialen Verhalten des Mitarbeiters.*

3.4 Zusammenfassende Betrachtung des Forschungsmodells

Das konzeptionell entwickelte Forschungsmodell ist in Abbildung 11 dargestellt. In diesem Modell finden sowohl organisationale Rahmenbedingungen als auch individuelle Charaktereigenschaften Berücksichtigung, sodass dem Status quo der wissenschaftlichen Literatur gefolgt wird.[533] Die persönlichen Charaktereigenschaften werden durch die individuelle Kreativität, die Intention zu einem intrapreneurialen Verhalten, die wahrgenommene intrapreneuriale Erwünschtheit und die wahrgenommenen intrapreneurialen Fähigkeiten des Individuums abgebildet. Die organisationalen Rahmenbedingungen werden durch die immateriellen Belohnungen dargestellt.[534]

---

[530] Vgl. Lee/Wong/Foo/Leung 2011, S. 133.
[531] Vgl. Douglas/Fitzsimmons 2012, S. 1.
[532] Siehe Abbildung 7.
[533] Vgl. Rauch/Frese 2007, S. 360; Zampetakis/Beldekos/Moustakis 2009, S. 165.
[534] Siehe Abbildung 11.

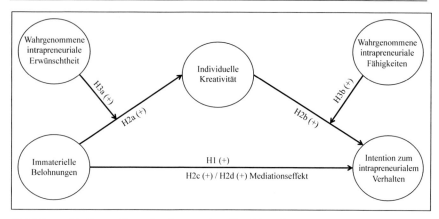

Abbildung 11: Darstellung des konzeptionellen Modells und Hypothesen

4 Empirische Überprüfung des Forschungsmodells

Die empirische Sozialforschung fungiert als Bindeglied zwischen Theorie und Praxis.[535] Bei den empirischen Methoden wird zwischen qualitativen und quantitativen Untersuchungsmethoden[536] unterschieden. Zu den qualitativen Methoden zählen unter anderem Fallstudien, Interviews und Gruppendiskussionen.[537] Bei den quantitativen Verfahren handelt es sich meist um Umfragen oder Experimente,[538] die durch einen Fragebogen persönlich oder online durchgeführt werden können. [539] Der zu untersuchende Forschungsgegenstand begründet die Wahl zwischen qualitativer oder quantitativer Forschung.[540] Folgt man den Worten von ATTESLANDER, unterscheiden sich quantitative Studien von qualitativer Forschung „in erster Linie durch die wissenschaftstheoretische Grundposition, den Status von Hypothesen und Theorien"[541]. Demzufolge lassen sich durch die quantitative-empirische Forschung Theorien und Hypothesen überprüfen.[542] Da diese Arbeit einem konfirmatorischen und hypothesengestützten Ansatz folgt, wird auf eine quantitative Forschungsmethodik zurückgegriffen.

Zunächst setzt die empirische Überprüfung eines Forschungsmodells die Wahl einer geeigneten Analysemethode voraus. Da sich der zu untersuchende Forschungs-gegenstand einer direkten Beobachtung entzieht, bedarf es latenter Variablen zur Messung der zu überprüfenden Konstrukte.[543] So muss eine geeignete statistische Methodik verwendet werden, um die Wirkzusammenhänge zwischen den einzelnen Konstrukten analysieren zu können. Die Kausal- oder auch Strukturgleichungsanalyse

---

[535] Vgl. Atteslander 2010, S. 6.
[536] Vollständigkeitshalber sei hier auch noch auf die Mixed-Methods verwiesen. Siehe Creswell 2009, S. 12; Flick 2011, S. 188f.
[537] Vgl. Creswell 2009, S. 12.
[538] Vgl. Creswell 2009, S. 12.
[539] Vgl. Bortz/Döring 2009, S. 252ff.
[540] Vgl. Atteslander 2010, S. 13; Flick 2011, S. 10f.
[541] Atteslander 2010, S. 76.
[542] Vgl. Flick 2011, S. 28.
[543] Vgl. Homburg 1989, S. 14; Backhaus/Erichson/Plinke/Weiber 2005, S. 339; Bortz/Döring 2009, S. 3; Bortz/Schuster 2010, S. 447ff.; Micheel 2010, S. 38f. Zur wissenschaftlichen Verwendung von latenten Variablen siehe auch Borsboom/Mellenbergh/van Heerden 2003.

(SGA), die zur wissenschaftlichen Überprüfung auf sogenannte Strukturgleichungs-modelle zurückgreift, stellt eine geeignete Methode dar.[544] Durch die Verknüpfung einzelner Variablen lassen sich Strukturgleichungsmodelle entwickeln, die Informa-tionen über den Einfluss unabhängiger Variablen auf abhängige Variablen liefern und Kausalitäten nachweisen können.[545]

In diesem Kapitel wird das im konzeptionellen Teil dieser Arbeit entwickelte Modell empirisch überprüft. Hierfür werden einleitend die Grundlagen der Kausalanalyse diskutiert (Kapitel 4.1). Inhalt dieses Kapitels ist die kritische Darstellung der Methode der Kausalanalyse (Kapitel 4.1.1) und die detaillierte Betrachtung der Strukturmodelle mit latenten Variablen (Kapitel 4.1.2). Anschließend wird die Kausalanalyse in kovarianz- und varianzbasierte Analyseverfahren differenziert (Kapitel 4.1.3), sodass die Wahl der Varianzanalyse begründet werden kann (Kapitel 4.1.4). Abschließend werden die Gütekriterien der varianzbasierten Analyse dargestellt (Kapitel 4.1.5).

Das nachfolgende Kapitel widmet sich der Vorbereitung zur Datenerhebung (Kapitel 4.2). Im ersten Schritt werden die Grundgesamtheit und die Stichprobe determiniert (Kapitel 4.2.1). Es folgt die Wahl der Erhebungsmethode (Kapitel 4.2.2) und im Anschluss werden die latenten Variablen des Forschungsmodells operationalisiert (Kapitel 4.2.3). Nachdem die Datenerhebung vorbereitet ist, werden die Datener-hebung durchgeführt und die Datenbasis aufbereitet (Kapitel 4.3). Hierzu werden die Vorgehensweise bei der Datengenerierung und die Rücklaufquote analysiert (Kapitel 4.3.1). Die Daten werden auf Vollständigkeit hin überprüft und hinsichtlich Ausreißer untersucht (Kapitel 4.3.2). Abschließend folgt die Überprüfung der Datenbasis auf Repräsentativität. Zusätzlich wird die Verteilung der Datenbasis auf Normalverteilung hin untersucht (Kapitel 4.3.3).

---

[544] Vgl. Homburg/Hildebrandt 1998, S. 17.
[545] Vgl. Weiber/Mühlhaus 2010, S. 7.

Im letzten Kapitel werden die Ergebnisse der quantitativen-empirischen Untersuchung dargestellt und ausgewertet (Kapitel 4.4). Zunächst erfolgt die Gütebeurteilung der Datenbasis auf Messmodellebene (Kapitel 4.4.1). Im Anschluss werden die deskriptiven Statistiken und Korrelationen analysiert (Kapitel 4.4.2). Abschließend folgen die Präsentation der Ergebnisse der Kausalanalyse und die Hypothesenprüfung (Kapitel 4.4.3). Zu einem besseren Verständnis ist die Struktur dieses Kapitels in Abbildung 12 dargestellt.

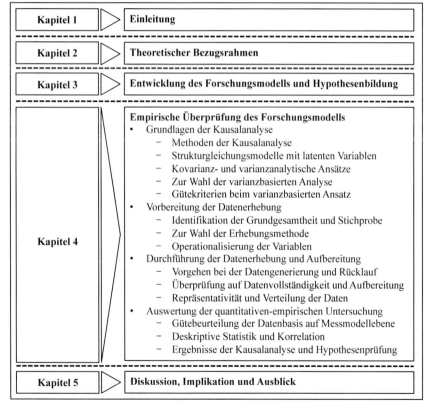

Abbildung 12: Darstellung und Einordnung von Kapitel 4 in den Gang der Arbeit

4.1 Grundlagen der Kausalanalyse

Mit der Kausalanalyse können Abhängigkeitsbeziehungen von mehreren Variablen in einem Modell abgebildet und überprüft werden. Neben unabhängigen und abhängigen Variablen können auch moderierende und mediierende Effekte untersucht werden.[546] Diese Möglichkeiten zur Analyse erlaubt die Abbildung von vielschichtigen Konstrukten und komplexen Wirkzusammenhängen, sodass sich die Kausalanalyse als eine der zentralen Methoden in der empirischen Sozialforschung etabliert hat.[547]

4.1.1 Methoden der Kausalanalyse

Die Kausalanalyse oder auch Strukturgleichungsanalyse ist ein komplexes Verfahren der multivariaten Analysemethoden[548] und stellt ein konfirmatorisches Datenanalyseinstrument dar.[549] Hierbei kann zwischen kovarianzanalytischen (LISREL[550] und AMOS[551]) und varianzanalytischen Ansätzen (PLS[552]) unterschieden werden. Die Kausalanalyse stellt ein im wissenschaftlichen Bereich weit verbreitetes Instrument dar, das komplexe reale Sachverhalte abbilden und zukünftige Entwicklungen abschätzen kann.[553] Als zentrale Voraussetzung gilt eine konfirmatorische und theoriegeleitete Vorstellung über beobachtbare Wirkzusammenhänge,[554] sodass eine Strukturmodellierung vorgenommen werden kann. Hierbei handelt es sich entsprechend um das Strukturgleichungsmodell (SGM).[555] Dieses Modell kann Strukturgleichungen und Hypothesen abbilden, die mit Hilfe der Strukturgleichungs-

---

[546] Vgl. Schönbucher 2010, S. 76f.

[547] Vgl. Weiber/Mühlhaus 2010, S. 19.

[548] Vgl. Fornell/Larcker 1981a, S. 49; Anderson/Gerbing 1988, S. 411; Bortz/Döring 2009, S. 521; Backhaus/Erichson/Plinke/Weiber 2008, S. 511.

[549] Vgl. Weiber/Mühlhaus 2010, S. 28.

[550] Vgl. Homburg 1989, S. 16; Steiger 1990, S. 174; Diekmann 2009, S. 268.

[551] Für einen detaillierteren Überblick über die Strukturgleichungsanalyse mit AMOS (Analysis of Moment Structures) siehe Backhaus/Erichson/Plinke/Weiber 2005, S. 389ff.; Kline 2011, S. 79f.; Backhaus/Erichson/Plinke/Weiber 2008, S. 516; Byrne 2010; Backhaus/Erichson/Weiber 2011, S. 94ff.

[552] Vgl. Götz/Liehr-Gobbers 2004, S. 714; Temme/Kreis 2005, S. 193ff.;Vinzi/Trinchera/Amato 2010, S. 49.

[553] Vgl. Weiber/Mühlhaus 2010, S. 3; Scholderer/Balderjahn 2005, S. 92f.

[554] Vgl. Backhaus/Erichson/Weiber 2011, S. 65.

[555] Vgl. Steiger 1990, S. 173.

analyse überprüft werden können.[556] Deshalb werden diese Verfahren auch als strukturprüfende multivariate Analysemethoden bezeichnet.[557]

Demzufolge definiert sich ein Strukturgleichungsmodell wie folgt:

Strukturgleichungsmodelle (SGM) bilden a-priori formulierte und theoretisch und/oder sachlogisch begründete komplexe Zusammenhänge zwischen Variablen in einem linearen Gleichungssystem ab und dienen der Schätzung der Wirkungskoeffizienten zwischen den betrachteten Variablen sowie der Abschätzung von Messfehlern.[558]

Das konfirmatorisch entwickelte und theoretisch begründete Strukturgleichungsmodell zeigt die Beziehungen zwischen den zu untersuchenden Variablen. Dabei bilden die unabhängigen Variablen die Ursache und die abhängigen Variablen die Wirkung ab. Zur Interpretation dieser kausalen Zusammenhänge zwischen Ursache und Wirkung werden bei der Strukturgleichungsanalyse statistische Prüfverfahren angewendet.[559] Die Ergebnisse der Parameterschätzer geben einen Aufschluss über die vermuteten Kausalitäten zwischen den einzelnen Variablen. Einen ersten Hinweis über den formulierten Beziehungszusammenhang liefert das Vorzeichen des Parameters, das auch die Richtung des Zusammenhanges abbildet.[560]

---

[556] Die Überprüfung der Wirkzusammenhänge erfolgt computergestützt. Zu den am häufigsten verwendeten Softwareprogrammen zählen beim covarianzbasierten Ansatz AMOS und bei der varianzbasierten Methode SmartPLS.

[557] Vgl. Backhaus/Erichson/Plinke/Weiber 2005, S. 8; Backhaus/Weiber 2007, S. 524ff.; Micheel 2010, S. 159; Backhaus/Erichson/Weiber 2011, S. 11f.

[558] Vgl. Weiber/Mühlhaus 2010, S. 6.

[559] Vgl. Opp 2010, S. 10f.

[560] Vgl. Bortz/Döring 2009, S. 695; Weiber/Mühlhaus 2010, S. 9.

Die Strukturgleichungsanalyse definiert sich daher wie folgt:

Die Strukturgleichungsanalyse (SGA) umfasst statistische Verfahren zur Untersuchung komplexer Beziehungsstrukturen zwischen manifesten und/oder latenten Variablen und ermöglicht die quantitative Abschätzung der Wirkzusammenhänge. Ziel der SGA ist es, die a-priori formulierten Wirkungszusammenhänge in einem linearen Gleichungssystem abzubilden und die Modellparameter so zu schätzen, dass die zu den Variablen erhobenen Ausgangsdaten möglichst gut reproduziert werden.

Ein weiteres Charakteristikum der Strukturgleichungsanalyse ist die Möglichkeit, dass auch komplexe Beziehungsstrukturen beziehungsweise Variablenbeziehungen gleichzeitig betrachtet werden können. Die Strukturgleichungsanalyse ermöglicht, mehrere Kausalhypothesen sukzessive oder simultan in Regressionsanalysen abzuschätzen und auch Wechselbeziehungen zu berücksichtigen. Aufgrund dieser Tatsache ist diese Methode der Regressionsanalyse vorzuziehen.[561] Darüber hinaus lässt die Strukturgleichungsanalyse nicht nur die Verwendung von direkt messbaren Variablen zu,[562] sondern auch die Berücksichtigung von latenten Variablen, die als hypothetische Konstrukte oder theoretische Variablen bezeichnet werden können.[563] Allerdings bedarf es für den Einsatz von latenten Variablen und zur Abbildung der Wirklichkeit validierter Messmodelle.[564]

4.1.2 Strukturgleichungsmodelle mit latenten Variablen

Bei der Kausalanalyse mit latenten Variablen müssen die zu untersuchenden Größen operationalisiert werden. Hierfür werden Messmodelle verwendet, die empirische Werte für die Variablen ermitteln können. Die theoretisch begründeten Wirkzusammenhänge werden im Strukturmodell oder Pfaddiagramm abgebildet.[565] Hierbei werden die endogenen Variablen (η) durch die Kausalbeziehungen im Modell

---

[561] Weiber/Mühlhaus 2010, S. 21.

[562] Hierbei handelt es sich um sogenannte manifeste Variablen.

[563] Vgl. Fornell/Larcker 1981a, S. 49; Borsboom/Mellenbergh/van Heerden 2003, S. 203.

[564] Vgl. Homburg 1989, S. 44; Betzin/Henseler 2005, S. 52. Siehe auch Kapitel 4.2.6.

[565] Siehe Abbildung 13.

veranschaulicht. Die exogenen Variablen (ξ) dienen als erklärende Größe, werden jedoch durch das Strukturgleichungsmodell nicht erklärt.[566]

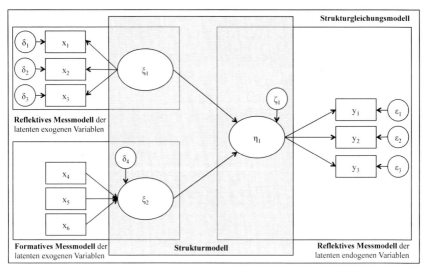

Abbildung 13: Darstellung eines Pfaddiagramms[567]

Das Messmodell der latenten exogenen Variablen wird mittels der Operationalisierung abgebildet und zeigt den Zusammenhang zwischen empirischen Messwerten und exogenen Größen. Analog dazu wird das Messmodell der latent endogenen Variable mittels der Operationalisierung abgebildet und spiegelt den Zusammenhang zwischen Messwerten und endogenen Größen wider.[568] Das Strukturmodell wird auch als inneres Modell bezeichnet, wobei die Messmodelle zusammengenommen als äußeres Modell oder Strukturgleichungsmodell definiert werden. Das Messmodell wird durch die Beziehungen zwischen den latenten Variablen und Indikatoren abgebildet, die sich mittels der latenten Variablen indirekt empirisch messen lassen. Das Strukturmodell

---

[566] Vgl. Weiber/Mühlhaus 2010, S. 33.
[567] Vgl. Backhaus/Erichson/Plinke/Weiber 2005, S. 341; Backhaus/Erichson/Plinke/Weiber 2008, S. 513; Backhaus/Erichson/Weiber 2011, S. 76. Siehe hierzu auch MacKenzie/Podsakoff/Jarvis 2005, S. 711.
[568] Vgl. Bühner 2006, S. 242.

zeigt die Kausalbeziehungen zwischen den latenten Variablen, die es empirisch zu überprüfen gilt.[569]

Da sich latente Variablen dadurch auszeichnen, dass diese sich einer direkten Beobachtung entziehen, bedarf es zur Ermittlung von Messwerten einer geeigneten Operationalisierung unter Verwendung von Messmodellen.[570] Ein Messmodell oder auch Konstrukt kann aus einem oder mehreren Items[571] bestehen und wird in der Regel durch Intensitäts- oder Bewertungsskalen gemessen.[572]

In der Literatur wird zwischen formativen und reflektiven Messmodellen differenziert.[573] Bei den formativen Messmodellen müssen die Variablen in Relation zu anderen Variablen geschätzt werden, da keine empirischen Messwerte für die Regressionsbeziehungen vorliegen. Hierbei handelt es sich um einen regressionsanalytischen Ansatz. Beim reflektiven Messmodell hingegen wird eine hohe Korrelation zwischen den Messvariablen unterstellt, die von der latenten Variable ausgehen. Dieser Ansatz wird auch als faktoranalytischer Ansatz bezeichnet. Dies bedeutet, falls eine Veränderung in der Messvariable eine Änderung in der latenten Variable bewirkt, handelt es sich um ein formatives Messmodell. Andererseits existiert ein reflektives Messmodell, wenn eine Änderung der latenten Variable zu einer Veränderung in der Messvariable führt.[574]

Der zentrale Unterschied zwischen formativen und reflektiven Messmodellen besteht in der Beziehungsrichtung, sodass je nach Forschungsobjekt unterschiedliche Instrumente zur Überprüfung herangezogen werden müssen. Bei den formativen Messmodellen kommt das Instrument der Regressionsanalyse zum Einsatz. Beim reflektivem Messmodell wird auf eine konfirmatorische Faktoranalyse zurück-

---

[569] Vgl. Backhaus/Erichson/Plinke/Weiber 2005, S. 11.
[570] Siehe Abbildung 13.
[571] Der Begriff Item beschreibt in der empirischen Sozialforschung Fragen oder Aufgaben, die dem Probanden zur Beantwortung vorgelegt werden. Siehe Bagozzi/Heatherton 1994, S. 36.
[572] Vgl. Weiber/Mühlhaus 2010, S. 34; Micheel 2010, S. 43.
[573] Für eine detaillierte Differenzierung zwischen formativen und reflektiven Messmodellen siehe MacKenzie/Podsakoff/Jarvis 2005, S. 710. Vgl. Borsboom/Mellenbergh/van Heerden 2003, S. 208; Backhaus/Erichson/Plinke/Weiber 2008, S. 523; Scholderer/Balderjahn 2005, S. 93f.; Homburg/Giering 1998, S. 115. Siehe auch Abbildung 13.
[574] Vgl. Weiber/Mühlhaus 2010, S. 37.

gegriffen. Für einen Überblick der Thematik sei auf Tabelle 1 verwiesen. Dort sind die zentralen Unterschiede zwischen formativen und reflektiven Messmodellen darge-stellt.[575]

Kriterium	Formatives Messmodell	Reflektives Messmodell
Kausalitätsprüfung	Von den MV zum Konstrukt	Vom Konstrukt zu den MV
Sind die MV definierende Merkmale oder Erscheiungsformen des Konstrukts?	MV sind definierende Merkmale des Konstrukts	MV sind Erscheinungsformen des Konstrukts
Führen veränderte MV-Ausprägungen zu Veränderungen des Konstrukts?	Ausprägungen der MV sollten zu Veränderungen des Konstrukts führen	Konstruktveränderungen sollten zu Veränderungen der MV-Ausprägung führen
Austauschbarkeit von MV	MV müssen nicht austauschbar sein	MV sollten austauschbar sein
Haben die MV ähnliche Inhalte und ein gemeinsames Thema?	MV müssen nicht denselben Inhalt oder ein gemeinsames Thema haben	MV sollten denselben Inhalt oder ein gemeinsames Thema haben
Verändert der Ausschluss einer MV den konzeptionellen Konstrukt-Rahmen?	Könnte den konzeptionellen Rahmen des Konstrukts verändern	Sollte den konzeptionellen Rahmen des Konstrukts nicht verändern
Kovariation zwischen den MV	MV müssen nicht zwingend kovariieren	MV sollten möglichst kovariieren
Nomologisches Netz der MV	Nomologisches Netz der MV kann sich unterscheiden	Nomologisches Netz der Indikatoren sollte sich nicht unterscheiden
Sollten die MV dieselben Antezedenzen und Konsequenzen haben?	Indikatoren müssen nicht dieselben Antezedenten und Konsequenzen haben	Indikatoren müssen dieselben Antezedenzen und Konsequenzen haben
MV = Messvariablen		

Tabelle 1: Unterscheidungskriterien formativer und reflektiver Messmodelle[576]

[575] Siehe Tabelle 1.
[576] Vgl. Weiber/Mühlhaus 2010, S. 37.

4.1.3 Kovarianz- und varianzanalytische Ansätze der Kausalanalyse

In der quantitativen-empirischen Sozialforschung haben sich zur Überprüfung von Strukturgleichungsmodellen zwei Verfahren etabliert:[577] der kovarianzanalytische und der varianzanalytische Ansatz.[578] Beide Methoden sind als eigenständige Verfahren zur Überprüfung von Kausalbeziehungen akzeptiert. Beim kovarianzanalytischen Ansatz wird unter Verwendung der Maximum-Likelihood-Methode[579] eine Varianz-Kovarianz-Matrix berechnet, bei der alle Modellparameter simultan geschätzt werden. Die konfirmatorische Faktoranalyse ist zentraler Bestandteil des kovarianzbasierten Ansatzes, sodass dieser zur Schätzung der latenten Variablen die Parameter als Faktoren interpretiert.[580] Dabei wird die Kausalstruktur zwischen den latenten Variablen gleichzeitig mit dem Messmodell und dem Faktorenmodell überprüft.[581]

Demgegenüber steht der varianzbasierte Ansatz, der sich der Kleinst-Quadrate-Schätzung bedient, um möglichst exakte Prognosen treffen zu können. Diese Schätzmethodik basiert auf der Hauptkomponentenanalyse und der Kanonischen Korrelationsanalyse.[582] Der varianzbasierte Ansatz verfolgt eine zweistufige Prüfung. Als erstes werden mit Hilfe der Hauptkomponentenanalyse die Konstruktwerte für die latenten Variablen berechnet. Danach wird die Struktur des Kausalmodells unter Verwendung der Regressionsanalyse geschätzt.[583] Durch die Minimierung der Fehlervariablen im Mess- und Strukturmodell versucht dieser Ansatz, möglichst genaue Ergebnisse zu generieren.

Zur Überprüfung eines Kausalmodells, das formative und reflektive Messmodelle gemeinsam überprüft, können sowohl die Methode der Kovarianzanalyse (AMOS) als

---

[577] Siehe auch Kapitel 4.1.1.
[578] Vgl. Barroso/Cepeda Carrión/Roldán 2010, S. 429f.; Völkle/Erdfelder 2010, S. 455.
[579] Vgl. Assenmacher 2009, S. 218ff.; Kline 2011, S. 154f.
[580] Vgl. Kopp/Lois 2012, S. 204.
[581] Siehe Tabelle 2.
[582] Die Kanonische Korrelationsanalyse wurde von Hotelling in den Jahren 1935 und 1936 entwickelt und erfasst den Zusammenhang zwischen mehreren Prädiktorvariablen und mehreren Kriteriums-variablen.
[583] Vgl. Weiber/Mühlhaus 2010, S. 20.

auch die Methode der Varianzanalyse (PLS) verwendet werden. [584] Bei der Strukturgleichungsanalyse mit einem varianzbasierten Ansatz können formative und reflektive Messmodelle gemeinsam überprüft werden, wobei beim kovarianzbasierten Ansatz zunächst formative Messmodelle unter Berücksichtigung von endogenen Variablen berechnet werden müssen. [585] Die Entscheidung für eine dieser beiden Methoden basiert auf theoretischen Überlegungen und orientiert sich am Forschungs-gegenstand.

4.1.4 Zur Wahl der varianzbasierten Analyse

Die Wahl zwischen kovarianzanalytischem oder varianzanalytischem Ansatz sollte sachlogisch und fundiert begründet sein, wobei die Eigenschaften der beiden Methoden berücksichtigt werden. [586] Dieser Empfehlung folgend werden die einzelnen Charakteristika der beiden Ansätze zunächst dargestellt, um die Wahl der Varianzanalyse zu begründen.

Das varianzbasierte Verfahren zeichnet sich durch seine Robustheit aus, da bei dieser Methode verlässliche Ergebnisse auch bei einer geringen Stichprobengröße geschätzt werden können. Im Gegensatz hierzu wird beim kovarianzbasierten Ansatz ein Stichprobenumfang von mindestens 200 Fällen empfohlen. [587] Außerdem wird eine Multinormalverteilung der Datenbasis[588] vorausgesetzt, wobei diese in der Realität selten auftritt. Beim varianzbasierten Verfahren wird keine Multinormalverteilung vorausgesetzt.

---

[584] Vgl. Weiber/Mühlhaus 2010, S. 37; Völkle/Erdfelder 2010, S. 455.

[585] Vgl. Duarte/Raposo 2010, S. 461.

[586] Vgl. Barroso/Cepeda Carrión/Roldán 2010, S. 429f.; Völkle/Erdfelder 2010, S. 455. Siehe auch Tabelle 2.

[587] Vgl. Weiber/Mühlhaus 2010, S.66.

[588] Eine Multinormalverteilung hat einen glockenförmigen Verlauf. Dieser entspricht der sogenannten Gauß'schen Glockenkurve. Der Verlauf ist unimodal und symmetrisch, nähert sich der Abszisse an, berührt diese allerdings nicht. Die strengste Form der Multinormalverteilung stellt die Standardnormalverteilung dar. Hierbei liegt der Erwartungswert bei 0 und die Streuung bei 1. Vgl. Zwerenz 2006, S. 317f.; Kähler 2008, S. 29; Assenmacher 2009, S. 124; Bortz/Schuster 2010, S.70f.

Kriterium	Kovarianzanalytischer Ansatz	Varianzanalytischer Ansatz
Zielsetzung	bestmögliche Reproduktion der empirischen Varianz-Kovarianzmatrix (parameterorientiert)	bestmögliche Vorhersage der Datenmatrix bzgl. der Zielvariable (prognoseorientiert)
Theoriebezug	theorie-testender Ansatz	daten- und prognoseorientierter Ansatz
Zielfunktion	Minimierung der Differenz zwischen empirischen und modelltheoretischen Kovarianzen: $(S - \Sigma) \rightarrow$ Min!	Minimierung der Differenz zwischen beobachteten und geschätzten Falldaten
Methodik	faktoranalytischer Ansatz mit simultaner Schätzung aller Parameter des Kausalmodells	regressionsanalytischer Ansatz bei zweistufiger Schätzung von Messmodellen und Strukturmodellen
Datenbasis	Varianz-Kovarianz-Matrix	Ausgangsdatenmatrix
Latente Variablen	Faktoren im Sinne der Faktoranalyse und Isolierung der Fehlervarianz der Messvariablen bei der Schätzung des Strukturmodells	Dimensionen im Sinne der Hauptkomponentenanalyse und Konfundierung von Faktor- und Fehlervarianz bei der Schätzung der Konstruktwerte
Strukturmodell	rekursive und nicht-rekursive Modelle (hohe Modellkomplexität)	nur rekursive Modelle (Modellkomplexität beschränkt)
Messmodell	primär reflektive Messmodelle	formative und reflektive Messmodelle
Verteilungsannahme	Multinormalverteilung (bei ML-Methode)	keine
Gütebeurteilung	globale und lokale inferenzstatistische Gütemaße	partielle Gütekriterien bzgl. Vorhersage der Datenmatrix
Stichprobenumfang	große Stichprobe	kleine Stichprobe ausreichend
Modellvergleich	möglich	nur eingeschränkt möglich
Programmpaket	LISREL, EQS, AMOS	LVPLS, PLS Graph, SmartPLS

Tabelle 2: Unterschiede der kovarianz- und varianzbasierten Kausalanalyse[589]

Die Verwendung eines varianzbasierten Ansatzes eignet sich besonders, wenn das zu berechnende Strukturgleichungsmodell komplex ist, da beispielsweise moderierende Effekte beim PLS-Verfahren ohne die Annahme unkorrelierter Fehlerterme berechnet

---

[589] In Anlehnung an Weiber/Mühlhaus 2010; Bliemel/Eggert/Fassott/Henseler 2005.

werden können.[590] Bei der Methode der Varianzanalyse können sowohl reflektive als auch formative Messmodelle zur Analyse von latenten Variablen verwendet werden. Dies ist bei der Kovarianzanalyse nicht möglich.[591]

Es kann festgehalten werden, dass die Komplexität eines Modells, die Größe einer Stichprobe sowie die Verteilung einer Datenbasis als Entscheidungskriterien für den kovarianzanalytischen oder varianzanalytischen Ansatz herangezogen werden sollten.[592] Da die Wirkbeziehung zwischen der immateriellen Belohnung und der Intention zum intrapreneurialen Verhalten in der Literatur bisher nicht intensiv untersucht und zusätzlich der Mediationseffekt der individuellen Kreativität noch nicht berücksichtigt wurde, handelt es sich um ein neuartiges Forschungsmodell, das in dieser Tiefe bisher nicht analysiert wurde. Demzufolge sollte der varianzbasierte Ansatz als Methode zur empirischen Auswertung gewählt werden. Betrachtet werden können auch Moderationseffekte im Strukturgleichungsmodell. Dadurch erhöht sich die Komplexität des Modells, sodass dies ein weiteres Argument für die varianzanalytische Methode ist. Zusätzlich wird bei der Varianzanalyse keine Multinormalverteilung vorausgesetzt. Da eine Datenbasis in der Praxis selten einer Multinormalverteilung folgt, ist auch das ein Argument für eine varianzbasierte Analyse. Zudem liefert diese Methode auch verlässliche Ergebnisse bei einer relativ geringen Stichprobenanzahl. Daher wird bei dieser Arbeit ein varianzbasierter Ansatz verfolgt.

4.1.5 Gütekriterien beim varianzbasierten Ansatz

Bei der Reliabilitätsprüfung werden die Zuverlässigkeit, beziehungsweise Exaktheit, eines Messinstruments und die interne Konsistenz der Indikatoren überprüft.[593] Mit der Validitätsprüfung wird getestet, ob das Messinstrument auch das misst, was es messen soll.[594] Bei der Validität wird die Gültigkeit des Messinstruments überprüft.[595]Es gibt

[590] Vgl. Chin/Newsted 1999, S. 337; Eggert/Fassott/Helm 2005, S. 108.
[591] Vgl. Weiber/Mühlhaus 2010, S.66.
[592] Siehe Tabelle 2.
[593] Vgl. Hildebrandt 1998, S. 88; Schnell/Hill/Esser 2011, S. 143f.
[594] Vgl. Schnell/Hill/Esser 2011, S. 146. Siehe auch Fornell/Larcker 1981a, S. 49.

im Wesentlichen drei Kriterien zur Validitätsprüfung: die Inhaltsvalidität, die Kriteriumsvalidität und die Konstruktvalidität. Die Kriteriumsvalidität kann zusätzlich in die Prognosevalidität und die Konkurrentvalidität unterteilt werden. [596] Die Konstruktvalidität lässt sich in die normologische Validität, die Konvergenzvalidität und die Diskriminanzvalidität differenzieren. [597]

Inhaltsvalidität liegt vor, wenn die Variablen eines Messmodells das theoretisch entwickelte Konstrukt so abbilden, dass alle Aspekte und Facetten vollständig erfasst sind. [598] Laut WEIBER und MÜHLHAUS sollte die Entwicklung valider Messinstrumente mittels Expertenbefragung oder eines Pre-Tests erfolgen. [599] Die Kriteriumsvalidität wird unter Verwendung eines Außenkriteriums überprüft, das eine enge theoretische Verbindung zum eigentlichen Konstrukt aufweist. Liegt zwischen den beiden Konstrukten eine hohe Korrelation vor, dann ist die Kriteriumsvalidität nachgewiesen. [600]

In der empirischen Sozialforschung wird der Konstruktvalidität oft eine große Bedeutung zugeschrieben. [601] Bei der Konstruktvalidität wird die Beziehung zwischen dem hypothetischen Konstrukt und den Messindikatoren überprüft, sodass sichergestellt ist, dass die Messung nicht auf Messfehlern basiert, beziehungsweise die Ergebnisse nicht durch andere Konstrukte verfälscht werden. [602] Zunächst liegt normologische Validität vor, wenn die hypothetisch postulierten Kausalzusammenhänge zwischen den einzelnen Konstrukten empirisch bestätigt werden konnten. [603] Konvergenzvalidität bezeichnet die Homogenität eines Messmodells bei mehreren empirischen Prüfungen beziehungsweise unter Verwendung verschiedener wissen-

---

[595] Vgl. Hildebrandt 1998, S. 87; Atteslander 2010, S. 228.

[596] Vgl. Hildebrandt 1998, S. 90.

[597] Vgl. Peter 1981, S. 135; Homburg/Klarmann/Pflesser 2008, S.282f.; Kallus 2010, S. 119. Siehe auch Tabelle 3.

[598] Vgl. Churchill 1979, S. 69; Hildebrandt 1998, S. 89; Bortz/Döring 2009, S. 200; Schnell/Hill/Esser 2011, S. 147.

[599] Vgl. Weiber/Mühlhaus 2010, S. 128.

[600] Vgl. Hildebrandt 1998, S. 91; Bortz/Döring 2009, S. 200; Kallus 2010, S. 120; Schnell/Hill/Esser 2011, S. 147f.

[601] Vgl. Schnell/Hill/Esser 2011, S. 148.

[602] Vgl. Krafft/Götz/Liehr-Gobbers 2005, S. 74; Bortz/Döring 2009, S. 201.

[603] Vgl. Hildebrandt 1998, S. 93.

schaftlicher Methoden. Ein Beispiel ist eine erneute Durchführung einer Beobachtung, sodass die Voraussetzung für die Konvergenzvalidität eine starke Korrelation zwischen den Messungen zu unterschiedlichen Zeitpunkten darstellt. [604] Die Diskriminanzvalidität beschreibt den Unterschied einzelner Konstrukte zueinander, sodass die Identifikation eines Indikators mit einem Konstrukt stärker ist, als mit anderen Konstrukten. [605] Diese einzelnen Validitätskriterien sind in Tabelle 3 dargestellt.

Mit diesen Überprüfungskriterien soll sichergestellt werden, dass die Ergebnisse nicht auf Messfehlern basieren. Als Messfehler lassen sich zwei Kategorien unterscheiden. Zum einen können systematische Fehler auftreten, die beispielsweise auf Zustimmungstendenzen, Halo-Effekten[606] oder sozial erwünschtem Antwortverhalten basieren.[607] Zum anderen können Zufallsfehler auftreten, deren Entstehen sich nicht vorhersagen oder beeinflussen lässt. Diese Zufallsfehler treten ohne nachvollziehbare Systematik und in unterschiedlicher Stärke auf.[608] Die Messung ist vollständig valide, wenn die beiden Messfehler gleich Null sind, wobei eine Messung als vollständig reliabel bezeichnet wird, wenn keine Zufallsfehler auftreten. Ein valides Messinstrument ist also auch immer reliabel, wobei eine reliable Messung nicht zwingend valide sein muss. [609] Eine Messung sollte drei Kriterien erfüllen: Objektivität, Reliabilität und Validität.[610]

---

[604] Vgl. Weiber/Mühlhaus 2010, S. 134.
[605] Vgl. Krafft/Götz/Liehr-Gobbers 2005, S. 74f.
[606] Der Halo-Effekt beschreibt ein zentrales Problem der empirischen Forschung. Dieser bezieht sich darauf, dass sich die nachfolgenden Antworten eines Teilnehmers an seinen vorausgegangenen Antworten orientieren. Vgl. Bortz/Döring 2009, S. 183; Kallus 2010, S. 54; Micheel 2010, S. 88; Flick 2011, S. 109.
[607] Vgl. Bagozzi 1998, S. 71; Bühner 2006, S. 60ff.; Schnell 2012, S. 58.
[608] Vgl. Assenmacher 2002, S. 74.
[609] Vgl. Weiber/Mühlhaus 2010, S. 65; Diekmann 2009, S. 250ff.
[610] Vgl. Bühner 2006, S. 34; Diekmann 2009, S. 247; Rammstedt 2010, S. 239f.

Validitätskriterien	Definition	Prüfvoraussetzungen
Inhaltsvalidität	Grad, zu dem ein Messmodell den inhaltlichen (semantischen) Bereich eines theoretischen Konstrukts abbildet	Eine Sammlung von Items unterschiedlichen semantischen Gehalts zur Messung eines Konstrukts
Kriteriumsvalidität		
Prognosevalidität	Grad, zu dem die Messung eines theoretischen Konstrukts die Messung eines kausal abhängigen, zeitlich nachgelagert erhobenen Konstrukts prognostiziert	Eine oder mehrere Messungen von zwei Konstrukten zu unterschiedlichen Zeitpunkten
Konkurrenzvalidität	Grad, zu dem die Messung eines theoretischen Konstrukts mit der Messung eines theoretisch abhängigen, aber gleichzeitig erhobenen Konstrukts zusammenhängt	Eine oder mehrere Messungen von zwei Konstrukten zum gleichen Zeitpunkt
Konstruktvalidität		
Normologische Validität	Grad, zu dem die Kausalbeziehung zweier theoretischer Konstrukte in einem nomologischen Netzwerk (einer komplexen Hypothesenstruktur) bestätigt wird	Messung einer Menge von theoretischen Konstrukten, deren Beziehungsstruktur durch eine Kausaltheorie beschrieben werden kann
Konvergenzvalidität	Grad, zu dem zwei maximal unterschiedliche Messungen des gleichen Konstrukts in ihren Werten übereinstimmen	Zwei oder mehr unterschiedliche Messungen des gleichen Konstrukts
Diskriminanzvalidität	Grad, zu dem gleiche Messmodelle bei unterschiedlichen Konstrukten zu unterschiedlichen Ergebnissen führen	Zwei oder mehr Messungen von je zwei oder mehreren unterschiedlichen Konstrukten

Tabelle 3: Validitätskriterien[611]

Die Objektivität eines Messinstruments bezieht sich auf das Antwortverhalten von verschiedenen Personen unter Verwendung einer einheitlichen Skala. Bei der Befragung würde eine objektive Messung immer die gleichen Antworten hervorbringen.[612] Die Korrelation zwischen diesen beiden Antworten wäre demzufolge 1.[613] Natürlich ist ein solcher Sachverhalt nur bedingt in der Realität vorzufinden, da oft

---

[611] Eigene Darstellung. In Anlehnung an Hildebrandt 1998, S. 90.
[612] Vgl. Flick 2011, S. 206.
[613] Vgl. Diekmann 2009, S. 249.

auch nach persönlichen Empfindungen gefragt wird. So könnte beispielsweise für einen objektiven Wert nach der Hauptstadt von Deutschland gefragt werden. Die Antworten der einzelnen Teilnehmer sollte in jedem Fall Berlin sein. Dies wäre eine objektive Messung.

Die Validitäts- und Reliabilitätskriterien lassen sich in eine der ersten und eine der zweiten Generation unterteilen. Die Kriterien der ersten Generation basieren auf der Betrachtung von Korrelationen zur Reliabilitätsprüfung.[614] Als Voraussetzung gilt eine Eindimensionalität der Konstrukte. Dies kann mit einer explorativen Faktoranalyse (EFA) überprüft werden.[615] Demgegenüber basieren Gütekriterien der zweiten Generation auf einer konfirmatorischen Faktoranalyse (KFA) und ermöglichen somit auch eine Validitätsprüfung. Durch eine konfirmatorische Faktoranalyse können statistische Tests durchgeführt werden, die statistische Messfehler berücksichtigen und Erkenntnisse über die Güte eines Forschungsmodells liefern. Anhand der Struktur-gleichungsanalyse und der inferenzstatistischen Tests lassen sich die Hypothesen überprüfen.[616]

4.1.5.1 Gütebeurteilung des äußeren Modells

Im ersten Schritt wird eine explorative Faktoranalyse durchgeführt, da dies ein zentrales Gütekriterium jedes Modells darstellt.[617] Hierbei erfolgt die Überprüfung sowohl als Indikatortest über einzelne Items und Konstrukte als auch über alle Items und alle Konstrukte. Beim Indikatortest mittels der explorativen Faktoranalyse wird überprüft, ob die einzelnen Items auf deren theoretischen Faktor laden. Bei der explorativen Faktoranalyse über alle Items wird getestet, ob die damit statistisch ermittelte Faktorstruktur mit den theoretischen Konstrukten übereinstimmt.[618] Hiermit kann die Eindimensionalität beziehungsweise Ein-Faktorstruktur statistisch nachgewiesen werden. Diese Vorgehensweise wird auch als strukturentdeckendes

---

[614] Vgl. Eckstein 2008, S. 287.
[615] Vgl. Anderson/Gerbing 1988, S. 411f. Die explorative Faktoranalyse kann computergestützt mit der Software SPSS überprüft werden.
[616] Vgl. Bortz/Schuster 2010, S. 97; Kopp/Lois 2012, S. 206.
[617] Vgl. Bühner 2006, S. 180; Bühl 2012, S. 590.
[618] Vgl. Kopp/Lois 2012, S. 83f.

Verfahren bezeichnet. [619] Eine explorative Faktoranalyse kann allerdings nur durchgeführt werden, wenn das zu prüfende Konstrukt aus mehreren Items besteht, da die Faktorstruktur anhand von Korrelationen berechnet wird. [620] Anhand von zwei statistischen Methoden kann überprüft werden, ob die Durchführung einer explorativen Faktoranalyse sinnvoll ist. Hierzu zählen das KAISER-MEYER-OLKIN-Kriterium (KMO-Kriterium) [621] sowie der BARTLETT-Test. [622] Das von KAISER, MEYER und OLKIN entwickelte „Measure of Sampling Adequacy" überprüft die Korrelationsmatrix und zeigt an, wie hoch die Ausgangsvariablen miteinander korrelieren. Die Werte können zwischen 0 und 1 liegen, wobei nach KAISER, MEYER und OLKIN Variablen mit einem Wert kleiner als 0,5 aus der explorativen Faktoranalyse ausgeschlossen werden sollten, da dies auf einen niedrigen Zusammenhang der Variablen schließen lässt. Beim BARTLETT-Test wird unter Verwendung der Null-Hypothese geprüft, ob die Variablen aus einer unkorrelierten Grundgesamtheit entstammen. [623] Wenn dieser Test signifikant ist, korrelieren die Indikatoren und die Null-Hypothese kann abgelehnt werden. Der Test kann Werte zwischen 0 und 1 annehmen, und das Ergebnis sollte nicht kleiner als 0,6 sein. [624] Falls diese beiden Tests positiv ausfallen, ist die Durchführung einer explorativen Faktoranalyse sinnvoll. [625]

Es existieren verschiedene Verfahren zur Faktorextraktion. Meist wird zwischen der Hauptkomponenten- und der Hauptachsenanalyse unterschieden. [626] Die Hauptkomponentenanalyse, die sogenannte Principal Component Analysis (PCA), wird häufig verwendet, obwohl diese Methode dazu neigt, Ladungen zu überschätzen, da bei diese Analysemethode die Varianz der Indikatoren und die Messfehlervarianzen

---

[619] Vgl. Backhaus/Erichson/Weiber 2011, S. 14; Backhaus/Erichson/Plinke/Weiber 2005, S. 12; Homburg/Giering 1998, S. 114.
[620] Hierbei handelt es sich um eine sogenannte Multi-Item-Messung. Siehe Bagozzi/Heatherton 1994, S. 36.
[621] Vgl. Janssen/Laatz 2003, S. 482f.; Fromm 2010, S. 64f.
[622] Vgl. Bühner 2006, S. 206f.; Fromm 2008, S. 325.
[623] Vgl. Janssen/Laatz 2003, S. 483.
[624] Vgl. Bühner 2006, S. 210; Eckstein 2008, S. 315.
[625] Vgl. Assenmacher 2002, S. 126f.
[626] Vgl. Janssen/Laatz 2003, S. 467; Bühner 2006, S. 196; Fromm 2008, S. 325f; Fromm 2010, S. 65.

nicht berücksichtigt werden.[627] Daher wird zunehmend die Hauptachsenanalyse, die sogenannte Principal Axis Factor Analysis (PAF), empfohlen, da hierbei die Varianzen der einzelnen Variablen und Faktoren mitberücksichtigt werden. Zur Vergleichbarkeit der Gütekriterien dieser Studie mit anderen Arbeiten werden die Ladungen der Hauptachsenanalyse und die Ladungen der Hauptkomponentenanalyse angegeben.

Die Rotation der Faktorstruktur sollte auf sachlogischen Überlegungen basieren.[628] Dabei wird zwischen einer orthogonalen (rechtswinkligen) und einer obliquen (schiefwinkligen) Rotation unterschieden. Bei der orthogonalen Rotation wird angenommen, dass die einzelnen Faktoren nicht untereinander korrelieren. Die oblique Rotation unterstellt eine Korrelation zwischen den einzelnen Faktoren.[629] In dieser Arbeit wird eine Promax-Rotation angewendet, da die einzelnen Indikatoren und Konstrukte sich inhaltlich überschneiden und korrelieren.[630] Zusätzlich sollte das *Kaiser*-Kriterium zur Bestimmung der Dimensionalität und der Faktorstruktur angewendet werden.[631] Nach dem KAISER-Kriterium müssen die Eigenwerte der Faktoren größer als 1 sein, da Werte unter 1 weniger Varianz erklären würden als eine standardisierte Indikatorvariable.[632] Der extrahierte Faktor sollte mindestens 50 % der Varianz des zugrundeliegenden Indikators erklären, um ausreichend Validität aufzuweisen.

Nach der Prüfung auf Eindimensionalität, wird die Reliabilität der Messmodelle überprüft. Zur Beurteilung werden der CRONBACHS-Alpha-Wert und die Item-to-Total-Korrelation kontrolliert.[633] Beim CRONBACHS Alpha wird die Reliabilität mehrerer Items eines Konstrukts überprüft, die einen gemeinsamen Faktor bilden.

---

[627] Vgl. Leonhart 2010, S. 228f.
[628] Vgl. Janssen/Laatz 2003, S. 469; Kopp/Lois 2012, S. 89.
[629] Vgl. Janssen/Laatz 2003, S. 469.
[630] Vgl. Bühner 2006, S. 205.
[631] Vgl. Janssen/Laatz 2003, S. 466; Bortz/Schuster 2010, S. 415.
[632] Vgl. Bühner 2006, S. 200; Eckstein 2008, S. 304.
[633] Vgl. Janseen/Laatz 2003, S. 522ff.

Dieser Faktor kann maximal den Wert 1 annehmen.[634] Mit der folgenden Formel lässt sich der CRONBACHS-Alpha-Wert berechnen:

$$\alpha = \frac{n}{n-1}\left(1 - \frac{\sum \sigma_i^2}{\sigma_x^2}\right) \text{[635]}$$

In der empirischen Sozialforschung wird der CRONBACHS Alpha zur Überprüfung der internen Konsistenz eines Konstrukts verwendet und sollte einen Wert größer als 0,7 aufweisen.[636] Falls die CRONBACHS-Alpha-Werte für die jeweiligen Konstrukte einen guten Wert aufweisen, ist es nicht zwingend erforderlich, eine Reduktion des Item-Sets vorzunehmen. Dennoch kann unter Verwendung der Item-to-Total-Korrelation überprüft werden, ob die Eliminierung einzelner Items die interne Konsistenz des Konstrukts verbessern kann.[637] Zur Steigerung der CRONBACHS-Alpha-Werte wird die Eliminierung des Indikators mit der geringsten Item-to-Total-Korrelation empfohlen, soweit keine inhaltlichen Überlegungen dagegen sprechen. Die Eliminierung eines Items bei reflektiven Messmodellen wird als unproblematisch angesehen. Zusätzlich wird die Faktorreliabilität (Composite Reliability) zur Beurteilung der Güte untersucht. Dieser Wert sollte über 0,6 liegen. Ein weiteres Gütemaß ist die durchschnittliche extrahierte Varianz (DEV). Dieser Wert sollte größer als 0,5 sein.[638] Falls dieser Wert größer als 0,5 ist, lässt dies auf Konvergenzvalidität schließen.[639]

Insgesamt wird den Gütekriterien der ersten Generation allerdings nur beschränkt die Prüfung der Reliabilität zugesprochen. Dieser Umstand beruht primär auf der Tatsache, dass die Schwellenwerte oftmals relativ intransparent festgelegt wurden und meist nur auf Faustregeln oder Erfahrungswerten basieren. Daher ist keine explizite Schätzung von Messfehlern mit den Gütekriterien der ersten Generation möglich.

---

[634] Vgl. Cronbach 1947, 1951; Bühner 2006, S. 132; Robinson/Shaver/Wrightsman 1991, S. 10; Kopp/Lois 2012, S. 96.

[635] n = Anzahl der Indikatoren (Items) eines Konstrukts (einer Skala); σ_i^2 = Varianz des Indikators i; σ_x^2 = Gesamtvarianz des Konstrukts.

[636] Vgl. Nunally 1978, S. 245.

[637] Vgl. Eckstein 2008, S. 298.

[638] Vgl. Bagozzi/Yi 1988, S. 82; Homburg/Klarmann/Pflesser 2008, S. 288; Fornell/Larcker 1981a, S. 49.

[639] Vgl. Weiber/Mühlhaus 2010, S. 263.

Trotz dieser Kritik wird in der Fachliteratur die Überprüfung der Gütebeurteilungs-kriterien der ersten Generation empfohlen, da dennoch Erkenntnisse über die einzelnen Items, die Faktorstruktur und die interne Konsistenz gewonnen werden können.

	explorative Faktoranalyse	konfirmatorische Faktoranalyse
Modell	keine Modellformulierung	a-priori theoretische Modellformulierung
Zielsetzung	Entdeckung von Faktoren als ursächliche Größe für hoch korrelierende Variable	Prüfung der Beziehungen zwischen Indikatorvariablen und hypothetischen Größen
Eignungsprüfung der Variablen	anhand statistischer Kriterien, die ein „Mindestmaß" an Variablenkorrelation verlangen	anhand theoretischer Überlegungen im Rahmen der Modellspezifikation
Zuordnung der Indikatorvariablen zu Faktoren (Faktorladungsmatrix)	es wird eine vollständige Faktorladungsmatrix geschätzt	vom Anwender a-priori vorgegeben, weist i.d.R. eine Einfachstruktur auf
Anzahl der Faktoren	wird aufgrund statistischer Kriterien im Rahmen der Analyse bestimmt	vom Anwender a-priori vorgegeben
Rotation der Faktorladungsmatrix	wird zur leichteren Interpretation der Faktorstruktur vorgenommen	entfällt, da die Faktorstruktur a-priori vorgegeben ist
Faktorkorrelation	wird i.d.R. ausgeschlossen (Varimax-Rotation)	wird i.d.R. zugelassen
Interpretation der Faktoren	erfolgt a posteriori mit Hilfe der Faktorladungsmatrix	durch Konstrukte vom Anwender a-priori vorgegeben

Tabelle 4: Unterschiede der explorativen und konfirmatorischen Faktoranalyse[640]

Die Gütekriterien zur Reliabilitätsprüfung der ersten Generation lassen keine explizite Schätzung von Messfehler zu, sodass auch keine statistische Validitätsprüfung durchgeführt werden kann. Deshalb wurden die Gütebeurteilungskriterien der zweiten Generation entwickelt, die erstmals in den Arbeiten von FORNELL publiziert wurden.[641] Dazu zählt die konfirmatorische Faktoranalyse, die Messfehlervarianzen berücksichtigt und die Diskriminanzvalidität der Hypothesen nachweist. Zur Prüfung wird ein Vergleich zwischen der Varianz eines Indikators und der Varianz eines Messfehlers vorgenommen. Bei der konfirmatorischen Faktoranalyse werden die Indikatoren, im Gegensatz zur explorativen Faktoranalyse, festen Faktoren zuge-

---

[640] Eigene Darstellung. In Anlehnung an Weiber/Mühlhaus 2010, S. 120.
[641] Vgl. Fornell 1987, S. 4.

ordnet.[642] Diese Faktoren sollen die latente Struktur der Variablen abbilden.[643] Durch die konfirmatorische Faktoranalyse lassen sich sowohl das gesamte Struktur-gleichungsmodell als auch einzelne Modellebenen beurteilen.[644] Der Unterschied zwischen explorativer und konfirmatorischer Faktoranalyse wird in Tabelle 4 darge-stellt.[645]

4.1.5.2 Gütebeurteilung des inneren Modells

Der varianzbasierte Ansatz verfügt mit dem Goodness-of-Fit über ein globales Kriterium zur Beurteilung der Modellgüte. Darüber hinaus können alle verfügbaren Einzelkriterien zur Gütebeurteilung der Messmodelle und des Strukturmodells gemeinsam betrachtet werden, sodass die Modellgüte angemessen beurteilt werden kann.[646] Die Modellgütebeurteilung erfolgt mittels Reliabilitäts- und Validitäts-prüfung.[647] Dabei werden unterschiedliche Kriterien zur Güteprüfung des Strukturmodells betrachtet. Hierzu zählen die Beurteilung der Pfadkoeffizienten im Strukturmodell, die Erklärungs- und Prognosekraft sowie die Robustheit der Ergebnisse. Die standardisierten Pfade werden zur Beurteilung der Wirkungsstärke herangezogen. Falls ein Zusammenhang von 0,2 oder höher besteht, handelt es sich nach CHIN um einen bedeutsamen Pfad.[648] Außerdem können t-Werte mit der Bootstrapping-Methode berechnet werden, welche die Signifikanz der Pfade widerspiegeln.[649] Ein Wert höher als 1,645 lässt auf einen statistisch signifikanten Pfad mit einer Irrtumswahrscheinlichkeit von 5 % schließen. Wird ein Wert größer als 2,326 angenommen, spricht dies für eine Irrtumswahrscheinlichkeit von 1 %. Ab einem Wert höher als 3,090 wird eine Irrtumswahrscheinlichkeit von 0,1 % angenommen.

---

[642] Vgl. Bühl 2012, S. 608.
[643] Vgl. Janssen/Laatz 2003, S. 457; Homburg/Klarmann/Pflesser 2008, S. 273.
[644] Vgl. Homburg/Klarmann/Pflesser 2008, S. 274.
[645] Siehe Tabelle 4.
[646] Vgl. Ringle 2004, S. 23; Kopp/Lois 2012, S. 206. Siehe Tabelle 5.
[647] Vgl. Churchill/Peter 1984, S. 370.
[648] Vgl. Chin 1998a, S. 11.
[649] Vgl. Finney/Distefano 2006, S. 294; Chin 2010, S. 83; Kline 2011, S. 42ff.

Gütebeurteilungskriterien der 1. Generation		
Cronbachs Alpha (α)	≥ 0,7	Nunally 1978, S. 245
Item-to-Total-Korrelation	≥ 0,3 ≥ 0,5	Kumar/Sheer/Steenkamp 1993, S. 12 Bearden/Netemeyer/Teel 1989, S. 475
Kaiser-Meyer-Olkin-Kriterium	≥ 0,5	Bühner 2006, S. 207
Durchschnittlich extrahierte Varianz eines einzelnen Faktors	Ein extrahierter Faktor dessen erklärende Varianz ≥ 50 % ist	Peter 1997, S. 180
Explorative Faktoranalyse mit allen Faktoren	Abbildung der angenommenen Faktorstruktur	
Gütebeurteilungskriterien der 2. Generation		
Lokale Gütemaße		
Indikatorreliabilität	≥ 0,4	Bagozzi/Baumgartner 1994, S. 402
Faktorreliabilität	≥ 0,6	Bagozzi/Yi 1988, S. 82
Faktorladung	≥ 0,5	Backhaus/Erichson/Plimke/Weiber 2003, S. 331
Signifikanz der Faktorladungen	1,645 (5 %) 2,326 (1 %) 3,090 (0,1 %)	Backhaus/Erichson/Plimke/Weiber 2003, S. 331
Durchschnittlich extrahierte Varianz für jeden Faktor (DEV)	≥ 0,5	Fornell/Larcker 1981, S. 46
Fornell-Larcker-Kriterium	DEV > quadrierte Korrelation eines jeden Faktors	Fornell/Larcker 1981, S. 46
Globale Gütemaße		
Standardisierte Pfadkoeffizienten	≥ 0,2 - 0,3	Chin 1998a, S. 11
t-Werte	1,645 (5 %) 2,326 (1 %) 3,090 (0,1 %)	Backhaus/Erichson/Plimke/Weiber 2003, S. 331
Goodness-of-Fit-Index GoF	≥ 0,10 schwach ≥ 0,25 mittel ≥ 0,36 stark	Weiber/Mühlhaus 2010, S. 291
Effektstärke f^2	≥ 0,15	Chin 1998b, S. 317
Bestimmtheitsmaß R^2	≥ 0,19	Chin 1998b, S. 325
Stone-Geisser-Kriterium Q^2	≥ 0	Fornell/Bookstein 1982, S. 449

Tabelle 5: Gütebeurteilungskriterien[650]

Die Erklärungskraft wird beim varianzbasierten Ansatz mit dem Bestimmtheitsmaß R^2 beurteilt.[651] Das Bestimmtheitsmaß kann für jede latent endogene Variable berechnet werden. Der R^2-Wert zeigt an, wie viel der Varianz einer latenten endogenen Variable

---

[650] Eigene Darstellung.
[651] Vgl. Kline 2011, S. 53.

durch die exogene Variable erklärt wird.[652] Besser ist jedoch, das korrigierte Bestimmtheitsmaß zu betrachten, da es die Anzahl an exogenen Variablen mit berücksichtigt. Laut CHIN gilt ein Wert von 0,19 als schwach, ein Wert von 0,33 als moderat und ein Wert von 0,66 oder höher als substantiell.[653]

Mit der Effektstärke kann überprüft werden, ob die latente exogene Variable einen signifikanten Einfluss auf die latente endogene Variable ausübt. Die Effektstärke wird mit f^2-Werten angegeben.[654] Ein Wert von 0,02 gilt als gering, ein Wert von 0,15 als moderat und ein Wert von 0,35 als hoch.[655] Die Prognosekraft wird durch das STONE-GEISSER-Kriterium (Q^2) bestimmt. Sollte dieser Wert über Null liegen, besitzt das Modell eine Aussagekraft. Ein Wert unterhalb von Null lässt darauf schließen, dass das Modell die Daten nicht besser reproduziert als eine Mittelwertanalyse[656]. Zusätzlich kann die Robustheit der Daten durch eine Variation der Anzahl an Stichproben (n) erfolgen, wobei die Ergebnisse der Modellschätzung nicht stark voneinander abweichen sollten. Wenn dies der Fall ist, weist das auf die Robustheit der Ergebnisse hin.

4.2 Vorbereitung der Datenerhebung

In diesem Kapitel werden die Schritte für die Vorbereitung der Datenerhebung dargestellt. Es handelt sich um die Identifikation der Grundgesamtheit und Stichprobe (Kapitel 4.2.1), die Vorstellung und Begründung der Erhebungsmethode (Kapitel 4.2.2) und die Darstellung der Operationalisierung der einzelnen latenten Variablen des Untersuchungsmodells (Kapitel 4.2.3).

4.2.1 Identifikation der Grundgesamtheit und Stichprobe

Die Arbeit folgt einem konfirmatorischen Forschungsansatz. Das theoretisch entwickelte Forschungsmodell wird mittels einer empirischen Studie überprüft. Die

---

[652] Vgl. Krafft/Götz/Liehr-Gobbers 2005, S. 83.
[653] Vgl. Chin 1998b, S. 323.
[654] Vgl. Cohen 1988, S. 410ff.; Völkle/Erdfelder 2010, S. 472; Wilson 2010, S. 638.
[655] Vgl. Chin 1998b, S. 317.
[656] Zur Mittelwertanalyse siehe Bortz/Schuster 2010, S. 25.

empirischen Daten werden bei einer quantitativen Studie oft durch einen Fragebogen gewonnen. Da die Daten durch die Grundgesamtheit determiniert werden, sollte diese Wahl auf sachlogischen Überlegungen basieren und entsprechend begründet sein. Die zu befragende Teilnehmergruppe sollte dem Kontext angemessen und homogen gewählt werden, um die Repräsentativität der Ergebnisse und die Vergleichbarkeit zu anderen Studien sicherzustellen.[657] So können verlässliche Forschungsergebnisse erzielt werden, welche die Forschungsfragen und Zusammenhänge erklären.[658] Dabei sollte die Anzahl an Teilnehmern den Anforderungen einer zuvor definierten Forschungsmethode entsprechen.[659]

Die zu untersuchende Grundgesamtheit und Teilgesamtheit beziehungsweise Stichprobe werden durch den Forschungskontext determiniert.[660] Im folgenden Abschnitt werden die zu befragenden Unternehmen anhand deren Branchenzugehörigkeit und Unternehmensgröße bestimmt (Kapitel 4.2.1.1). Es erfolgt die Bestimmung der Probanden innerhalb der Unternehmen (Kapitel 4.2.1.2). Dem Forschungskontext entsprechend wird hierarchisch zwischen dem mittleren und oberen Management unterschieden. Im Anschluss folgen die zusammenfassende Bestimmung der Grundgesamtheit und Stichprobe (Kapitel 4.2.1.3).

4.2.1.1 Bestimmung der Unternehmen

Die Literatur empfiehlt die Unternehmen anhand des Forschungskontextes zu bestimmen. Indikatoren für die Wahl der Unternehmen sind unter anderem die Branchenzugehörigkeit, das Unternehmensalter oder die Unternehmensgröße.[661] Für diese quantitative-empirische Studie werden kleine und mittlere IT-Unternehmen untersucht.

---

[657] Vgl. Schnell/Hill/Esser 2011, S. 298.
[658] Vgl. Micheel 2010, S. 69.
[659] Vgl. Flick 2011, S. 74. Siehe Kapitel 4.1.4.
[660] Durch die Verwendung von Verfahren der Interferenzstatistik können die Ergebnisse einer Beobachtung oder einer Befragung einer Teilgesamtheit Rückschlüsse auf die Grundgesamtheit zulassen. Vgl. Zwerenz 2006, S. 7; Kähler 2008, S. 232; Raab-Steiner/Benesch 2010, S. 13; Assenmacher 2009, S. 6.
[661] Vgl. Kollmann/Stöckmann 2012, S. 1.

Kleine und mittlere Unternehmen werden als essentieller Treiber für die wirtschaftliche und technologische Entwicklung einer Nation angesehen.[662] Allerdings verfügen diese im Gegensatz zu großen Konzernen nur über begrenzte Ressourcen, und müssen diese effektiv und effizient einsetzten.[663] Daher spezialisieren sich viele dieser Unternehmen auf eine bestimmte Nische.[664] Die kleinen und mittleren Unternehmen müssen Innovationen entwickeln, um sich gegen die Konkurrenz behaupten zu können.[665] Diese Innovationen können radikal oder inkrementell sein,[666] und neue Produkte oder Dienstleistungen hervorzubringen.[667] Unternehmen können auch neue Märkte schaffen oder Marktanteile gewinnen.[668] Besonders radikale Innovationen können oft nicht von anderen Unternehmen imitiert werden.[669] Hier gilt es, die Innovation mit Schutzrechten zu schützen.[670] In Studien konnte nachgewiesen werden, dass besonders kleine und mittlere Unternehmen Forschungs- und Entwicklungsleistungen effizienter umsetzen als große.[671]

Für innovative Unternehmen können vorübergehende Pioniervorteile und zeitlich begrenzte Monopole entstehen. Diese bringen höhere Verkaufspreise und höhere Erlöse, die zum Unternehmenserfolg beitragen.[672] Kleine und mittlere Unternehmen sind dabei gemeinhin flexibler und können schneller auf Umweltveränderungen

---

[662] Vgl. Rothwell 1989, S. 51; Simsek/Veiga/Lubatkin 2007, S. 1399.
[663] Siehe Kapitel 2.2.3. Vgl. auch Sand 2011, S. 213.
[664] Vgl. Borch/Huse/Senneseth 1999, S. 51; Lee/Lee/Pennings 2001, S. 617; Qian/Li 2003, S. 883.
[665] Vgl. Li/Atuahene-Gima 2001, S. 1123; Rosenbusch/Brinckmann/Bausch 2011, S. 444; Bojica/Fuentes Fuentes 2012, S. 397; Branzei/Vertinsky 2006, S. 75.
[666] Vgl. Chandy/Tellis 2000, S. 1.
[667] Vgl. Scholtissek 2009, S. 11; Fini/Grimaldi/Marzocchi/Sobrero 2012, S. 388.
[668] Vgl. Hill/Rothaermel 2003, S. 257.
[669] Vgl. Lee/Lee/Pennings 2001, S. 618; Burr 2004, S. 64ff.
[670] Vgl. Shan 1990, S. 131; Zahra/Bogner 2000, S. 148f.; Hill/Rothaermel 2003, S. 259.
[671] Vgl. Knight 1989, S. 282; Chandy/Tellis 2000, S. 4. Ein Zusammenhang zwischen Innovationen und der Unternehmensgröße wurde in einer Meta-Studie von 53 empirischen wissenschaftlichen Arbeiten nachgewiesen. Siehe hierzu Camisón-Zornoza/Lapiedra-Alcamí/Segarra-Ciprés/Boronat-Navarro 2004, S. 331. Für eine detaillierte tabellarische Differenzierung zwischen kleinen und großen Unternehmen siehe Rothwell 1989, S. 53; Rothwell 1991, S. 127; Voosen 1998, S. 90.
[672] Vgl. Wernerfelt 1984, S. 173; Hitt/Ireland/Camp/Sexton 2001, S. 484; Haar/White 2013, S. 122.

reagieren.[673] Die Flexibilität resultiert vor allem aus den flachen Unternehmens-
strukturen und der geringen Anzahl an Mitarbeitern.[674]

Da die Literatur zum Corporate Entrepreneurship meist große Unternehmen
untersucht, wird verstärkt die Betrachtung von kleinen und mittleren Unternehmen
gefordert.[675] Besonders bei diesen führt ein entrepreneuriales Verhalten häufig nicht
zur Gründung eines eigenständigen Unternehmens, sondern zur internen Entwicklung
von Innovationen, sodass sich die Untersuchung dieser Unternehmen als geeignete
Grundgesamtheit erweist.[676]

Ferner werden Unternehmen der IT-Branche als Untersuchungsobjekt für diese Studie
bestimmt. Diese Branche ist charakterisiert durch dynamische Umweltbedingungen,
hohe Unsicherheiten und kurze Produkt-Lebens-Zyklen.[677] Dies führt dazu, dass die
IT-Unternehmen Innovationen entwickeln müssen, um am Markt bestehen zu
können.[678] Durch die IT-Branche wurden in den letzten Jahrzehnten eine Vielzahl an
Innovationen hervorgebracht, beispielsweise die sogenannten NBIC-Technologien.
Diese Abkürzung bezieht sich auf die Nanotechnologie, die Biologie, die
Informationstechnik und die kognitiven Technologien.[679] Besonders technologie-
orientierte Unternehmen haben einen positiven Einfluss auf das Wirtschaftswachstum
einer Nation, weshalb es gilt, diese Potentiale auszunutzen.[680] Die technologischen
Innovationen stehen stets in einem engen Zusammenhang zum Kerngeschäft des

---

[673] Vgl. Covin/Slevin 1989, S. 75; Nooteboom 1994, S. 328; Zhao/Seibert/Lumpkin 2010, S. 399;
Rothwell 1991, S. 125.
[674] Vgl. Barrett/Weinstein 1999, S. 60; Schnegg/Raich 2007, S. 301; Camisón-Zornoza/Lapiedra-
Alcamí/Segarra-Ciprés/Boronat-Navarro 2004, S. 337; Colombo/Delmastro/Grilli 2004, S. 1186.
[675] Vgl. Fini/Grimaldi/Marzocchi/Sobrero 2012, S. 388.
[676] Vgl. Fini/Grimaldi/Marzocchi/Sobrero 2012, S. 388.
[677] Vgl. Fiot 2001, S. 697; Powell/Dent-Micallef 1997, S. 375; Tsai/MacMillan/Low 1991, S. 16;
Qian/Li 2003, S. 881.
[678] Vgl. Kemelfor 2002, S. 67; Maxwell 2009, S. 107.
[679] Vgl. Hehl 2011, S. 53.
[680] Vgl. Venkataraman 1997, S. 135; Baron 1998, S. 276; Wennekers/Thurik 1999, S. 27; Baumol
2004, S. 325; Wong/Ho/Autio 2005, S. 336; Kollmann 2006, S. 339; Acs/Szerb 2007, S. 109;
Dew/Sarasvathy 2007, S. 267; Kollmann/Herr/Kuckertz 2009, S. 652; Maxwell 2009, S. 1;
Anokhin/Schulze 2009, S. 466; Lee/Wong/Foo/Leung 2011, S. 124; Global Entrepreneurship
Monitor 2013, S. 8; Spath/Linder/Seidenstricker 2011, S. 20; Alvarez/Barney 2005, S. 776;
Colombo/Grilli 2010, S. 611.

Unternehmens.[681] Da sich die Corporate-Entrepreneurship-Kultur häufig in IT-Unternehmen entwickelt,[682] werden die IT-Unternehmen für diese Studie als Untersuchungsobjekt bestimmt.

4.2.1.2 Bestimmung der Probanden

Neben der Abgrenzung der zu untersuchenden Unternehmen, sollte auch die Bestimmung der zu befragenden Teilnehmer auf sachlogischen Überlegungen basieren. Laut HITT, BEAMISH, JACKSON und MATHIEU sollten die Wissenschaftler verstärkt Probanden auf mehreren hierarischen Ebenen im Unternehmen befragen, da dies die Gefahr eines methodischen Bias verringert.[683] In der Literatur werden drei hierarische Managementebenen im Unternehmen unterschieden, die einen Einfluss auf die Corporate-Entrepreneurship-Kultur und die Entwicklung von Innovationen nehmen können. Hierzu zählt das operative, das mittlere und das obere Management.[684]

Zunächst muss das obere Management überzeugt werden, Innovationen zu entwickeln.[685] Folgt man den Autoren DESS, IRELAND, ZAHRA, FLOYD, JANNEY und LANE, ist besonders das obere Management für die Implementierung einer Corporate-Entrepreneurship-Kultur im Unternehmen verantwortlich.[686] Im Anschluss sollte laut NIEHOFF, ENZ und GROVER die Unterstützung „of the followers to the goals, objectives, and values of the organization"[687] erfolgen. Den Ausführungen von KURATKO, IRELAND, COVIN und HORNSBY folgend: „Middle-level managers' entrepreneurial behavior is linked to successful corporate entrepreneurship"[688]. Das

---

[681] Vgl. Camisón-Zornoza/Lapiedra-Alcamí/Segarra-Ciprés/Boronat-Navarro 2004, S. 335.

[682] Vgl. Haar/White 2013, S. 109.

[683] Vgl. Hitt/Beamish/Jackson/Mathieu 2007, S. 1385. Siehe auch Howell/Shea/Higgins 2005, S. 641.

[684] Vgl. Elfring 2005, S. 8; Nonaka 1994, S. 29f.

[685] Vgl. Hegarty/Hoffman 1990, S. 187; Damanpour 1991, S. 555.

[686] Vgl. Covin/Slevin 1988, S. 218; Dess/Ireland/Zahra/Floyd/Janney/Lane 2003, S. 361; Witten/Mathes/Mencke 2007, S. 31.

[687] Vgl. Niehoff/Enz/Grover 1990, S. 350.

[688] Kuratko/Ireland/Covin/Hornsby 2005, S. 699. Siehe auch Burgelman 1984, S. 156.

mittlere und obere Management schaffen die Rahmenbedingungen, welche die Entwicklung von Innovationen im Unternehmen unterstützen.[689]

Für die Etablierung einer Corporate-Entrepreneurship-Unternehmenskultur müssen viele Voraussetzungen beachtet werden.[690] Dazu zählen die fünf Kriterien von HORNSY, KURATKO und ZAHRA, die im Corporate-Entrepreneurship-Assessment-Inventory (CEAI) zusammengefasst wurden: Unterstützung des Managements, Verfügbarkeit von Ressourcen, Risikotoleranz, angemessene Verwendung von Belohnungen sowie unterstützende Unternehmensstruktur.[691]

Das obere Management widmet sich oft strategischen Aufgaben, die eher die abstrakte Planung als die konkrete Umsetzung betreffen,[692] sodass diese Manager meist nicht in das operative Tagesgeschäft eingebunden sind.[693] Deshalb werden Innovationen auf der Ebene des mittleren Managements entwickelt und umgesetzt, da diese einen engen Kontakt zu den Mitarbeitern im operativen Geschäft pflegen und diese gezielt motivieren und unterstützen können.[694] Die Corporate-Entrepreneurship-Kultur wird auch durch die persönlichen Charaktereigenschaften des oberen Managements geprägt.[695] Laut KURATKO entwickelt das obere Management eine entrepreneuriale Denkweise und Unternehmenskultur,[696] wohingegen das mittlere Management Zeit, Ressourcen und Autonomie zur Verfügung gestellt bekommt, um neue Ideen oder Geschäftsgelegenheiten zu verfolgen.[697] Daher empfehlen FLOYD und WOOLDRIDGE

---

[689] Vgl. Burgelman 1985, S. 40; Hitt/Nixon/Hoskisson/Kochhar 1999, S. 145; Kuratko 2010, S. 130.
[690] Vgl. Niehoff/Enz/Grover 1990, S. 340.
[691] Für eine detaillierte Übersicht und weitere Ausführungen siehe Hornsby/Kuratko/Zahra 2002, S. 253; Kuratko/Ireland/Covin/Hornsby 2005, S. 703f.; Goodale/Kuratko/Hornsby/Covin 2011, S. 116; Kuratko 2009, S. 67f.; Marvel/Griffin/Hebda/Vojak 2007, S. 753; Holt/Rutherford/Clohessy 2007, S. 40; Shane 2003, S. 59; Rutherford/Holt 2007, S. 429.
[692] Vgl. Niehoff/Enz/Grover 1990, S. 337; Kemelgor 2002, S. 70; Covin/Green/Slevin 2006, S. 57; Menzel/Aaltio/Ulijn 2007, S. 738; Teece 2012, S. 1400.
[693] Vgl. Stevenson/Jarillo 1990, S. 23; Kuratko/Ireland/Covin/Hornsby 2005, S. 702.
[694] Vgl. Guth/Ginsberg 1990, S. 6; Floyd/Lane 2000, S. 159.
[695] Vgl. Srivastava/Lee 2005, S. 460; Sciascia/Mazzoloa/Chirico 2013, S. 71. Zu den zentralen Charaktereigenschaften des oberen Managements zählen die Erfahrungen, das Fachwissen, die Diversität und die kognitiven Ressourcen. Siehe Srivastava/Lee 2005, S. 476.
[696] Vgl. Hegarty/Hoffman 1990, S. 188; Ireland/Covin/Kuratko 2009, S. 31.
[697] Vgl. Niehoff/Enz/Grover 1990, S. 95; Amabile/Conti/Coon/Lazenby/Herron 1996, S. 1160; King/Fowler/Zeithaml 2001, S. 337; Hornsby/Kuratko/Zahra 2002, S. 258; Kuratko 2010, S. 130;

die Einbindung des mittleren Managements hinsichtlich der Unternehmensstrategie, um Potentiale auszunutzen und Innovationen gezielt zu fördern.[698]

In der Literatur wird zur Überprüfung der Innovationskraft von IT-Unternehmen besonders die Betrachtung des mittleren Managements empfohlen, da dieses als Bindeglied zwischen der oberen Managementebene und den Mitarbeitern im operativen Geschäft fungiert.[699] Das mittlere Management „endorse, refine, and shepherd entrepreneruial opportunities and identify, acquire, and deploy resources needed to pursue those opportunities"[700]. Die Mitarbeiter des mittleren Managements sind näher am operativen Geschäft und können Innovationen leichter erkennen und Mitarbeiter ermutigen, diese zu verfolgen und umzusetzen.[701] Durch die tägliche Zusammenarbeit verfügt das mittlere Management über entsprechende Kenntnisse über die internen Prozessabläufe, die in dieser Detailtiefe nicht vom oberen Management eingesehen werden können, sodass hierdurch neue Geschäfts-gelegenheiten identifiziert werden können.[702]

Neben den Einblicken in das operative Geschäft verfügt das mittlere Management auch über Kenntnisse hinsichtlich der Charaktereigenschaften und der Fähigkeiten der einzelnen Mitarbeiter, sodass kreative Mitarbeiter gezielt vom Vorgesetzten gefördert werden können.[703] Darüber hinaus unterhält das mittlere Management Kontakte zu Lieferanten und Kunden, wodurch auch über diese Kanäle Informationen gesammelt werden können, die neue Ideen hervorbringen und zu Innovationen führen können.[704] Durch die Ausnutzung der Kreativität der Mitarbeiter können Probleme innerhalb des Innovationsprozesses besser gelöst werden, und der Erfolg einer Innovation wird maßgeblich beeinflusst.

Hornsby/Kuratko/Shepherd/Bott 2009, S. 236; Lange 2012, S. 165; Madjar/Oldham/Pratt 2002, S. 757.

[698] Vgl. Floyd/Wooldridge 1992, S. 153; Floyd/Wooldridge 1994, S. 47.; Wooldridge/Floyd 1990, S. 231; Floyd/Wooldridge 1997, S. 465.

[699] Vgl. Floyd/Wooldridge 1992, S. 154; Goldsby/Kuratko/Hornsby/Houghton/Neck 2006, S. 18.

[700] Kuratko/Ireland/Covin/Hornsby 2005, S. 705.

[701] Vgl. Hornsby/Kuratko/Zahra 2002, S. 257.

[702] Vgl. Fulop 1991, S. 26; King/Fowler/Zeithaml 2001, S. 95; Ren/Guo 2011, S. 1587.

[703] Vgl. Fulop 1991, S. 26; Floyd/Wooldridge 1994, S. 48; King/Fowler/Zeithaml 2001, S. 98; Kuratko/Hornsby/Bishop 2005, S. 278; George/Zhou 2007, S. 608.

[704] Vgl. Floyd/Wooldridge 1994, S. 47; Lipparini/Sobrero 1994, S. 128f.; Schuler/Görlich 2007, S. 1.

Immaterielle Belohnungen können Mitarbeiter nur durch deren direkten Vorgesetzten erhalten.[705] Hierzu zählen die Erkenntnisse von STOPFORD und BADEN-FULLER, dass sich eine Verpflichtung des Mitarbeiters zum Corporate Entrepreneurship durch die Bereitschaft und Unterstützung des mittleren Managements ausdrückt.[706]

Da sich Individuen oft bezüglich persönlicher Stärken und Schwächen über- beziehungsweise unterschätzen, besteht ein weitere Vorteil in der Befragung des oberen Managements darin, dass die Fragen bezüglich der Kreativität und Innovations- kraft des mittleren Managements nicht von diesem selbst beantwortet wird, sondern vom oberen Management. Diese Vorgehensweise wurde von ZHOU und GEORGE[707] empfohlen und bereits in mehreren Arbeiten umgesetzt.[708]

Die Umsetzung von Corporate-Entrepreneurship-Aktivitäten in einem Unternehmen wird ausschließlich durch das mittlere und obere Management festgelegt. Für diese Arbeit werden das mittlere und obere Management daher als Probanden determiniert. Als Mitarbeiter des mittleren Managements gelten Personen mit Führungs- verantwortung, die über einen direkten Kontakt zum Mitarbeiter im operativen Geschäft verfügen.[709] Durch eine Vielzahl an vorausgegangenen Telefonaten mit IT- Unternehmen, konnten Team- und Projektleiter als Mitarbeiter des mittleren Managements identifiziert werden. Da es sich bei den zu befragenden IT-Unternehmen um kleine und mittlere Unternehmen handelt, wurden ausschließlich die Geschäftsführer als Mitarbeiter des oberen Managements bestimmt.[710]

---

[705] Vgl. Wooldridge/Floyd 1990, S. 240.
[706] Vgl. Stopford/Baden-Fuller 1994, S. 531; Dess/Ireland/Zahra/Floyd/Janney/Lane 2003, S. 358; Goldsby/Kuratko/Hornsby/Houghton/Neck 2006, S. 18; Drazin/Glynn/Kazanjian 1999, S. 286.
[707] Vgl. Zhou/George 2001, S. 696.
[708] Vgl. Zhou/Shalley 2003, S. 174; Zhang/Bartol 2010, S. 113.
[709] Vgl. Hornsby/Kuratko/Zahra 2002, S. 253.
[710] Vgl. Ling/Simsek/Lubatkin/Veiga 2008, S. 557.

4.2.1.3 Zusammenfassende Bestimmung der Grundgesamtheit und Stichprobe

Zur Überprüfung der Hypothesen und der Forschungsfragen stellen in diesem Kontext die kleinen und mittleren IT-Unternehmen die Zielgruppe dar.[711] Da Innovationen sehr oft innerhalb hoch spezialisierter Betriebe entstehen, die nur wenige Mitarbeiter beschäftigen, ist die Befragung von kleinen und mittleren IT-Unternehmen besonders geeignet.[712] Diese Unternehmen verfügen nur über begrenzte Ressourcen und müssen sich zusätzlich dem hohen Konkurrenzdruck der Konzerne stellen, sodass sich die Entwicklung von Innovationen positiv auf deren Überleben, Wachstum und Leistungsfähigkeit auswirken kann.[713] Darüber hinaus gewinnt die individuelle Bedeutung des Mitarbeiters in kleinen und mittleren Unternehmen an Bedeutung, da die Kreativität und Innovationskraft des gesamten Unternehmens durch einzelne Personen mitgeprägt wird. Ein weiterer zentraler Aspekt ist der direkte und unbürokratische Führungsstil des Managements in kleinen und mittleren Unternehmen, der durch flache Hierarchien ermöglicht wird.[714]

Die Europäische Union definiert kleine und mittlere Unternehmen anhand deren Anzahl an Beschäftigten (< 50 Mitarbeiter) und deren Umsatz ($\leq$ 10 Millionen Euro) oder basierend auf deren Bilanzsumme ($\leq$ 10 Millionen Euro).[715] Da für die Hypothesenprüfung das mittlere und obere Management befragt werden soll, ist es nicht ratsam, auch Kleinstunternehmen[716] zu befragen, da dort größtenteils keine verschiedenen Managementebenen etabliert sind.

Die für diese Untersuchung zugrunde liegende Grundgesamtheit von IT-Unternehmen wurde anhand der HOPPENSTEDT-Datenbank ermittelt. HOPPENSTEDT liefert mit einem Datenbestand von mehr als 4 Millionen Unternehmen eine umfassende Datenbank, die

---

[711] Siehe Kapitel 2.3.1.
[712] Vgl. Acs/Audretsch 2005, S. 64.
[713] Vgl. Dess/Ireland/Zahra/Floyd/Janney/Lane 2003, S. 353; Alvarez 2005, S. 251; Stockstrom 2009, S. 9; Baron/Tang 2011, S. 50; Ireland/Hitt/Camp/Sexton 2001, S. 51; Nayak/Agarwal 2011, S. 1; Mumford 2000, S. 313; Zahra/Filatotchev/Wright 2009, S. 248.
[714] Vgl. Rothwell 1989, S. 53; Shane/Eckhardt 2005, S. 184f.
[715] Vgl. Baumeister 1998, S. 6; Nooteboom 1994, S. 328.
[716] Laut Definition der Europäischen Union zählen Betriebe die weniger als 10 Beschäftigte haben und einen Umsatz $\leq$ 2 Millionen Euro oder eine Bilanzsumme $\leq$ 2 Millionen Euro zu den Kleinstunternehmen.

nach eigenen Angaben nahezu „alle in Deutschland registrierten Einzelunternehmen, Kapitel- und Personengesellschaften sowie öffentliche Verwaltung" [717] abbildet. Zusätzlich wird bei den 300.000 größten Unternehmen der Datenbestand mindestens einmal im Jahr aktualisiert.[718] Die einzelnen Wirtschaftszweige werden durch die WZ 2008 Nummern klassifiziert. Die Klassifikation der Wirtschaftszweige wird in 21 Wirtschaftsabschnitte unterteilt.[719] Durch diese Datenbank können auch weitere Informationen über die Unternehmen wie unter anderem das Gründungsjahr, die Mitarbeiteranzahl oder der Jahresumsatz identifiziert werden. Deshalb stellt diese Datenbank eine geeignete Form zur Grundgesamtheitsidentifikation dar.[720]

Für die Identifikation der relevanten IT-Unternehmen wurden bestimmte Suchkriterien bestimmt. Der Buchstabe J kennzeichnet die Informations- und Kommunikations-unternehmen, wobei für diese Erhebung Unternehmen dieser Klassifikation identifiziert werden sollten. Allerdings werden bei dieser Klassifikation auch Unternehmen des Verlags-, Rundfunks-, Film- und Musikwesens berücksichtigt, die nicht als IT-Unternehmen zu definieren sind.[721] Daher finden ausschließlich die Wirtschaftszweigkennzahl 62 (Erbringung von Dienstleistungen der Informations-technologie) und 63 (Informationsdienstleistungen) zur Bestimmung der Branchenzu-gehörigkeit Berücksichtigung. Die Mitarbeiteranzahl, die bei kleinen und mittleren Unternehmen zwischen elf und 50 liegt, wird als zweites Suchkriterium bestimmt. Basierend auf diesen Kriterien konnten knapp 4.500 Unternehmen identifiziert werden. Diese Unternehmen definieren die Grundgesamtheit dieser Arbeit.[722]

Da bei einer derart hohen Grundgesamtheit auch ökonomische Gesichtspunkte berücksichtigt werden sollten, wird von einer Vollerhebung abgesehen, sodass die

---

[717] Hoppenstedt 2012, Unser Datenbestand, o.P.
[718] Vgl. Hoppenstedt 2012, Unser Datenbestand, o.P.
[719] Vgl. Statistische Bundesamt 2007, S. 2.
[720] Vgl. Gräf 2010, S. 28; Raab-Steiner/Benesch 2010, S. 36.
[721] Vgl. Statistische Bundesamt 2007, S. 40ff.
[722] Bei der Grundgesamtheit werden alle potentiellen Teilnehmer für eine Untersuchung identifiziert. Demgegenüber stellt die Stichprobe eine Teilmenge dieser Grundgesamtheit dar, die alle zu untersuchenden Eigenschaften der Grundgesamtheit möglichst genau abbildet. Vgl. Toutenburg 2004, S. 1f; Kähler 2008, S. 232; Bortz/Schuster 2010, S. 80; Schnell/Hill/Esser 2011, S. 257.

Erhebung mittels einer Stichprobe durchgeführt wird.[723] Der Stichprobenumfang wird auf jedes fünfte Unternehmen festgelegt, also 900 IT-Unternehmen, sodass bei einer angestrebten Rücklaufquote von 12,5 % zirka 113 komplette Fragebögen ausgewertet werden können,[724] was einer ausreichenden Stichprobengröße beim varianzbasierten Analyseverfahren entspricht.[725] Die Wahl der Unternehmen basiert auf einer zufälligen Auswahl, um einem methodischen Bias entgegenzuwirken.[726]

Zusätzlich richtet sich die Untersuchung nicht ausschließlich an die Geschäftsführer der IT-Unternehmen, sondern auch an einen Mitarbeiter im mittleren Management in Form eines Projekt- oder Teamleiters. Da das konzeptionelle Modell auf der Befragung des mittleren und oberen Managers beruht, müssen die beantworteten Fragebögen von beiden Teilnehmern eines Unternehmens vorliegen, um ausgewertet werden zu können. Durch diese Methode werden der Anspruch und die Anforderung an die Befragung deutlich erhöht, da es tendenziell schwieriger ist, zwei bestimmte Personen aus einem Unternehmen für eine Teilnahme an einer Studie zu gewinnen. Dennoch kann über diesen Schritt die Qualität der Ergebnisse gesteigert werden, da beispielsweise die Gefahr eines Common-Method-Bias verhindert wird.[727]

4.2.2   Zur Wahl der Erhebungsmethode

Die Wahl der Erhebungsmethode sollte sich durch eine detaillierte Betrachtung des zu untersuchenden Forschungskontextes erschließen. Zusätzlich wird empfohlen, dass finanzielle und zeitliche Aspekte Berücksichtigung finden. Da diese Studie eine neuartige Untersuchung darstellt, kann nicht primär auf bereits verfügbare Daten,

---

[723] Vgl. Assenmacher 2003, S. 23; Toutenburg 2004, S. 8; Diekmann 2009, S. 376f.

[724] Zur Berechnung der Rücklaufquote wird die Anzahl an abgeschlossenen Umfragen durch die Anzahl an eingeladenen Probanden dividiert. Das Ergebnis spiegelt die Rücklaufquote wider. In diesem Zusammenhang sei allerdings angemerkt, dass erst durch die Beantwortung der beiden Fragebögen, also die Antworten des oberen und mittleren Managements, dies als Teilnahme gewertet werden kann. Vgl. Pötschke 2010, S. 44.

[725] Vgl. Bortz/Schuster 2010, S. 126.

[726] Vgl. Zwerenz 2006, S. 348; Diekmann 2009, S. 378; Atteslander 2010, S. 274.

[727] Vgl. Podsakoff/MacKenzie/Lee/Podsakoff 2003, S. 881; Ford 1996, S. 1121. Siehe auch Podsakoff/Organ 1986, S. 542.

sogenannte Sekundärdaten[728], zurückgegriffen werden, sondern es muss eine neue Erhebung durchgeführt werden.[729] Für die Generierung von Primärdaten kann beispielsweise eine schriftliche Befragung durchgeführt werden, die Daten können durch eine intensive Beobachtung des Forschungsobjektes ermittelt werden oder mittels nonreaktiven Verfahrens bestimmt werden.[730] Für den in dieser Arbeit zu untersuchenden Forschungskontext wird auf die Erhebungsmethode der Befragung unter Verwendung eines Fragebogens zurückgegriffen. Zur Unterstützung der empirischen Forschungsdaten greift diese Arbeit zusätzlich auf Sekundärdaten aus der HOPPENSTEDT-Datenbank[731] zurück, um beispielsweise das Gründungsjahr der Unternehmen oder den Jahresumsatz im Jahr 2011 mit zu berücksichtigen. Da diese Daten innerhalb einer bestimmten Zeitspanne erhoben werden, handelt es sich laut Definition um eine Querschnittsanalyse.[732] Laut ASSENMACHER werden bei einer Querschnitts-erhebung „Beobachtungen für die einzelnen Variablen bei unterschiedlichen Merkmalsträgern – jedoch stets für die gleiche Periode – gewonnen"[733].

4.2.2.1 Fragebogendesign

In der betriebswirtschaftlichen Forschung wird meist die Untersuchung von betrieblichen Rahmenbedingungen, individuellem Verhalten oder individuellen Eigenschaften mittels einer schriftlichen Befragung durchgeführt.[734] Im klassischen Sinne wird hier auf eine sogenannte paper-and-pencil-Befragung verwiesen.[735] Diese Form der Erhebungsmethode eignet sich besonders in Situationen, die keine direkte Beobachtung des Forschungsobjekts zulassen. Da sich die Charaktereigenschaften und

---

[728] Bei den Sekundärdaten handelt es sich um bereits von anderen Wissenschaftlern erhobene und aufbereitete Daten. In dieser Arbeit finden Sekundärdaten von der Hoppenstedt-Datenbank Berücksichtigung, sodass die Angaben zum Jahresumsatz und Gründungsjahr aus der Datenbank mit den Angaben im Fragebogen überprüft werden. Dies soll die Qualität der Datenbasis unterstreichen. Vgl. Flick 2011, S. 123; Sesink 2003, S. 31.

[729] Vgl. Flick 2011, S. 33.

[730] Vgl. Toutenburg 2004, S. 8ff; Nienhüser/Krins, 2005; Homburg/Krohmer 2008, S. 25.

[731] Vgl. Assenmacher 2003, S. 25; Homburg/Krohmer 2008, S. 34; Schnell 2012, S. 22f.

[732] Vgl. Diekmann 2009, S. 304; Schnell 2012, S. 72f.

[733] Assenmacher 2002, S. 50.

[734] Vgl. Hughes/Morgan 2007, S. 655.

[735] Vgl. Randolph 2008, S. 75.

die Intention zu einem intrapreneurialen Verhalten einer direkten Beobachtung entziehen, sollten zur Gewinnung der Datenbasis latente Variablen verwendet werden.

Ein Fragebogen kann unter Anwesenheit eines Wissenschaftlers ausgefüllt werden oder eigenständig und ortsunabhängig vom Probanden. Die unabhängige Bearbeitung weist einige Vorteile gegenüber einer Teilnahme unter Aufsicht auf. Beispielsweise kann sich der Teilnehmer ausreichend Zeit für die Beantwortung der Fragen nehmen, sodass kein zeitlicher Druck aufgebaut wird. Dies kann sich sowohl auf die Beantwortung der Fragen beziehen, als auch auf die Wahl des angemessenen Zeitpunktes.[736] Zusätzlich kann der Fragebogen in einer dem Teilnehmer vertrauten Umgebung ausgefüllt werden, sodass dieser nicht abgelenkt wird und sich auf die Fragen konzentrieren kann.

Die Online-Befragung ist ein Spezialfall der schriftlichen Befragung. Ein wesentlicher Vorteil gegenüber einer persönlichen Befragung ist die asynchrone Bearbeitung des Fragebogens. Dies bedeutet, dass die Kosten für die Durchführung einer Online-Befragung geringer sind, da der Wissenschaftler nicht persönlich anwesend sein muss.[737] Dies wirkt sich positiv auf den ökonomischen und zeitlichen Nutzen aus.[738] Zusätzlich müssen die Teilnehmer die Fragen nicht zu einem bestimmten Zeitpunkt beantworten, sondern können den Ort und die Zeit selbst bestimmen, was sich positiv auf die Antwortbereitschaft auswirkt.[739] Zusätzlich bietet die Online-Befragung die Möglichkeit, dass eine Vielzahl an Teilnehmern zeitgleich teilnehmen und relativ automatisiert kontaktiert werden können. Selbst bei großen Stichproben sind keine steigenden Kosten bezüglich der Nutzung der Online-Fragebogen-Software zu erwarten.[740]

Die ausgewählte Stichprobe sollte das Untersuchungsobjekt möglichst genau wider-spiegeln. Da jedoch oft geografische Distanzen zwischen den einzelnen Teilnehmern

---

[736] Vgl. Diekmann 2009, S. 514; Podsakoff/MacKenzie/Lee/Podsakoff 2003, S. 884.
[737] Vgl. Pötschke 2010, S. 53; Schnell 2012, S. 290f.
[738] Vgl. Gräf 2010, S. 27f.; Atteslander 2010, S. 166; Flick 2011, S. 170.
[739] Vgl. Diekmann 2009, S. 522f.
[740] Vgl. Flick 2011, S. 170.

bestehen, kann die Erhebungsmethode der Online-Befragung diesem Umstand entgegenwirken.[741] Ein weiterer Vorteil ist, dass die Daten automatisch gespeichert werden und nicht nachträglich in ein SPSS-kompatibles Format übertragen werden müssen,[742] wie es bei einer schriftlichen Befragung notwendig ist. Neben dem ökonomischen und zeitlichen Vorteil, werden Eingabefehler durch fehlerhafte Übertragungen vermieden.[743] Bei einer Online-Befragung muss berücksichtigt werden, dass die Zielgruppe einen Zugang zum Internet braucht. Falls eine bestimmte Gruppe keinen Zugang zum Internet hat, wird dies als „Coverage-Error" bezeichnet, den es zu vermeiden gilt.[744] Da es sich bei der Stichprobe allerdings um IT-Unternehmen handelt, kann davon ausgegangen werden, dass jeder Teilnehmer über einen Internetzugang verfügt.[745]

Bei einer Online-Befragung haben die Teilehmer keine Möglichkeit, direkte Fragen zu stellen. Dies ist ein Nachteil gegenüber einer Beantwortung unter Aufsicht. Allerdings wurden alle relevanten Kontaktdaten wie Telefonnummer und E-Mail-Adresse bei der Einladung zur Online-Umfrage versendet, sodass die Teilnehmer Fragen telefonisch oder per E-Mail stellen konnten. Alle Fragen wurden zeitnah und detailliert beantwortet. Zusätzlich wurden einleitende und nicht wertende Erläuterungen zu jedem Themenkomplex verfasst, um dem Teilnehmer einen Überblick über die nachfolgenden Fragen zu gewähren, und um Unstimmigkeiten vorzubeugen. Ein wesentlicher Nachteil einer Online-Befragung liegt in der Motivation der Teilnehmer. Im Gegensatz zur persönlichen Befragung sitzen sich Teilnehmer und Interviewer nicht gegenüber, sodass sich eine Verpflichtung zur Teilnahme bei einer Online-Umfrage nur schwer einstellt.[746] Die Online-Umfrage setzt somit eine höhere Bereitschaft zur Teilnahme voraus.[747]

---

[741] Vgl. Diekmann 2009, S. 522f.
[742] Vgl. Janssen/Laatz 2003, S. 125; Lück/Baur 2008, S. 25.
[743] Vgl. Micheel 2010, S. 91.
[744] Vgl. Diekmann 2009, S. 521.
[745] Siehe Kapitel 4.2.1.1.
[746] Vgl. Blasius/Friedrich 2012, S.50.
[747] Vgl. Bortz/Döring 2009, S. 44.

In Studien wurde nachgewiesen, dass die anonyme Versendung von Einladungen zu Online-Umfragen an Geschäftsführern nur selten zu einem Erfolg geführt hat. Meist wurden diese ignoriert beziehungsweise direkt aus dem Posteingang gelöscht. Die namentliche Identifikation der Geschäftsführer ist daher erfolgsversprechender, da dieser bei der Einladung persönlich angesprochen werden kann. Jedoch sind die Erfolgsaussichten auch hier eingeschränkt, da die Geschäftsführer oft über wenig Zeit verfügen, keine persönliche Verpflichtung zur Teilnahme besteht und die Nachricht leicht gelöscht oder übersehen werden kann.

Aus diesem Grund sollen die potentiellen Teilnehmer zunächst persönlich telefonisch kontaktiert werden. Sobald ein persönliches Gespräch zwischen dem Teilnehmer und dem Wissenschaftler stattgefunden hat, signalisiert der Proband eher seine Bereitschaft zur Teilnahme und fühlt sich verpflichtet. Natürlich werden Einladungen zu Umfragen dennoch häufig übersehen, sodass weitere Erinnerungseinladungen verschickt werden müssen, um sicherzustellen, dass jeder potentielle Teilnehmer die Fragen verfügbar hat und beantworten kann.[748] Ferner soll durch eine hohe Anzahl an Teilnehmern sichergestellt werden, dass die Rücklaufquote ausreichend hoch ausfällt, sodass die Gefahr eines Non-Response-Bias vermieden wird.

Auf der Startseite der Online-Umfrage wird den Probanden zunächst für deren Bereitschaft zur Teilnahme gedankt,[749] das Ziel der Studie wird dargestellt und die zu beanspruchende Zeit angegeben, sodass dem Umstand eines vorzeitigen Abbruchs entgegengewirkt wird.[750] Das angegebene Zeitintervall basiert auf der mittleren Bearbeitungszeit, welche die Teilnehmer eines Pre-Tests benötigt haben.[751] Darüber hinaus werden die Kontaktdaten für Rückfragen angegeben. Mit einem einfachen Klick auf die E-Mail-Adresse hat der Teilnehmer die Möglichkeit, in Kontakt zu den Wissenschaftlern zu treten.[752] Die schriftlichen Anfragen werden alle zeitnah

---

[748] Vgl. Schnell 2012, S. 251.
[749] Vgl. Porst 2009. S. 34.
[750] Vgl. Kallus 2010, S. 82ff.; Schnell 2012, S. 117.
[751] Vgl. Micheel 2010, S. 89f.; Schnell 2012, S. 135f.
[752] Vgl. Porst 2009, S. 31.

beantwortet, sodass sich die Teilnehmer schnell wieder auf die Umfrage konzentrieren und die Fragen entsprechend beantworten konnten.

Zusätzlich werden die Logos der Universität Duisburg-Essen und des Lehrstuhls für E-Business und E-Entrepreneurship auf jeder Seite der Umfrage platziert.[753] Hierdurch können sich die Teilnehmer auf die Homepage des Lehrstuhls klicken, um mehr über vorherige Forschungsprojekte zu erfahren oder Informationen zu den Wissenschaftlern einzusehen. Dies unterstreicht die Seriosität und Qualität dieser Umfrage. Darüber hinaus wird den Teilnehmern auf der Startseite die Struktur der Studie verdeutlicht. Die Fragenblöcke auf jeder Fragebogenseite werden anhand einleitender nicht wertender Sätze erläutert.[754] Es werden Fragen verwendet, die kurz und prägnant formuliert sind, um den Teilnehmern diese leicht verständlich präsentieren zu können.[755] Da die Verwendung von Items kritisiert wurde, die mehrere Sachverhalte gleichzeitig abfragen, werden nur Skalen verwendet, bei denen dies zutrifft, sodass die Items nicht nachträglich umformuliert werden müssen.[756] Zudem wird eine doppelte Verneinung in Items vermieden und keine stark wertenden Fragen gestellt.[757]

Als Anreiz zur Teilnahme werden dem mittleren und oberen Management primär die Ergebnisse der Studie in Aussicht gestellt. Besonders durch die Überschrift der Studie „Innovationskraft von IT-Unternehmen - Eine Dissertationsschrift an der Universität Duisburg-Essen" wird ein persönliches Interesse an den Ergebnissen bei den Geschäftsführern von IT-Unternehmen geweckt, da sich eine gesteigerte Innovationskraft positiv auf den Unternehmenserfolg auswirken kann. Darüber hinaus wird auf den altruistischen Aspekt verwiesen, einen Doktoranden bei seiner Dissertationsarbeit zu unterstützen.[758] Den Teilnehmern werden keine finanziellen Anreize gesetzt, da dies zu einer verzerrten Motivation und somit zu einem Bias der Messergebnissen

---

[753] Vgl. Flick 2011, S. 124, Gräf 2010, S. 39.
[754] Vgl. Porst 2009, S. 34.
[755] Vgl. Podsakoff/MacKenzie/Lee/Podsakoff 2003, S. 883; Kallus 2010, S:13; Flick 2011, S. 108; Flick 2011, S. 95f; Gräf 2010, S. 76f.; Schnell 2012, S. 79.
[756] Vgl. Kallus 2010, S. 57; Flick 2011, S. 108, Porst 2009, S. 20.
[757] Vgl. Diekmann 2009, S. 479; Flick 2011, S. 110. Für eine ausführliche Liste zur Beachtung bei der Fragenformulierung siehe Porst 2009, S. 95f. Die Einhaltung dieser zehn Punkte wurde bei dieser Umfrage berücksichtigt.
[758] Vgl. Gräf 2010, S. 68.

führen könnte und bei dieser Form der Stichprobe auch keinen motivierenden Effekt auslösen würde, da die Kosten für die Bearbeitungszeit und den damit verbundenen Produktivitätsausfall weitaus höher ausfallen, als eine finanzielle Entschädigung.

Weiterhin wird darauf verwiesen, dass die erhobenen Daten nur in anonymisierter Form ausgewertet werden.[759] So soll sichergestellt sein, dass die Teilnehmer wahrheitsgemäß antworten und nicht einem sozial erwünschten Antwortmuster folgen. Die soziale Erwünschtheit beschreibt ein Antwortverhalten, das nicht auf der individuellen Meinung oder Einschätzung basiert, sondern Antworten produziert, die einer öffentlichen Meinung oder Gruppenmeinung entsprechen.[760] Darüber hinaus könnten die Mitarbeiter des mittleren Managements die Befürchtung haben, dass deren Antworten veröffentlicht oder dem Vorgesetzten zugänglich gemacht werden. Dies kann zu einer starken Verzerrung der Ergebnisse führen.

Neben dem Hinweis auf eine anonyme Analyse, wird auf den einzelnen Seiten der Umfrage darauf aufmerksam gemacht, dass es sich um eine persönliche Einschätzung des Teilnehmers handelt und keine richtigen oder falschen Antworten existieren. Zudem wird auf der Startseite darauf hingewiesen, dass die Daten streng vertraulich behandelt und nicht an Dritte weitergegeben werden. Zusätzlich werden ausschließlich wissenschaftliche Interessen verfolgt, die Nutzung der Daten zu kommerziellen Zwecken wird ausdrücklich ausgeschlossen.

Oft wird bei einer Online-Befragung kritisiert, dass die Teilnehmer über einen Internetzugang beziehungsweise ein E-Mail-Konto verfügen müssen. Da es sich bei dieser Stichprobe allerdings um IT-Unternehmen handelt und das Internet in Deutschland mittlerweile weit verbreitet ist,[761] kann davon ausgegangen werden, dass

---

[759] Vgl. Paulhus 1991, S. 2f, Diekmann 2009, S. 85f; Flick 2011, S. 220f.; Schnell 2012, S. 252.

[760] Vgl. Podsakoff/MacKenzie/Lee/Podsakoff 2003, S. 881; Bortz/Döring 2009, S. 232f.; Diekmann 2009, S. 447f.; Kollmann/Kuckertz 2009, S. 65; Kallus 2010, S. 53; Schnell/Hill/Esser 2011, S. 348.

[761] Im Jahr 2012 verfügen bereits 79,4 % aller Haushalte in Deutschland über einen Internetzugang. Siehe Statistische Bundesamt 2013a, S. 11. Diese Zahl wird durch die Altersstruktur in Deutschland zusätzlich verstärkt, da 21,2 % der deutschen Bevölkerung 65 Jahre oder älter sind. Besonders innerhalb dieser Gruppe existieren viele Haushalte, die über keinen Zugang zum Internet verfügen. Siehe Statistisches Bundesamt 2013b, S. 13.

jeder Teilnehmer über einen Zugang und ausreichend Erfahrung im Umfang mit dem Internet verfügt, sodass ein kein Repräsentativitätsproblem auftritt.[762] Darüber hinaus wurden die Teilnehmer im persönlichen Telefonat nach einer Kontakt-E-Mail-Adresse gefragt. So kann bestätigt werden, dass die Probanden über einen Zugang zum Internet verfügen, beziehungsweise E-Mails empfangen können. Ein weiteres potentielles Problem bei Online-Befragungen könnte entstehen, wenn die Teilnehmer mehrfach an der Umfrage teilnehmen. In der Literatur werden diese Teilnehmer als sogenannte Mehrfachantworter bezeichnet. Diesem Umstand wird mit einem personalisierten Link entgegengewirkt, der nach Beendigung der Umfrage inaktiv wird.[763]

Die Online-Befragung wird mit der EFS-Survey-Software von QUESTBACK [764] durchgeführt und bietet dem Nutzer eine Vielzahl an Einstellungsmöglichkeiten, damit dieser die Umfrage nach seinen Ansprüchen und Bedürfnissen gestalten kann, beziehungsweise alle technischen Möglichkeiten bietet, sodass die Anforderungen an eine wissenschaftliche Studie erfüllt werden können.[765] Zusätzlich berücksichtigt die EFS-Survey-Software alle gängigen Soft- und Hardwarekomponenten, wodurch die optische Darstellung und funktionsweise bei jedem Teilnehmer sichergestellt ist. Unterschiede zwischen Windows und Mac oder auch die Möglichkeit zur Verwendung eines Tablets werden berücksichtigt. Darüber hinaus wirken sich lange Ladezeiten negativ auf die Teilnahmebereitschaft aus. Dies wird durch die Server des Unternehmens QUESTBACK verhindert. Es soll sichergestellt werden, dass alle Teilnehmer an der Umfrage teilnehmen können und die gleichen Voraussetzungen haben, sodass die Ergebnisse nicht durch technische Probleme verzerrt werden.

Durch die Teilnehmerverwaltung werden individualisierte Konten für jeden Teilnehmer angelegt. Auf diese Weise können personalisierte E-Mails verschickt werden. Die Einladung zur Teilnahme erfolgt mittels persönlicher Anrede sowie individuellem Zugang zur Umfrage.[766] Durch eine Link-Verknüpfung im Text hat der Teilnehmer

---

[762] Vgl. Diekmann 2009, S. 430; Flick 2011, S. 168.
[763] Vgl. Schnell/Hill/Esser 2011, S. 377.
[764] Vgl. Gräf 2010, S. 82.
[765] Vgl. Flick 2011, S. 167.
[766] Vgl. Gräf 2010, S. 21f.

einen direkten Zugang zum Fragebogen und muss den URL nicht in seinen Browser kopieren. Sobald das jeweilige Konto erstellt ist, kann eine E-Mail verschickt werden. Zusätzlich können mit der Software automatisierte Erinnerungen versendet werden. Die erste und zweite Erinnerung wurde jeweils im Abstand von zehn Tagen verschickt. Die Erinnerungen wurden in diesem Zeitintervall versendet, um sicherzustellen, dass keine E-Mail am gleichen Wochentag beim Teilnehmer eingeht wie die vorherige E-Mail, da diese mit regelmäßigen Terminen kollidieren könnten. Sowohl für den Text der ersten Einladung als auch für die Erinnerungseinladungen wurden individuelle Textvorlagen erstellt.

Die Motivation der Probanden kann weiterhin durch die Anordnung der Fragen gesteigert werden.[767] So sollten anfangs leicht verständliche Fragen gestellt werden, welche die Ziele der Studie vermitteln und das Interesse des Teilnehmers wecken. Insgesamt soll sich der Teilnehmer bei der Beantwortung der Fragen wohl fühlen und den Eindruck vermittelt bekommen, dass dieser sich in einem persönlichen Gespräch befindet.[768] Falls das Interesse des Probanden nicht innerhalb der ersten Fragen geweckt wird, steigt die Wahrscheinlichkeit eines vorzeitigen Abbruchs deutlich.[769] Zusätzlich sollten besonders die Eingangsfragen leicht verständlich formuliert sein und keine kontroversen Themen behandeln.[770] Erst im weiteren Verlauf des Fragebogens sollten komplexe Fragen oder Fragen zu persönlichen Empfindungen oder Einstellungen gestellt werden. Darüber hinaus sollten demografische Fragen sowie Fragen zu Unternehmenskennzahlen erst am Ende einer Umfrage platziert sein.[771] Besonders die Beantwortung von sensiblen Fragen wie nach Unternehmensumsätzen fällt vielen Teilnehmer schwer zu beantworten. Die einzelnen inhaltlichen Abschnitte sollen in thematische Blöcke unterteilt werden, damit dem Teilnehmer eine anschauliche Übersicht der Umfrage präsentiert wird.[772]

---

[767] Vgl. Diekmann 2009, S. 484; Podsakoff 2003, S. 888.
[768] Vgl. Gräf 2010, S. 50.
[769] Vgl. Porst 2009, S. 135.
[770] Vgl. Porst 2009, S. 124f.
[771] Vgl. Gräf 2010, S. 104.
[772] Vgl. Schnell 2012, S. 122.

Bei der Anordnung der thematischen Blöcke soll einem bestimmten Vorgehen gefolgt werden.[773] Zu Beginn des Fragebogens werden die Teilnehmer nach den immateriellen Belohnungen gefragt, da es sich hierbei um keine persönlichen Fragen handelt, die auch gut als sogenannte Eisbrecher eingesetzt werden können.[774] Im mittleren Teil werden dem mittleren Management Fragen zur Kreativität und Innovationskraft seines Mitarbeiters gestellt sowie zu seiner individuell wahrgenommen intrapreneurialen Erwünschtheit und seinen wahrgenommen intrapreneurialen Fähigkeiten.

Im letzten Teil werden einige demografische Angaben abgefragt. Dieser Teil lässt sich in persönliche Angaben wie beispielsweise das Alter oder das Geschlecht und Angaben zum Unternehmen wie den Jahresumsatz oder das Gründungsjahr unterteilen. Da die Gefahr eines Abbruchs zum Ende einer Umfrage als gering einzustufen ist, da die Probanden durch die Beantwortung der bisherigen Fragen bereits ein Interesse an der Studie gezeigt haben, können an dieser Stelle auch unbeliebte Fragen wie beispielsweise zum Jahresumsatzes gestellt werden. Auch die demografischen Fragen werden zum Ende der Umfrage gestellt, da grundsätzlich die Aufmerksamkeit mit der Dauer der Befragung nachlässt und Probanden nicht lange über diese Art der Fragen nachdenken müssen. Auf der letzten Seite wird den Probanden für deren Teilnahme gedankt.[775] Um die Ergebnisse der Studie zu erhalten, können die Teilnehmer erneut einem Link folgen und eine entsprechende E-Mail an die Wissenschaftler senden.

Die Items der latenten Variablen werden in der Online-Befragung basierend auf einer sieben Punkte LIKERT-Skala abgefragt.[776] Die sieben Punkte LIKERT-Skalen verfügen über sieben Abstufungen von „stimme gar nicht zu" bis „stimme voll zu".[777] Hierbei handelt es sich um eine abgestufte Zustimmungsskala.[778] Die Abstände zwischen den

---

[773] Vgl. Schnell 2012, S. 120f.
[774] Vgl. Diekmann 2009, S. 483; Gräf 2010, S. 78f.
[775] Vgl. Porst 2009, S. 157; Gräf 2010, S. 113.
[776] Die Likert-Skala wurde von Renis Likert entwickelt und stellt eine der am häufigsten verwendeten Skalierungsmethode in der empirischen Sozialforschung dar. Vgl. Likert 1932; Diekmann 2009, S. 240ff.; Gerich 2010, S. 275; Schnell/Hill/Esser 2011, S. 178.
[777] Vgl. Porst 2009, S. 46.
[778] Vgl. Kallus 2010, S. 44.

einzelnen Stufen sind identisch.[779] Zusätzlich wurden negativ kodierte Items innerhalb dieser Umfrage verwendet. Mit diesem Schritt soll vermieden werden, dass ein Teilnehmer nur einem positiven Antwortmuster folgt, ohne die Fragen im Detail gelesen zu haben.[780] Die einzelnen Fragen werden zusätzlich randomisiert gestellt, sodass die Gefahr von Reihenfolgeneffekten gemindert wird.[781] Die einzelnen Fragen werden als Pflichtfragen markiert, ohne deren Beantwortung die Bearbeitung des Fragebogens nicht fortgesetzt werden kann. Dies wirkt dem Problem der Missing Values entgegen. Falls nicht alle Fragen auf einer Seite beantwortet werden, erscheint dem Teilnehmer ein Hinweis auf dem Bildschirm. Natürlich kann sich durch diesen Schritt die Abbruchquote erhöhen, wobei die Probanden die Teilnahme auch durch deren personalisierten Zugang zu einem späteren Zeitpunkt wieder aufnehmen können.

4.2.3 Operationalisierung der Variablen des Untersuchungsmodells

Die Operationalisierung erfolgt unter Verwendung von theoretisch entwickelten und empirisch überprüften latenten Konstrukten, sodass die einzelnen Sachverhalte mittels Kausalanalyse messbar gemacht werden können.[782] In der Literatur wird empfohlen, dass die Konstrukte aus mehreren Items bestehen sollten, um den Forschungs-gegenstand adäquat abbilden zu können, beziehungsweise eine hohe wissenschaftliche Qualität zu gewährleisten.[783] Daher werden die Konstrukte innerhalb dieser Studie über sogenannten Multi-Item-Skalen abgebildet.[784] Zusätzlich sollten etablierte und erprobte Konstrukte verwendet werden, da diese über mehrere empirische Studien hinweg deren Validität und Reliabilität bestätigt haben. In dieser Studie werden nur etablierte Konstrukte für die Befragung verwendet.

---

[779] Vgl. Fromm 2010, S. 56; Schwetz/Swoboda/Benischek/Mallaun/Samac/Straßegger-Einfalt 2010, S. 38.
[780] Vgl. Schnell 2012, S. 234f.
[781] Vgl. Bortz/Döring 2009, S. 524.
[782] Vgl. Micheel 2010, S. 39f.
[783] Vgl. Bagozzi/Heatherton 1994, S. 36.
[784] In der wissenschaftlichen Literatur wird empohlen, dass zur Überprüfung eines Konstrukts mindestens drei Items verwendet werden sollen. Vgl. Kallus 2010, S. 33.

Bei der Anwendung von latenten Konstrukten werden sogenannte Rating-Skalen verwendet.[785] Diese Skalen können unterschiedlichen Ausprägungen folgen, wobei sich diese zum Beispiel in der Anzahl an Differenzierungspunkten oder des Ausprägungstextes unterscheiden. Bei der Anzahl an Ausprägungspunkten wird zwischen einer geraden und einer ungeraden Anzahl unterschieden. [786] Die Verwendung von geraden Rating-Skalen wird empfohlen, wenn zu befürchten ist, dass die Probanden unentschlossen auf die Fragen antworten könnten. Durch die Verwendung einer geraden Anzahl an Differenzierungspunkten muss sich der Teilnehmer für eine Tendenz entscheiden. Demgegenüber muss sich der Proband bei ungeraden Antwortskalen nicht zwingend entscheiden, da ein zentraler Punkt ausgewählt werden kann, der keine eindeutige Zuordnung zulässt.[787] Die Entscheidung für eine bestimmte Art der Rating-Skala sollte anhand des zu untersuchenden Forschungskontextes bestimmt werden.[788]

In dieser Arbeit wird auf die sieben Punkte LIKERT-Skale zurückgegriffen („stimme gar nicht zu" bis „stimme voll zu"), die über ausreichend Differenzierungspunkte verfügt, sodass eine ausreichend große Streuung innerhalb der Antworten abgebildet werden kann. Allgemein gilt, dass nicht weniger als fünf aber auch nicht mehr als neun Skalenpunkte verwendet werden sollten.[789] Darüber hinaus wird die Verwendung einer ungeraden Anzahl an Skalenpunkten empfohlen, da hierdurch die Gefahr eines Bias verringert werden kann.[790] Zu berücksichtigen sind auch die Abstände zwischen den einzelnen Skalenstufen, da durch einen ungleichen Abstand Messfehler auftreten könnten. Dies wird mit der sogenannten Äquidistanz beschrieben.[791] Durch die einheitliche Verwendung einer sieben Punkte LIKERT-Skala lassen sich die Online-Fragen in einer Matrix-Darstellung darstellen. So bekommt der Teilnehmer die Fragen

---

[785] Vgl. Bortz/Döring 2009, S. 176f.; Raab-Steiner/Benesch 2010, S. 54.
[786] Vgl. Bortz/Döring 2009, S. 180; Porst 2009, S. 81.
[787] Vgl. Schnell 2012, S. 95.
[788] Vgl. Kopp/Lois 2012, S. 80f.
[789] Vgl. Porst 2009, S. 85.
[790] Vgl. Podsakoff/MacKenzie/Lee/Podsakoff 2003, S. 888.
[791] Vgl. Rohrmann 1978, S. 222; Diekmann 2009, S. 285.

übersichtlich angezeigt, was seine Aufmerksamkeit steigert.[792] Diese Methode sorgt für einen angenehmen Lesefluss und reduziert die Bearbeitungszeit, was sich positiv auf das Antwortverhalten der Teilnehmer und die Qualität der Umfrage auswirkt.[793]

Da Konstrukte oft für einen speziellen Forschungskontext entwickelt wurden und die direkte Übertragung auf einen anderen Sachverhalt schwierig sein kann, wurden die einzelnen Items und Konstrukte von mehreren Entrepreneurship-Wissenschaftlern auf deren Inhaltsvalidität überprüft.[794] Zusätzlich wurden die für diese Arbeit etablierten Skalen hauptsächlich im anglo-amerikanischen Raum entwickelt und empirisch überprüft, weshalb diese ausschließlich in englischer Sprache vorliegen. Da jedoch diese Umfrage an das mittlere und obere Management in Deutschland gerichtet ist, müssen die Fragen zunächst ins Deutsche übersetzt werden. Für die Übersetzung wird die sogenannte „Back-Translation"-Methode von BRISLIN angewendet.[795] Hierfür wurden alle Fragen von drei bilingualen Wissenschaftlern aus der englischen Originalfassung ins Deutsche übersetzt.[796] Die Übersetzungen unterschieden sich nur marginal voneinander, sodass in einer folgenden Diskussion eine einheitliche Übersetzung entwickelt werden konnte. Im nächsten Schritt wurde diese deutsche Fassung der Skalen von einem weiteren bilingualen Wissenschaftler zurück in die englische Sprache übersetzt.[797] Im Anschluss wurde diese Übersetzung mit der ursprünglichen Originalfassung verglichen.[798] Darauf basierend konnten keine Unstimmigkeiten festgestellt werden, sodass die Qualität der Übersetzung bestätigt wurde.

Da sich die einzelnen Fragebögen je nach Empfängerkreis unterscheiden, werden auch unterschiedliche Variablen in der jeweiligen Online-Umfrage abgefragt. So werden Fragen bezüglich den immateriellen Belohnungen, der individuellen Kreativität des Mitarbeiters und der Intention zum intrapreneurialen Verhalten des Mitarbeiters im

---

[792] Vgl. Podsakoff/MacKenzie/Lee/Podsakoff 2003, S. 884.
[793] Vgl. Gräf 2010, S. 42ff.
[794] Vgl. Churchill/Peter 1984, S. 370; Hildebrandt 1998, S. 89; Kollmann/Kuckertz 2010, S. 744.
[795] Vgl. Brislin 1970, S. 185; Li/Atuahene-Gima 2001, S. 1126; Douglas/Craig 2007, S. 30; Kallus 2010, S. 24. Für eine detaillierte Beschreibung der Vorgehensweise siehe Brislin 1970, S. 214f.
[796] Vgl. Churchill/Peter 1984, S. 370.
[797] Vgl. Brislin 1970, S. 186.
[798] Vgl. Shepherd/Kuskova/Patzelt 2009, S. 248.

mittleren Management sowie demografische Angaben durch das obere Management abgefragt. Hierzu zählen das Gründungsjahr und der Jahresumsatz 2011. Das mittlere Management erhält auch die Fragen zu den immateriellen Belohnungen und darüber hinaus Fragen hinsichtlich deren wahrgenommenen intrapreneurialen Erwünschtheit und den wahrgenommenen intrapreneurialen Fähigkeiten. Zusätzlich werden auch demografische Angaben beim mittleren Management abgefragt, die sich auf das Geschlecht, das Alter, das Bildungsniveau, die Berufserfahrung, die Anzahl an Jahren im Unternehmen und die Anzahl an Jahren, die der Mitarbeiter die gleiche Tätigkeit im Unternehmen ausübt, beziehen.

4.2.3.1 Operationalisierung der Intention zum intrapreneurialen Verhalten

Die abhängige Variable des Forschungsmodells untersucht die individuelle Intention zu einer intrapreneurialen Handlung. Für die Operationalisierung wird nicht allgemein auf Organisationsebene nach Corporate Entrepreneurship im Unternehmenskontext gefragt,[799] sondern konkret auf Individualebene nach der Absicht des Individuums, eine intrapreneuriale Handlung zu verfolgen.[800]

Bereits 1976 hat KIRTON eine Skala zur Bestimmung von Adaptoren und Innovatoren entwickelt, den sogenannten KAI.[801] Die Validität und Generalisierbarkeit dieser Skala wurde von BAGOZZI und FOXALL bestätigt.[802] Bei einer genaueren Betrachtung der Items lässt sich allerdings feststellen, dass es sich nicht um eine direkte Messung der Innovationsabsicht handelt und sich diese Skala nicht für diesen Untersuchungskontext eignet. Darüber hinaus hat JACKSON eine Skala zur Innovationskraft entwickelt, die er 1994 im Jackson Personality Inventory veröffentlicht hat.[803] Jedoch werden vom Autor innerhalb dieser Skala sowohl die Innovationskraft als auch die individuelle

---

[799] Vgl. Douglas/Fitzsimmons 2012, S. 5.
[800] Zur allgemeinen Operationalisierung von Corporate Entrepreneurship siehe Zahra 1996, S. 1723; Barringer/Bluedorn 1999, S. 440; Autio/Keeley/Klafsten/Parker/Hay 2001, S. 151; Haar/White 2013, S. 115; Eddleston/Kellermanns/Zellweger 2012, S. 356; Heavey/Simsek/Roche/Kelly 2009, S. 1309; Kellermanns/Eddleston 2006, S. 824; Ling/Simsek/Lubatkin/Veiga 2008, S. 575.
[801] Vgl. Kirton 1976, S. 626.
[802] Vgl. Bagozzi/Foxall 1995, S. 185. Siehe auch DeTienne/Chandler 2004, S. 253; Hmieleski/Corbett 2006, S. 54.
[803] Vgl. Jackson 1994.

Kreativität abgefragt, sodass es sich erneut nicht um eine geeignete Skala zur Messung handelt.[804]

Da sich Handlungen von Subjekten nur schwer vorhersagen lassen, gilt die Absicht zu einer bestimmten Handlung als geeignetster Indikator für zukünftige Handlungen.[805] Im entrepreneurialen Kontext werden die Intentionen zum Entrepreneurship meist mit der individuellen Absicht, ein Unternehmen zu gründen, in Zusammenhang gesetzt.[806] Beispielsweise wurde eine Skala zur Messung der entrepreneurialen Intention von LIÑÁN und CHEN entwickelt.[807] Allerdings lässt sich mit diesem Messinstrument nur die individuelle Intention zur Selbstständigkeit überprüfen. Eine Anpassung an einen Corporate-Entrepreneurship-Kontext ist in diesem Zusammenhang nicht sinnvoll.

Die Untersuchung einer individuellen Intention im Zusammenhang zum Corporate Entrepreneurship wurde von Wissenschaftlern lange vernachlässigt. Diese Variable wird in Studien lediglich anhand der Anzahl neuer Ideen,[808] der Verfolgung neuer Ideen,[809] neuen umgesetzten Ideen oder inoffiziell implementierten Ideen abgefragt.[810] Hierbei handelt es sich aber um eine ex-post Betrachtung und eine subjektive Einschätzung des Individuums. Von ARENIUS und DE CLERCQ wird die abhängige Variable ex-ante abgefragt, wobei hier nach einer neuen Geschäftsgelegenheit in den nächsten sechs Monaten gefragt wird.[811] Ähnlich fragen LÜTHJE und FRANKE Studierende am MIT ex-ante nach deren Intention zur Selbstständigkeit im Anschluss

---

[804] Vgl. Mueller/Thomas 2000, S. 63.

[805] Vgl. Krueger 1993, S. 5; Krueger/Reilly/Carsrud 2000, S. 411; Ajzen 2001, S. 27; Bagozzi/Baumgartner/Yi 1989, S. 35; Gollwitzer/Wieber/Myers/McCrea 2009, S. 137; Kautonen/Kibler/Tornikoski 2010, S. 178.

[806] Vgl. Douglas/Shepherd 2002, S. 85; Hmieleski/Corbett 2006, S. 52; Kolvereid/Isaksen 2006, S. 866; Liñán/Chen 2009, S. 613; Thompson 2009, S. 676; Kautonen/Kibler/Tornikoski 2010, S. 175; Kautonen/Luoto/Tornikoski 2010, S. 601; Zhao/Seibert/Lumpkin 2010, S. 383f.; Kolvereid 1996b, S. 50; Laspita/Breugst/Heblich/Patzelt 2012, S. 420; Fitzsimmons/Douglas 2011, S. 434; Lee/Wong/Foo/Leung 2011, S. 128.

[807] Vgl. Liñán/Chen 2009, S. 613. Siehe auch Zampetakis 2008, S. 157; Autio/Keeley/Klafsten/Parker/Hay 2001, S. 151.

[808] Vgl. Shepherd/DeTienne 2005, S. 98; Nicolaou/Shane/Cherkas/Spector 2009, S. 111f; Patel/Fiet 2009, S. 513; Ucabasaran/Westhead/Wright 2009, S. 105; DeTienne/Chandler 2004, S. 242.

[809] Vgl. Ucbasaran/Westhead/Wright 2007, S. 160.

[810] Vgl. Kuratko/Ireland/Covin/Hornsby 2005, S. 709; Kuratko/Hornsby/Bishop 2005, S. 283.

[811] Vgl. Arenius/De Clercq 2005, S. 254.

an deren Universitätsabschluss.[812] Die Operationalisierung in dieser Studie erfolgt analog und fragt nach der individuellen Absicht des Mitarbeiters, freiwillig eine neue Geschäftsidee zu verfolgen, um die individuelle Intention zum intrapreneurialen Verhalten abzubilden.[813]

Da es sich hier um eine Single-Item-Skala handelt und in der Literatur die Entwicklung einer Multi-Item-Messung empfohlen wird,[814] wurde die ursprüngliche Skala in Anlehnung an die Arbeit von WELPE, SPÖRRLE, GRICHNIK, MICHL und AUDRETSCH erweitert.[815] Dieser Studie folgend wurde das Item hinsichtlich drei unterschiedlicher Zeitpunkte gemessen.[816] Durch diese Methode konnte ein Multi-Item-Konstrukt entwickelt werden, das aus drei Items besteht.[817] Die Messung erfolgt auf einer sieben Punkte LIKERT-Skala („stimme gar nicht zu" bis „stimme voll zu").

4.2.3.2 Operationalisierung der individuellen Kreativität

Die Operationalisierung der Variable der individuellen Kreativität erfolgt anhand einer elaborierten Skala von ZHOU und GEORGE.[818] Zur Messung der Kreativität verfügt diese Skala über dreizehn Items (Beispielsweise: Ich schlage kreative Lösungen für bestehende Probleme vor).[819] Da oft kritisiert wurde, dass sich Probanden bezüglich ihrer individuellen Kreativität überschätzen würden[820], und um einem Common-Method-Bias entgegenzuwirken, wird diese Skala nicht von den Mitarbeitern des

---

[812] Vgl. Lüthje/Franke 2003, S. 147.

[813] Diese Skala orientiert sich an Krueger/Reilly/Carsrud 2000, S. 412. Für die in dieser Arbeit verwendete Operationalisierung wurde der Forschungskontext des Corporate Entrepreneurship inhaltlich angepasst. Die Berücksichtigung einer freiwilligen Intention zu einer bestimmten Handlung wird in der wissenschaftlichen Literatur empfohlen. Siehe exemplarisch Liñán/Chen 2009, S. 595. Diese Handlungsabsicht wurde als Wahrscheinlichkeit operationalisiert. Siehe Kautonen/Kibler/Tornikoski 2010, S. 181.

[814] Vgl. Bagozzi/Heatherton 1994, S. 36; Krueger/Reilly/Carsrud 2000, S. 425.

[815] Vgl. Welpe/Spörrle/Grichnik/Michl/Audretsch 2011, S. 69.

[816] Vgl. Guerrero/Rialp/Urbano 2008, S. 43; Welpe/Spörrle/Grichnik/Michl/Audretsch 2011, S. 75; Fitzsimmons/Douglas 2011, S. 434; Laspita/Breugst/Heblich/Patzelt 2012, S. 420.

[817] Vgl. Kallus 2010, S. 33.

[818] Vgl. Zhou/George 2001, S. 696. Alternative Messinstrumente wie beispielsweise die Skala zur Messung der Kreativität von Perry-Smith wurden bei der Wahl berücksichtigt. Allerdings hat sich diese Skala aus inhaltlichen Gründen als nicht geeignet für diese wissenschaftliche Arbeit erwiesen. Siehe Perry-Smith 2006, S. 92; Baron/Tang 2011, S. 54; Farmer/Tierney/Kung-McIntyre 2003, S. 623.

[819] Vgl. George/Zhou 2007, S. 611; Zampetakis 2008, S. 157.

[820] Vgl. Kallus 2010, S. 99.

mittleren Managements beantwortet, sondern von einem Mitarbeiter im oberen Management.[821] Diese Vorgehensweise wurde auch bereits von anderen Wissenschaftlern angewendet.[822] Die Messung erfolgt auf einer sieben Punkte LIKERT-Skala („stimme gar nicht zu" bis „stimme voll zu").

4.2.3.3 Operationalisierung der immateriellen Belohnung

Die Operationalisierung der immateriellen Belohnung erfolgt anhand des von HORNSBY, KURATKO und ZAHRA entwickelten Corporate-Entrepreneurship-Assessment-Instrument (CEAI).[823] Dieses multidimensionale Konstrukt wurde in diversen Studien empirisch überprüft.[824] Den Ausgangspunkt stellt die Überprüfung der organisationalen Einflussfaktoren auf die Innovationskraft der Mitarbeiter des mittleren Managements dar. Durch das Corporate-Entrepreneurship-Assessment-Instrument wird die gesamte Bandbreite an organisationalen Faktoren bezüglich Corporate Entrepreneurship abgedeckt.[825] Hierzu zählen fünf Kategorien die nachfolgend kurz dargestellt werden.[826]

An erster Stelle steht die Verwendung von Belohnungen[827], nachfolgend die Unterstützung des oberen Managements[828], darauf folgt die Verfügbarkeit von Ressourcen[829], danach eine unterstützende Organisationsstruktur für Innovationen[830] und abschließend die Risikobereitschaft[831] und Fehlertoleranz der Organisation

---

[821] Vgl. Ford 1996, S. 1121; Zhou/George 2001, S. 686.

[822] Vgl. Zhou/Shalley 2003, S. 174; George/Zhou 2007, S. 611; Zhang/Bartol 2010, S. 114. Siehe auch Podskoff/Organ 1986, S. 542.

[823] Vgl. Hornsby/Kuratko/Zahra 2002. Siehe auch Hornsby/Kuratko/Shepherd/Bott 2009, S. 237; Kuratko/Hornsby/Bishop 2005, S. 280.

[824] Vgl. Edwards 2001, S. 145.

[825] Vgl. Goodale/Kuratko/Hornsby/Covin 2011, S. 116.

[826] Im englischen Originaltext werden diese Kategorien wie folgt betitelt: rewards/reinforcements, management support, time availability, supportive organizational structure und organizational boundaries siehe Hornsby/Kuratko/Zahra 2002, S. 264f.

[827] Vgl. Brundin/Patzelt/Shepherd 2008, S. 223; Ireland/Covin/Kuratko 2009, S. 32.

[828] Vgl. Niehoff/Enz/Grover 1990, S. 341; Zahra 1996, S. 1715; Tierney/Farmer 2004, S. 416f.; Perry-Smith/Shalley 2003, S. 89; George/Zhou 2007, S. 608; Ireland/Covin/Kuratko 2009, S. 31; Finkle 2012, S. 881; Zahra/Neubaum/Huse 2000, S. 948.

[829] Vgl. Ireland/Covin/Kuratko 2009, S. 32.

[830] Vgl. Zahra 1996, S. 1715; Morris/Kuratko 2002, S. 117; Ireland/Covin/Kuratko 2009, S. 31.

[831] Vgl. Begley/Boyd 1987, S. 82f.; Forlani/Mullins 2000, S. 307f.; Shane/Locke/Collins 2003, S. 264f.; Rauch/Frese 2007, S. 359f.; Walter/Walter 2011, S. 58; Antoncic 2003, S. 13.

gegenüber Mitarbeitern[832]. Allerdings wurde bereits in früheren Studien gezeigt, dass die empirische Überprüfung mittels des CEAI oft nicht zu zufriedenstellenden statistischen Ergebnissen geführt hat.[833] Indes halten die Autoren an der Bedeutung der fünf theoretisch entwickelten Dimensionen fest.[834] Dies führt dazu, dass das Corporate-Entrepreneurship-Assessment-Instrument nicht nur ganzheitlich zur Überprüfung von Corporate Entrepreneurship angewendet, sondern auch einzelne Dimensionen getrennt voneinander erhoben und analysiert wurden.

Da es sich bei dieser Untersuchung ausschließlich um die Überprüfung des Einflusses der immateriellen Belohnungen auf die individuelle Intention zum intrapreneurialen Verhalten handelt, werden die anderen vier Dimensionen nicht berücksichtigt. Allerdings bildet das Konstrukt der betrieblichen Belohnungen von HORNSBY, KURATKO und ZAHRA nicht nur die immateriellen Belohnungen ab, sondern berücksichtigt auch eine materielle Belohnung.[835] Da besonders die immateriellen Belohnungen zu einer intrinsischen Motivation und einem intrapreneurialem Verhalten beim Individuum führen, werden nur die Items innerhalb dieser Studie berücksichtigt, welche die immaterielle Belohnung abbilden (Beispielsweise: Mein Vorgesetzter wird mir besondere Anerkennung schenken, wenn meine Arbeitsleistung besonders gut war).[836] Demzufolge wurde ein Item zur Messung der materiellen Belohnung aus dem Konstrukt entfernt (Ein Teil meines Lohns hängt von meiner Arbeitsleistung ab), da laut GAGNÉ und DECI ein materieller Anreiz die intrinsische Motivation eines Individuums verringern und dessen Bereitschaft zu einem kreativen oder intrapreneurialen Verhalten vermindern kann.[837] Die Messung erfolgt auf einer sieben Punkte LIKERT-Skala („stimme gar nicht zu" bis „stimme voll zu").

---

[832] Vgl. Zahra 1996, S. 1715f.
[833] Vgl. Kuratko/Montagno/Hornsby 1990, Hornsby/Kuratko, Zahra 2002, S. 270.
[834] Die Bedeutung der fünf theoretisch entwickelten Dimensionen wurde von Jeffrey S. Hornsby und Donald F. Kuratko auf dem Academy of Management Annual Meeting 2011 in San Antonio, Texas erneut bestätigt.
[835] Vgl. Hornsby/Kuratko/Zahra 2002, S. 265.
[836] Siehe Kapitel 2.1.3.
[837] Vgl. Gagné/Deci 2005, S. 356.

4.2.3.4 Operationalisierung der wahrgenommenen intrapreneurialen Erwünschtheit

Die Operationalisierung der Variable der wahrgenommenen Erwünschtheit basiert auf den Arbeiten von KRUEGER. 1993 veröffentlichte KRUEGER eine Arbeit zum „Impact of Prior Entrepreneurial Exposure on Perceptions of New Venture Feasibility and Desirability". In dieser Arbeit verwendet der Autor eine drei Item-Skala zur Messung der wahrgenommenen Erwünschtheit (Beispielsweise: Ich würde es gerne machen).[838] Diese Skala wurde auch in weiteren Studien verwendet. Die Reliabilität und Validität wurden bestätigt.[839] Im Englischen wird diese Skala als „Perceived Desirability" bezeichnet, die sich auf einen individuellen entrepreneurialen Kontext bezieht.[840] Diese Skala wurde inhaltlich dem Kontext der wahrgenommenen intrapreneurialen Erwünschtheit angepasst. Diese „Perceived Desirability"-Skala sollte nicht mit der „Social Desirability"-Skala verwechselt werden, die primär den sozialen Kontext betrachtet, innerhalb dessen ein Individuum agiert, und nicht die individuelle Einstellung.[841] Die Messung erfolgt auf einer sieben Punkte LIKERT-Skala („stimme gar nicht zu" bis „stimme voll zu").

4.2.3.5 Operationalisierung der wahrgenommenen intrapreneurialen Fähigkeiten

Zur Operationalisierung der wahrgenommenen entrepreneurialen Fähigkeiten wird meist das Konstrukt der Self-Efficacy verwendet.[842] Neben diesem Konstrukt existieren weitere eng verknüpfte Persönlichkeitskonstrukte wie „Locus of Control"[843],

---

[838] Vgl. Krueger 1993, S. 11.

[839] Vgl. Krueger/Reilly/Carsrud 2000, S. 422; Peterman/Kennedy 2003, S. 135.

[840] In anderen Studien wurde oftmals durch ein Experiment nach verschiedenen Karriereoptionen gefragt, um Aussagen über die individuelle Präferenz zur Selbstständigkeit zu erhalten. Da in dieser Arbeit nicht die wahrgenommene Erwünschtheit einer Selbstständigkeit untersucht wird, sondern die wahrgenommene Erwünschtheit einer kreativen Handlung, wurde die Fragestellung entsprechend angepasst. Vgl. Fitzsimmons/Douglas 2011, S. 434; Laspita/Breugst/Heblich/Patzelt 2012, S. 420.

[841] Eine der weitverbreitetsten Social Desirability Skalen ist die Marlowe-Crowne Social Desirability Scale siehe Strahan/Gerbasi 1972, S. 192. Siehe auch Spreitzer 1995, S. 1452; Kollmann/Suckow 2008, S. 157.

[842] Vgl. Krueger/Reilly/Carsrud 2000, S. 417; Shepherd/Krueger 2002, S. 171; Dimov 2007, S. 564; Fitzsimmons/Douglas 2011, S. 435. Zur Operationalisierung der Variable Self-Efficay siehe Krueger 1993, S. 11.

[843] Vgl. Begley/Boyd 1987, S. 81f.; Gist 1987, S. 478; Shaver/Scott 1991, S. 30; Gatewood/Shaver/Gartner 1995, S. 378; Shane/Locke/Collins 2003, S. 266f.; Rauch/Frese 2007, S.

„Need for Achievement"[844] oder „Tolerance of Ambiguity"[845], die im Zusammenhang

zu entrepreneurialen Fähigkeiten untersucht wurden.[846] Allerdings zeigen aktuelle

Studien, dass diese nicht die ausschlaggebenden Charaktereigenschaften im Hinblick

auf intrapreneuriale Fähigkeiten abbilden, sondern das Self-Efficacy-Konstrukt zur

Betrachtung der wahrgenommenen intrapreneurialen Fähigkeiten weitaus besser

geeignet ist. Es ist viel spezifischer auf den entrepreneurialen Kontext ausgerichtet als

das „Locus of Control"-Konstrukt.[847] Das „Locus of Control"-Konstrukt bezieht sich

ausschließlich auf die individuelle Kontrolle.[848] Besonders durch die

aufgabenbezogene Sichtweise von Self-Efficay unterscheiden sich diese Konstrukte

voneinander.[849] Dies wurde auch von CHEN, GREENE und CRICK nachgewiesen.[850]

Allerdings wird beim Self-Efficacy-Konstrukt häufig diskutiert, ob dieses Konstrukt

allgemein durch die General-Self-Efficacy-Skala[851], die Creative-Self-Efficacy-

Skala[852] oder durch die Entrepreneurial-Self-Efficacy-Skala[853] operationalisiert werden

soll.[854] Der primäre Unterschied zwischen diesen Skalen liegt darin, dass die General-

---

359. Beim Locus of Control handelt es sich um die individuelle Kontrollüberzeugung. Hierbei kann zwischen einer internen und externen Kontrollüberzeugung differenziert werden. Individuen mit einer hohen internen Kontrollüberzeugung sind überzeugt deren Zukunft selbst zu gestalten, wohingehen Individuen mit einer hohen externen Kontrollüberzeugung sehen eher das Schiksal für deren Zukunft verantwortlich. Siehe Walter/Walter 2011, S. 61.

[844] Hierbei handelt es sich um die individuelle Leistungsmotivation. Siehe Brockhaus 1980, S. 511; Begley/Boyd 1987, S. 80f.; Mumford/Scott/Gaddis/Strange 2002, S. 710; Shane/Locke/Collins 2003, S. 263f.; Shaver/Scott 1991, S. 30f.; Rauch/Frese 2007, S. 358; Walter/Walter 2011, S. 61.

[845] Hierbei handelt es sich um die individuelle Toleranz vor Unklarheit. Siehe Begley/Boyd 1987, S. 83; Shane/Locke/Collins 2003, S. 265f.; Walter/Walter 2011, S. 72.

[846] Vgl. Gartner 1985, S. 699.

[847] Vgl. Krueger/Reilly/Carsrud 2000, S. 417; Ajzen 2002, S. 665.

[848] Vgl. Rauch/Frese 2007, S. 359; Souitaris/Zerbinati/Al-Laham 2007, S. 576; Liñán/Chen 2009, S. 612; Kautonen/Luoto/Tornikoski 2010, S. 601.

[849] Vgl. Tumasjan/Braun 2012, S. 626; Chen/Greene/Crick 1998, S. 299.

[850] Vgl. Chen/Greene/Crick 1998, S. 309.

[851] Vgl. Scholz/Dona/Sud/Schwarzer 2002, S. 251; Hmieleski/Corbett 2006, S. 53; Rauch/Frese 2007, S. 359; Lee/Wong/Foo/Leung 2011, S. 130. Für eine detailliertere Meta-Analyse zur General Self-Efficacy Scale siehe Luszczynska/Scholz/Schwarzer 2005, S. 439.

[852] Vgl. Tierney/Farmer 2002, S. 1141f; Tierney/Farmer 2004, S. 420; Tumasjan/Braun 2012, S. 628.

[853] Vgl. Zhao/Seibert/Hills 2005, S. 1268; Wilson/Kickul/Marlino 2007, S.402; Hmieleski/Corbett 2008, S. 485f.; Kolvereid/Isaksen 2006, S. 876; Douglas/Fitzsimmons 2012, S. 4; Tumasjan/Braun 2012, S. 628; Zellweger/Sieger/Halter 2011, S. 527. Zur Operationalisierung der Entrepreneurial Self-Efficacy Skala siehe Chen/Greene/Crick 1998, S. 305.

[854] Vgl. Fitzsimmons/Douglas 2011, S. 435; Lee/Wong/Foo/Leung 2011, S. 130; Tumasjan/Braun 2012, S. 626.

Self-Efficacy-Skala nach der allgemeinen Fähigkeit eines Individuums gegenüber der Bewältigung bestimmter Aufgaben fragt, die Creative-Self-Efficacy-Skala die Kreativität des Individuums überprüft und die Entrepreneurial-Self-Efficacy-Skala speziell für den entrepreneurialen Kontext entwickelt wurde und auch den entrepreneurialen Charakter mit einbezieht.[855] BOYD und VOZIKIS definieren Entrepreneurial-Self-Efficacy als „an important explanatory variable in determining both the strength of entrepreneurial intentions and the likelihood that those intentions will result in entrepreneurial actions"[856].

Da das Ziel dieser Arbeit die Überprüfung der individuellen Intention zum intrapreneurialen Verhalten im Unternehmen ist, sollte auf eine entrepreneuriale Self-Efficacy-Skala zurückgegriffen werden.[857] Zu den beiden angesehensten Entrepreneurial-Self-Efficacy-Instrumenten zählen die Skala von CHEN, GREENE und CRICK[858] und die Skala von MCGEE, PETERSON, MUELLER und SEQUEIRA[859]. Basierend auf einer Betrachtung der einzelnen Items beider Skalen, hat sich die von MCGEE, PETERSON, MUELLER und SEQUEIRA entwickelte Skala als das Instrument zur Überprüfung der wahrgenommenen intrapreneurialen Fähigkeiten erwiesen. Die Entrepreneurial-Self-Efficacy-Skala von CHEN, GREENE und CRICK untersucht ausschließlich die Gründung eines neuen Unternehmens, berücksichtigt jedoch nicht den Corporate Entrepreneurship im Unternehmen. Da die Skala von MCGEE, PETERSON, MUELLER und SEQUEIRA auch die Betrachtung des Corporate Entrepreneurship zulässt, wurde diese Skala verwendet.

Neben der Betrachtung der Item-Formulierung, wurde auch eine etablierte Skalenentwicklungsmethode von den Autoren angewendet, welche die Reliabilität und Validität dieser Skala bestätigen.[860] Insgesamt besteht dieses multidimensionale

---

[855] Vgl. McGee/Peterson/Mueller/Sequeira 2009, S. 969; Chen/Greene/Crick 1998, S. 301.
[856] Boyd/Vozikis 1994, S. 66.
[857] Für eine detaillierte Übersicht an verfügbaren Skalen zur entrepreneurialen Self-Efficacy siehe McGee/Peterson/Mueller/Sequeira 2009, S. 967f.
[858] Vgl. Chen/Greene/Crick 1998, S. 305; Douglas/Fitzsimmons 2012, S. 9.
[859] Vgl. McGee/Peterson/Mueller/Sequeira 2009, S. 978.
[860] Vgl. McGee/Peterson/Mueller/Sequeira 2009, S. 971ff.

Konstrukt aus 22 Items und sechs Konstrukten[861]: Searching, Planning, Marshalling, Implementing-People, Implementing-Financial und Attitude Towards Venturing. Da das zuletzt genannte Konstrukt die individuelle Einstellung zur Selbstständigkeit überprüft und bezüglich einer Intention zur intrapreneurialen Handlung im Unternehmenskontext nicht geeignet ist, wurde es aus der Messung entfernt.[862] Die einzelnen Konstrukte wurden durch eine explorative Faktoranalyse und Mittelwertbildung zu vier Indizes aggregiert.[863] Laut EDWARDS sind aggregierte Konstrukte „typically operationalized by summing scores on their dimensions, such that the dimensions are assigned equal weight"[864]. Die Messung erfolgt auf einer sieben Punkte LIKERT-Skala („stimme gar nicht zu" bis „stimme voll zu").

4.2.3.6 Operationalisierung der Kontrollvariablen

Kontrollvariablen sollten entsprechend dem Forschungskontext gewählt sein, um das Modell hinsichtlich weiterer Einflussfaktoren zu überprüfen. Falls Kontrollvariablen nicht berücksichtigt werden, könnte dies dazu führen, dass ein Einfluss auf die abhängige Variable nicht betrachtet wird und das Modell die Realität nur bedingt abbildet. In dieser Arbeit wird auf das Geschlecht, das Alter, das Bildungsniveau, die Berufserfahrung, die Anzahl an Jahren im Unternehmen und die Anzahl an Jahren der Ausübung des aktuellen Jobs kontrolliert.

Es wurde nachgewiesen, dass das Geschlecht einen Einfluss auf das individuelle Verhalten hinsichtlich innovativer Handlung haben kann.[865] Häufig werden innovative Handlungen von Männern verfolgt, wohingegen Frauen eher zu einem kreativen Verhalten neigen.[866] Deshalb wird das Geschlecht als Kontrollvariable mit erhoben. Die Operationalisierung dieser Variable erfolgt anhand des Geschlechts (1 = weiblich; 2 = männlich).

---

[861] Vgl. Edwards 2001, S. 145.
[862] Vgl. McGee/Peterson/Mueller/Sequeira 2009, S. 978.
[863] Vgl. Edwards 2001, S. 147 ; Kautonen/Kibler/Tornikoski 2010, S. 182.
[864] Edwards 2001, S. 147.
[865] Vgl. Runyan/Huddleston/Swinney 2006, S. 455.
[866] Vgl. Pretorius/Millard/Kruger 2005, S. 63; Vehviläinen/Vuolanto/Ylijoki 2010, S. 64; Ranga/Etzkowitz 2010, S. 3.

Darüber hinaus besteht ein Zusammenhang zwischen dem Alter eines Mitarbeiters und der Entwicklung von Innovationen. Diese Beziehung folgt einer sogenannten Buckel-verteilung.[867] Das bedeutet, dass Mitarbeiter im mittleren Berufsalter die meisten Innovationen hervorbringen, wogegen jüngere und ältere Mitarbeiter seltener innovative Handlungen verfolgen.[868] Das Alter wird anhand einer numerischen Zahl operationalisiert.

Laut SRIVASTAVA und LEE führt ein höheres Bildungsniveau zur Entwicklung von Innovationen.[869] So besteht ein positiver Zusammenhang zwischen dem Bildungs-niveau eines Mitarbeiters und der Entwicklung von Innovationen sowie einem individuellen kreativen Verhalten.[870] In dieser Arbeit wird auch auf diesen Zusammenhang hin kontrolliert. Das Bildungsniveau wird durch den höchsten Bildungsabschluss des Mitarbeiters definiert (1 = kein Schulabschluss, 2 = Haupt-schulabschluss, 3 = Realschulabschluss, 4 = Hochschulreife / Fachhochschulreife, 5 = Hochschulabschluss / Fachhochschulabschluss, 6 = Promotion).

Durch die individuelle Berufserfahrung hat sich ein Mitarbeiter eine Wissensbasis angeeignet und Erfahrungen gesammelt. Hierdurch kann dieser neue Ideen entwickeln und verfolgen.[871] Die Anzahl an Jahren Berufserfahrung wird anhand einer numerischen Zahl operationalisiert.

Da sich die Berufserfahrung auf die gesamte Karriere eines Mitarbeiters bezieht, wird zusätzlich die Anzahl an Jahren im Unternehmen betrachtet, um zu überprüfen, ob dies einen Einfluss auf das innovative Verhalten eines Mitarbeiters hat. Durch die Jahre im Unternehmen kennt der Mitarbeiter die unternehmensinternen Prozesse, wodurch dieser Innovationen hervorbringen kann.[872] Allerdings könnten sich auch Routinen

---

[867] Vgl. Frosch 2011, S. 416.

[868] Für einen Überblick zum Zusammenhang zwischen Alter der Mitarbeiter und Innovationskraft des Unternehmens siehe die Meta-Analyse von Frosch 2011, S. 414.

[869] Vgl. Srivastava/Lee 2005, S. 465.

[870] Vgl. Krueger 2000, S. 11; Tierney/Farmer 2002, S. 1139; Vila/Perez/Morillas 2012, S. 1636; Chi/Quia 2010, S. 696;

[871] Vgl. Shane/Locke/Collins 2003, S. 258.

[872] Vgl. Dess/Ireland/Zahra/Floyd/Janney/Lane 2003, S. 356; Muhle 2010, S. 30.

entwickelt haben, die innovatives Verhalten einschränken.[873] Die Anzahl an Jahren im Unternehmen wird anhand einer numerischen Zahl operationalisiert.[874]

Die Anzahl an Jahren, die ein Mitarbeiter eine Tätigkeit im Unternehmen ausführt, kann sich auf das individuelle intrapreneuriale Verhalten auswirken.[875] Es können verstärkt Routinen entstehen, die innovatives Verhalten einschränken.[876] In der Literatur gilt, dass je länger ein Mitarbeiter die gleiche Tätigkeit ausführt, desto weniger Innovationen wird dieser hervorbringen. Die Anzahl an Jahren des aktuellen Arbeitsplatzes wird anhand einer numerischen Zahl operationalisiert.[877]

4.3   Durchführung der Datenerhebung und Aufbereitung der Daten

In diesem Kapitel wird die Durchführung der Datenerhebung dargestellt. Hierzu werden zunächst das Vorgehen bei der Datengenerierung beschrieben und die Rücklaufquote berechnet (Kapitel 4.3.1). Es erfolgt die Überprüfung der Daten auf Vollständigkeit und Ausreißer (Kapitel 4.3.2). Abschließend werden die Datenbasis auf Repräsentativität überprüft und die Verteilung der Daten angegeben (Kapitel 4.3.3).

4.3.1   Vorgehen bei der Datengenerierung und Rücklauf

Die mittels der HOPPENSTEDT-Datenbank identifizierte Grundgesamtheit beträgt 4.500 IT-Unternehmen in Deutschland. Aus ökonomischen Gesichtspunkten wurde aus dieser Anzahl eine zufällige Stichprobe von 900 IT-Unternehmen ausgewählt.[878] Diese Anzahl stellt eine ausreichend große Stichprobe dar, um die erforderliche Datenbasis für die zuvor definierte Forschungsmethode zu generieren.[879] Die durch die HOPPENSTEDT-Datenbank identifizierten Unternehmen wurden in eine Excel-Tabelle übertragen, damit nachgehalten werden konnte, welches Unternehmen bereits kontak-

---

[873] Vgl. Woodman/Sawyer/Griffin 1993, S. 301.

[874] Vgl. Zhang/Bartol 2010, S. 114.

[875] Vgl. Tierney/Farmer 2002, S. 1139.

[876] Vgl. Damanpour 1996, S. 695; Nebe 2000, S. 4; Rudzinski/Groth 2011, S. 157.

[877] Vgl. Zhou/George 2001, S. 687.

[878] Vgl. Schnell/Hill/Esser 2011, S. 259. Siehe auch Kapitel 4.2.1.

[879] Vgl. Bortz/Döring 2009, S. 434.

tiert wurde, beziehungsweise welche Probanden bereits teilgenommen haben. Zu den in die Excel-Tabelle extrahierten Informationen zählte der Unternehmensname, die Anschrift, der Name des Geschäftsführers und die Telefonnummer des Unternehmens. Zusätzlich wurde das Gründungsjahr, der Jahresumsatz im Jahr 2011 und die Mitarbeiteranzahl in die Tabelle übertragen. Nach dem Telefonkontakt wurden noch das Datum, der Name der Ansprechperson sowie sonstige Bemerkungen notiert. Zu den Notizen zählte beispielsweise, ob mit dem Geschäftsführer persönlich telefoniert wurde, ein Termin für einen späteren Anruf vereinbart wurde oder kein Interesse zur Teilnahme bestand, sodass diese Unternehmen nicht erneut kontaktiert wurden.

Die Geschäftsführer der identifizierten IT-Unternehmen wurden im Sommer 2012 telefonisch kontaktiert. Da dieser zuvor mittels der HOPPENSTEDT-Datenbank als Key-Informant-Personen bestimmt wurden, sollten diese in einem persönlichen Gespräch zur Teilnahme an der Studie überzeugt werden. Neben den Geschäftsführern wurde auch ein ausgefüllter Fragebogen einer Person des mittleren Managements benötigt. Diese Person kann nur schwer extern identifiziert werden. Daher ist die Unterstützung des Geschäftsführers eine zwingende Voraussetzung für den Erfolg dieser Studie. In dem Telefonat wurde dem Geschäftsführer das Untersuchungsziel vorgestellt, um sein Interesse zu wecken und seine Motivation zur Teilnahme zu erhöhen. Durch das Gespräch sollte zusätzlich sichergestellt werden, dass die Kriterien für die Teilnahme wie ein Zugang zum Internet beziehungsweise ein Zugriff auf ein E-Mail-Konto erfüllt waren und die Vorgehensweise den Teilnehmern verdeutlicht wurde.[880]

Falls der Geschäftsführer zu einer Teilnahme bereit war, wurde seine E-Mail-Adresse notiert. An dieser Stelle wurde auch nachgefragt, ob dieser einen Mitarbeiter des mittleren Managements zur Teilnahme empfehlen kann. Falls dies der Fall war, wurde gleichzeitig auch dessen E-Mail-Adresse aufgeschrieben, damit dieser ebenfalls eingeladen werden konnte. Oft konnte von den Geschäftsführern zu diesem Zeitpunkt

---

[880] Es sollte eine möglichst hohe Rücklaufquote erreicht werden, da davon auszugehen ist, dass sich Teilnehmer und Nicht-Teilnehmer in deren Antwortverhalten unterscheiden und eine zu geringe Rücklaufquote die Messergebnisse verfälschen würden. Vgl. Bortz/Döring 2009, S. 256f.; Schnell 2012, S. 190f.

noch kein Mitarbeiter genannt werden, sodass angeboten wurde, am Ende der Einladungs-E-Mail ein zweites Anschreiben inklusive Link für den Mitarbeiter zu versenden, sodass der Geschäftsführer diese E-Mail weiterleitet. Hierdurch wurde sichergestellt, dass die Teilnehmer des mittleren Managements einen einfachen Zugang zum Fragebogen erhalten.

Die Rücklaufquote orientiert sich an den kontaktierten Unternehmen in Relation zu den tatsächlichen Teilnehmern. [881] Insgesamt wurde eine Liste mit 900 IT-Unternehmen erstellt. Diese wurden sukzessiv kontaktiert, wobei sich bei den Telefonaten herausgestellt hat, dass einige Unternehmen nicht mehr am Markt operierten. So war beispielsweise die Telefonnummer nicht mehr vergeben. Unternehmen wurden als nicht kontaktierbar klassifiziert, wenn nach drei unbeantworteten Anrufen an drei unterschiedlichen Tagen kein Mitarbeiter einen Anruf entgegengenommen hatte. Zusätzlich konnte der Geschäftsführer oft nicht persönlich kontaktiert werden. Die Gründe hierfür waren vielfältig. So war dieser zum Beispiel für längere Zeit erkrankt, in Elternzeit oder kürzlich verstorben.[882]

Darüber hinaus haben einige Geschäftsführer im Telefonat erklärt, dass es sich bei ihrem Unternehmen nicht um ein IT-Unternehmen handelt und sich entsprechend als branchenfremd bezeichnet. Diese Unternehmen wurden aus der Stichprobe entfernt.

Die nachkorrigierte Stichprobe hatte einen Umfang von 781 Unternehmen. Bei den Telefonaten zeigten 262 Unternehmen kein Interesse an einer Teilnahme. Manche davon bekundeten zunächst Interesse, wollten später allerdings nicht mehr teilnehmen. An diese Unternehmen wurden keine weiteren E-Mails versendet. Dennoch zählen diese Unternehmen zur Stichprobe und müssen als Nicht-Antworter gewertet werden. Bis zum 25. Mai 2012 haben von den kontaktierten Unternehmen insgesamt 221 Geschäftsführer und 157 Mitarbeiter des mittleren Managements an der Umfrage teilgenommen, wobei ausschließlich in 127 Unternehmen Probanden aus dem

---

[881] Vgl. Schnell 2012, S. 253.
[882] Vgl. Schnell 2012, S. 160.

mittleren und oberen Management teilgenommen haben.[883] Dies entspricht einer Rücklaufquote von 16,26 %, was, gemessen am Schwierigkeitsgrad der hierarischen Befragung, zufriedenstellend ist.

4.3.2 Überprüfung auf Datenvollständigkeit und Ausreißer

Im ersten Schritt wird der Datensatz auf Vollständigkeit untersucht, da zur empirischen Überprüfung unter Verwendung einer Strukturgleichungsanalyse eine vollständige Datenmatrix vorliegen muss.[884] Es sollte überprüft werden, ob fehlende Werte zufällig aufgetreten sind oder ob die Werte einem systematischen Muster folgen.[885] Falls systematisch fehlende Werte nicht berücksichtigt werden, kann dies dazu führen, dass die Ergebnisse der Untersuchung verzerrt werden und nicht verwendet werden können.

Die Ursachen für fehlende Werte können beispielsweise Antwortverweigerer, unzureichende Kenntnisse der Befragten bezüglich der Forschungsfragen oder Kodierungsfehler sein.[886] Zusätzlich erhöhen persönliche Fragen oder Fragen zu Unternehmenskennzahlen das Risiko eines frühzeitigen Abbruchs. Dieser Gefahr von fehlenden Werten wirken eine sorgfältige Ausarbeitung des Fragebogens und ein zielgruppengerechter Zugang entgegen. Zusätzlich wurde die Motivation des oberen Managements durch das persönliche Telefonat erhört, wobei seine Bereitschaft zur Teilnahme gleichzeitig eine Verpflichtung zur Teilnahme beim mittleren Management ausgelöst hat. Da sich die Fragen auf den Arbeitsalltag der Teilnehmer beziehen oder persönliche Fähigkeiten abgefragt wurden, darf nicht davon ausgegangen werden, dass die Teilnehmer die Informationen nicht besitzen, um die Fragen adäquat beantworten zu können. Es kann also von einer hohen Bereitschaft zur Teilnahme ausgegangen werden, sobald das persönliche Telefonat das obere Management überzeugt hat.

---

[883] Vgl. Zhou/George 2001, S. 687.
[884] Vgl. Flick 2011, S. 142.
[885] Vgl. Janssen/Laatz 2003, S. 418.
[886] Vgl. Bankhofer/Praxmarer 1998, S. 109f; Toutenburg 2004, S. 14; Sarstedt/Schütz 2006, S. 31; Schnell 2012, S. 158ff.

Nach RUBIN können drei Arten von fehlenden Werten unterschieden werden: Not Missing at Random (NMAR), Missing Completly at Random (MCAR) und Missing at Random (MAR).[887] Systematisch fehlende Werte dürfen nur ersetzt werden, wenn der Ausfallmechanismus bekannt ist. Beispielsweise können systematisch fehlende Angaben zum Jahresumsatz eines Unternehmens in einer Unternehmensdatenbank abgefragt und ersetzt werden. Falls dies jedoch nicht möglich ist, dürfen diese fehlenden Werte nicht ersetzt werden. Demgegenüber stehen die komplett zufällig (MCAR) beziehungsweise zufällig (MAR) fehlen Werte, die unter Rückgriff auf die Maximum-Likelihood-Schätzung[888] unter Verwendung des EM-Schätzers ermittelt werden können.[889] Neben der Impuation von fehlenden Werten, können die Datensätze mit fehlenden Werte auch eliminieren werden.[890]

Für diese Arbeit wurden alle Items als obligatorische Fragen markiert, sodass der Teilnehmer nur durch die Beantwortung aller Fragen zur nächsten Frageseite klicken konnte. Dies führt dazu, dass der in dieser Arbeit verwendete Datensatz vollständig ist und keine fehlenden Werte aufweist.

Im zweiten Schritt wird der Datensatz auf Ausreißer untersucht. Ausreißer sind Datenwerte, die ungewöhnlich erscheinen und sich sachlogisch nicht interpretieren lassen beziehungsweise zu widersprüchlichen Ergebnissen führen.[891] Ein Beispiel wäre eine dreistellige Anzahl an Kindern im Privathaushalt einer Familie.[892]

Mögliche Ausreißer lassen sich in drei Kategorien unterteilen: verfahrenstechnische Fehler, ungewöhnliche Werte und echte Ausreißer. Bei verfahrenstechnischen Fehlern handelt es sich um revers kodierte Fragen, die vom Teilnehmer nicht als solche identifiziert wurden, sodass dieser nach bekanntem Vorgehen geantwortet hat. Die ungewöhnlichen Werte beziehen sich auf Antworten, die nicht in das allgemeine

---

[887] Vgl. Rubin 1976; Leonhart 2010, Spieß 2010, S. 118f.; S. 75; Schnell 2012, S. 172.
[888] Für weiter Informationen bezüglich der Maximum-Likelihood-Methode siehe Bortz/Schuster 2010, S. 91; Gautschi 2010, S. 205.
[889] Vgl. Dempster/Laird/Rubin 1977; Enders 2006, S. 315; Kristensen/Eskildsen 210, S. 258f.; Schnell/Hill/Esser 2011, S. 460; Kautonen/Zolin/Kuckertz/Viljamaa 2010, S. 195.
[890] Vgl. Decker/Wagner 2008, S. 65; Schnell/Hill/Esser 2011, S. 213.
[891] Vgl. Janssen/Laatz 2003, S. 418; Middelberg 2012, S. 139.
[892] Vgl. Lück 2008, S. 75.

Antwortmuster passen, aber sachlogisch erklärt werden können und daher eine weitere Berücksichtigung finden sollten. Darüber hinaus können echte Ausreißer auftreten, die sich einer sachlogischen Erklärung entziehen.[893]

Neben einer optischen Suche nach Ausreißern, können diese in SPSS auch mit Hilfe einer Box-Plot-Analyse[894] und der MAHALANOBIS-Distanz[895] identifiziert werden. Die nicht sachlogisch begründbaren Ausreißer sollten eliminiert werden.[896] Der dieser Arbeit zugrundeliegende Datensatz wurde auf Ausreißer untersucht, wobei keine identifiziert werden konnten, die sich nicht aus sachlogischer Sicht begründen ließen. Demzufolge konnte mit dem ursprünglichen Datensatz weiter gearbeitet werden. Im letzten Schritt wurden die revers kodierten Items umkodiert, sodass alle Skalen einer einheitlichen Struktur folgen.[897]

4.3.3 Repräsentativität und Verteilung der Datenbasis

Die Repräsentativität der Ergebnisse wird durch die zuvor definierte Stichprobe determiniert und muss ex-post überprüft werden.[898] In dieser Arbeit wurde die Stichprobe anhand des zu untersuchenden Forschungskontextes bestimmt. Zur Untersuchung wurden kleine und mittlere IT-Unternehmen befragt, die mittels Wirtschaftszweignummer in der HOPPENSTEDT-Datenbank identifiziert werden konnten. Um mögliche Störeinflüsse auszuschließen, wurden die einzelnen Items randomisiert abgefragt, damit das erste oder das letzte Item keine besondere Beachtung oder Vernachlässigung durch den Probanden erfährt.[899] Zusätzlich wurden negativ kodierte Items in die Umfrage mit aufgenommen. Dies soll sicherstellen, dass der Lesefluss der Teilnehmer unterbrochen wird, sodass dieser sich die einzelnen

---

[893] Vgl. Lück 2008, S. 76.

[894] Der Box-Plot definiert sich durch eine Box. Diese Box wird am unteren Ende durch das erste Quartil und am oberen Ende durch das dritte Quartil definiert. Der Strich innerhalb der Box markiert den Median. Werte außerhalb dieses Bereiches können als Ausreißer bezeichnet werden. Vgl. Assenmacher 2003, S. 89; Janssen/Laatz 2003, S. 212; Toutenburg 2004, S. 77f.; Baur 2008a, S. 235; Bortz/Schuster 2010, S. 44f.; Bühl 2012, S. 1011f.; Kopp/Lois 2012, S. 61.

[895] Vgl. Kline 2011, S. 54.

[896] Vgl. Weiber/Mühlhaus 2010, S. 145f.

[897] Vgl. Kallus 2010, S. 105; Leonhart 2010, S. 50.

[898] Vgl. Bortz/Döring 2009, S. 397; Kromrey 2009, S. 254; Atteslander 2010, S. 66.

[899] Vgl. Schnell/Hill/Esser 2011, S. 215f.

Fragen aufmerksam durchlesen muss und keine simplen Antworttendenzen abgeben kann.[900] Durch eine detaillierte Betrachtung der Datenbasis konnte bestätigt werden, dass von den Teilnehmern die revers codierten Items auch als solche erkannt wurden und beim Antwortverhalten keine Tendenzen aufgetreten sind.

Zusätzlich kann die Repräsentativität durch einen statistischen Vergleich zwischen Grundgesamtheit und Stichprobe hinsichtlich des Gründungsjahres, der Mitarbeiteranzahl und des Jahresumsatzes 2011 durchgeführt werden, da diese Informationen in der HOPPENSTEDT-Datenbank vorliegen. So kann überprüft werden, ob sich die zufällig ausgewählten 900 Unternehmen der Stichprobe von der Grundgesamtheit unterscheiden. Die Ergebnisse dieser statistischen Überprüfung zeigen, dass die Variablen Gründungsjahr ($r = 0,992$; $p < 0,001$), Mitarbeiteranzahl ($r = 0,986$; $p < 0,001$) und Jahresumsatz 2011 ($r = 0,981$; $p < 0,001$) signifikant miteinander korrelieren. Es können aber noch weitere Biases auftreten, die zu einer systematischen Verzerrung der Messwerte und Forschungsergebnisse führen. Hierzu zählen der Non-Response-Bias, der Key-Informant-Bias und der Common-Method-Bias.

Der (Total-)Non-Response-Bias beschreibt den Umstand, dass nicht ausgeschlossen werden kann, dass zwischen Teilnehmern und Nicht-Teilnehmern ein substantieller Unterschied bezüglich der Beantwortung des Fragebogens besteht.[901] Da dies zu einer systematischen Verzerrung der Forschungsergebnisse führen kann, sollte überprüft werden, ob sich die beiden Gruppen signifikant voneinander unterscheiden. Hierfür werden zunächst die Informationen, die bei den persönlichen Telefonaten mit den Unternehmen gesammelt wurden, herangezogen und analysiert. Es wurden die individuellen Begründungen der Unternehmen für eine Teilnahmeverweigerung untersucht. Hierbei wurde deutlich, dass die Verweigerung nicht auf inhaltliche Bedenken, wie eine zu geringe Kenntnis über das Forschungsobjekt oder methodische Umstände wie Datensicherheit und Anonymität, zurückzuführen ist, sondern darauf basiert, dass diese Unternehmen grundsätzlich keine Zeit in die Beantwortung von Umfragen investieren möchten, da sie glauben, davon nicht zu profitieren. Dies ist ein

---

[900] Vgl. Podsakoff/MacKenzie/Lee/Podsakoff, 2003, S. 884.
[901] Vgl. Diekmann 2009, S. 418.

erster Hinweis darauf, dass sich die Antworten der Nicht-Teilnehmer von denen der Teilnehmer nicht inhaltlich unterscheiden, sondern die nicht teilnehmenden Unternehmen lediglich keine Zeit in die Beantwortung des Fragebogens investieren möchten.

Für die statistische Überprüfung möglicher Unterschiede zwischen den Antworten von Teilnehmer und Nicht-Teilnehmer wird die gezielte Nachbefragung der Nicht-Teilnehmer empfohlen. Da dies häufig nicht erfolgsversprechend ist, da bestehende Gründe für eine Teilnahmeverweigerung vorliegen, wird auf diese Methode oft verzichtet. Allerdings werden auch die Spät-Antworter eng mit den Nicht-Antwortern in Verbindung gebracht, sodass empfohlen wird, die Antworten der Spät-Teilnehmern mit denen der Früh-Teilnehmer zu vergleichen, um eventuelle Unterschiede zu erkennen. Zur Überprüfung werden die Teilnehmer in drei Gruppen unterteilt, wobei die erste mit der dritten Gruppe verglichen wird. Ein Vergleich lässt keinen Unterschied zwischen Früh- und Spät-Antwortern erkennen. Zudem besteht die Möglichkeit, auf die Informationen der HOPPENSTEDT-Datenbank hinsichtlich des Jahresumsatzes 2011 und der Mitarbeiteranzahl zurückzugreifen, wodurch die Angaben zwischen den Teilnehmern und den Nicht-Teilnehmern verglichen werden können, um nachzuweisen, dass diese sich nicht signifikant unterscheiden. Die statistischen Ergebnisse zeigen sowohl eine signifikante Korrelation für den Jahresumsatz 2011 ($r = 0,866$; $p < 0,001$) als auch für die Mitarbeiteranzahl ($r = 0,997$; $p < 0,001$). Ein (Total-)Non-Response-Bias kann daher für diese Arbeit ausgeschlossen werden.

Bei dem Key-Informant-Bias wird eine Situation bei der Beantwortung eines Fragebogens beschrieben, bei der der Teilnehmer den zu untersuchenden Sachverhalt durch seine subjektive Bewertung oder einen Mangel an detaillierten Informationen nicht richtig einschätzen kann.[902] Hierdurch können Messfehler entstehen, die sich im Key-Informant-Bias ausdrücken. Dieser kann dazu führen, dass die Messdaten verzerrt werden, sodass die Qualität der Forschungsergebnisse beschränkt bleibt. In dieser

---

[902] Vgl. Covin/Green/Slevin 2006, S. 65.

Arbeit werden die immateriellen Belohnungen beim mittleren und oberen Management im Fragebogen abgefragt, um überprüfen zu können, ob beide Managementebenen über die gleichen Informationen verfügen. Hierfür wurde die Korrelation zwischen den Antworten des mittleren und oberen Managements hinsichtlich der immateriellen Belohnungen überprüft. Nach PEARSON[903] korrelieren die Antworten signifikant miteinander ($r = 0{,}256$; $p < 0{,}01$). Demzufolge kann davon ausgegangen werden, dass die Teilnehmer auf beiden hierarischen Ebenen die gleiche Einschätzung hinsichtlich der immateriellen Belohnung im Unternehmen teilen und entsprechend aufmerksam und wahrheitsgemäß auf die Fragen geantwortet haben.

Es wird zudem empfohlen, dass sich Probanden bezüglich ihrer individuellen Kreativität oder Innovationskraft nicht selbst einschätzen, da dies zu einer Überschätzung der eigenen Fähigkeiten führen kann. Deren Beurteilung sollten Vorgesetzte übernehmen.[904] Hintergrund ist der ausgeprägte Unterschied zwischen Selbst- und Fremdwahrnehmung.[905] Um diesem entgegenzuwirken, wird die Intention zum intrapreneurialen Verhalten vom oberen Management beurteilt. Die wahrgenommene intrapreneuriale Erwünschtheit und die wahrgenommenen intrapreneurialen Fähigkeiten werden hingegen vom Mitarbeiter im mittleren Management selbst eingeschätzt, da diese vom oberen Management nicht beurteilt werden können. Zur weiteren Qualitätsbeurteilung werden die Antworten des oberen Managements hinsichtlich des Gründungsjahres und des Umsatzes 2011 mit den Informationen aus der HOPPENSTEDT-Datenbank abgeglichen. Die Ergebnisse zeigen eine signifikanten Korrelation für das Gründungsjahr ($r = 0{,}811$; $p < 0{,}01$) und für den Umsatz 2011 ($r = 0{,}356$; $p < 0{,}01$). Demzufolge wird diese Arbeit nicht durch einen Key-Informant-Bias verzerrt.

Der Common-Method-Bias beschreibt eine weitere systematische Verzerrung, die bei einer sozialwissenschaftlichen Forschungsarbeit auftreten kann: eine systematische Verzerrung zwischen exogener und endogener Variable, wobei deren Zusammenhang

---

[903] Vgl. Janssen/Laatz 2003, S. 363f.; Benninghaus 2007, S. 214f.; Bühl 2012, S. 421f.
[904] Vgl. Zhou/George 2001, S. 696. Siehe auch Kapitel 4.2.3.2.
[905] Vgl. Kallus 2010, S. 99.

nicht auf einem tatsächlichen Sachverhalt basiert, sondern lediglich in der Art der Datenerhebungsmethodik begründet liegt. Der Common-Method-Bias entwickelt sich, wenn das Antwortverhalten eines Teilnehmers beispielsweise durch die vorherigen Fragen beeinflusst wird. Das bedeutet, dass Antworttendenzen auftreten können, die einen Zusammenhang zwischen exogener und endogener Variable rechnerisch bestätigen, wobei dieser Effekt primär auf dem Forschungsdesign und einem sogenannten Methodeneffekt basiert. Diese Verzerrung tritt häufig auf, wenn die Daten lediglich aus einer Quelle stammen beziehungsweise die Fragen nur von einem Probanden beantwortet werden.[906]

In der Literatur finden sich sowohl Empfehlungen für die Vermeidung des Common-Method-Bias als auch zur nachträglichen Kontrolle auf die Common-Method-Varianz mittels statistischer Tests. Zur ex-ante Vermeidung des Common-Method-Bias werden folgend einige methodische Verfahren dargestellt. So könnte die Erhebung zu unterschiedlichen Zeitpunkten durchgeführt werden[907], es könnten unterschiedliche Messmethoden zum Einsatz kommen[908] oder es können verschiedene Messniveaus Anwendung finden[909]. Zusätzlich sollen negativ kodierte Items verwendet sowie zunächst die Items der unabhängigen Variable abgefragt werden und erst danach die der abhängigen Variable.

Dieser Empfehlung folgt auch diese Arbeit. Es wurden negativ kodierte Items verwendet und die abhängige Variable wurde erst im späteren Teil des Fragebogens abgefragt. Entscheidend zur Vermeidung des Common-Method-Bias ist allerdings eine unabhängige Datenerfassung zwischen exogener und endogener Variable.[910] Da für diese Arbeit die exogenen und endogenen Variablen aus zwei unterschiedlichen Quellen erhoben wurden,[911] kann davon ausgegangen werden, dass sich kein Common-Method-Bias vorfinden lässt. Zur Vollständigkeit wurden folgend die ex-

---

[906] Vgl. Podsakoff/MacKenzie/Lee/Podsakoff 2003, S. 881; Kautonen/Kibler/Tornikoski 2010, S. 184.

[907] Vgl. Podsakoff/MacKenzie/Lee/Podsakoff 2003, S. 885.

[908] Es könnte z. B. eine Befragung und ein Experiment durchgeführt werden.

[909] Bspw. die Likert-Skalen oder das semantische Differential.

[910] Vgl. Podsakoff/MacKenzie/Lee/Podsakoff 2003, S. 887.

[911] Die endogene Variable wurde im Fragebogen der Geschäftsführer erfasst, wobei die exogenen Variablen im Fragebogen der Projekt-/Teamleiter abgefragt wurden.

post statistischen Tests zur Überprüfung auf den Common-Method-Bias angewendet, um auch statistisch diesen Bias ausschließen zu können.

Eine der verbreitetsten Methoden zur statistischen Überprüfung auf den Common-Method-Bias ist HARMAN´s One-Factor-Test.[912] Bei dieser Methode wird eine unrotierte explorative Faktoranalyse über alle erhobenen Variablen durchgeführt. Die Annahme besagt, dass sich bei einer Common-Method-Varianz nur ein Faktor extrahieren lässt, beziehungsweise der erste Faktor die Mehrheit der gesamten Varianz erklärt. Zusätzlich kann der Common-Method-Bias auch mittels konfirmatorischer Faktoranalyse überprüft werden. Hierbei wird der Modellfit des konfirmatorischen Modells mit einem One-Factor-Modell verglichen. Falls das theoretisch entwickelte Modell einen höheren Modellfit aufweist, wird die Gefahr eines Common-Method-Bias zurückgewiesen. Die statistische Überprüfung mittels dieser Verfahren hat keinen Hinweis auf einen Common-Method-Bias geliefert.

In diesem Abschnitt werden die Daten auf eine Multinormalverteilung überprüft.[913] Die Überprüfung erfolgt mit Hilfe eines Tests der einzelnen Variablen auf eine univariate Normalverteilung sowie einem Test der Variablengesamtheit hinsichtlich einer multivariaten Normalverteilung. Die Multinormalverteilung setzt eine Normalverteilung jeder einzelnen Indikatorvariablen voraus. Die Überprüfung der univariaten Normalverteilung erfolgt unter Verwendung von Histogrammen und Normal-Probability-Plots (Q-Q-Plots).[914] Zusätzlich werden einzelne Variablen mit Schiefe-[915] und Wölbungsmaßen[916] sowie weiterer statistischer Tests überprüft.[917]

Eine Normalverteilung tritt auf, wenn Schiefe- und Wölbungsmaße den Wert Null annehmen. Der Grenzwert für eine Schiefe liegt bei Zwei und für eine Kurtosis bei

---

[912] Vgl. Podsakoff/MacKenzie/Lee/Podsakoff 2003, S. 889; Kautonen/Kibler/Tornikoski 2010, S. 184; Baron/Tang 2011, S. 55.

[913] Vgl. Bühl 2012, S.168f.

[914] Vgl. Janssen/Laatz 2003, S. 217f; Toutenburg 2004, S. 51; Leonhart 2010, S. 66f.

[915] Mit dem Schiefemaß wird die Richtung und Größenordnung der Schiefe der Verteilung angegeben. Vgl. Assenmacher 2003, S. 117ff.; Toutenburg 2004, S. 75; Kähler 2008, S. 56; Weins 2010, S. 72.

[916] Mit dem Wölbungsmaß wird die Abweichung gegenüber einer Normalverteilung angegeben. Vgl. Assenmacher 2003, S. 114f.; Toutenburg 2004, S. 76; Kähler 2008, S. 56.

[917] Vgl. Benninghaus 2007, S. 35.

Sieben. Keine der Items hat diese Grenzwerte überschritten. Zur weiteren statistischen Überprüfung wird auf den KOLMOGROV-SMIRNOFF-Test[918] sowie den SHAPIRO-WILK-Test[919] zurückgegriffen. Hierdurch wurde der Empfehlung nachgekommen, dass grafische Analysen und statistische Tests zur Überprüfung kombiniert werden sollten. Allerdings wird in der Literatur auch kritisiert, dass eine grafische Überprüfung der Daten dem KOLMOGROV-SMIRNOFF-Test vorzuziehen ist, da dieser stark von der Stichprobengröße abhängt.[920] Insgesamt bestätigt die Überprüfung der Datenbasis eine Multinormalverteilung, obwohl dies beim varianzbasierten Ansatz keine zwingende Voraussetzung zur Datenauswertung ist.

Zusammenfassend konnten keine Anzeichen für systematische Messfehler, strukturelle Verzerrungen der Stichprobe oder mangelnde Repräsentativität der Daten nachgewiesen werden. Der nächste Abschnitt widmet sich der multivariaten Auswertung der Daten.

4.4 Auswertung der quantitativen-empirischen Untersuchung

In diesem Kapitel wird die quantitative-empirische Untersuchung ausgewertet. Hierfür wird zunächst die Güte der Datenbasis untersucht (Kapitel 4.4.1). Dann erfolgt die Gütebeurteilung zunächst auf Gesamtmodellebene (Kapitel 4.4.1.1), anschließend werden die Teilmodelle beurteilt (Kapitel 4.4.1.2). Darauf folgend werden die deskriptiven Statistiken und Korrelationen präsentiert (Kapitel 4.4.2) und die Ergebnisse der Kausalanalyse und die Hypothesenprüfung dargestellt (Kapitel 4.4.3).

4.4.1 Gütebeurteilung der Datenbasis

In diesem Abschnitt wird zuerst die Gütebeurteilung der Datenbasis auf Gesamtmodellebene beschrieben, da dies eine zwingende Voraussetzung zur weiteren Überprüfung darstellt (Kapitel 4.4.1.1). Im Anschluss werden die Konstrukte auf Teilmodellebene einer Gütebeurteilung unterzogen (Kapitel 4.4.1.2).

---

[918] Vgl. Eckstein 2008, S. 93; Bühl 2012, S. 386.
[919] Vgl. Janssen/Laatz 2003, S. 218.
[920] Vgl. Bühner/Ziegler 2009, S. 675.

4.4.1.1 Gütebeurteilung der Datenbasis auf Gesamtmodellebene

Falls das Modell die definierten Beurteilungskriterien nicht hinreichend erfüllt, sollte von einer weiteren Auswertung abgesehen werden, da dies zu einer Verzerrung führen kann und die Qualität der Ergebnisse beschränkt. Die Beurteilung orientiert sich an diversen statistischen Kriterien, die allerdings nicht für sich betrachtet werden sollten, sondern gesamtheitlich und dem Kontext entsprechend. So muss ein Modell nicht zwingend abgelehnt werden, wenn lediglich ein definierter Schwellenwert nicht eingehalten wird. Werden gleichzeitig alle anderen Werte bestätigt, sollte anhand des Kontextes entschieden werden, ob das Modell hinreichend viele Beurteilungskriterien erfüllt, um eine wissenschaftliche Aussagekraft zu garantieren.

Die Analyse der Datenbasis auf Gesamtmodellebene orientiert sich anhand der in Kapitel 4.1.5 definierten Gütebeurteilungskriterien. Beim varianzbasierten Ansatz handelt es sich um den Goodness-of-Fit-Index, der als einziges Gütekriterium auf Gesamtmodellebene gilt.[921] Der Goodness-of-Fit-Wert für dieses Forschungsmodell weist mit 0,376 einen hohen Wert auf. Dies ist als erstes positives Kriterium zur Gütebeurteilung dieses Modells anzusehen. Da keine weiteren Gütekriterien auf Gesamtmodellebene definiert sind, wird die Überprüfung der einzelnen Teilmodelle empfohlen, damit eine zusammenfassende Gütebeurteilung des Modells erfolgen kann.[922] Im folgenden Kapitel werden die einzelnen Teilmodelle hinsichtlich deren Güte beurteilt.

4.4.1.2 Gütebeurteilung der Datenbasis auf Teilmodellebene

Die Analyse der Teilmodell- beziehungsweise Faktorebenen stellt eine weitere Möglichkeit zur Gütebeurteilung der Datenbasis dar. Hierbei werden die Konstrukte und deren Beziehung untereinander auf deren Reliabilität und Validität untersucht. Die Beurteilung orientiert sich an den bereits dargestellten Gütekriterien und Schwellenwerten.[923] In diesem Zusammenhang sei darauf hingewiesen, dass die Erfüllung aller

---

[921] Vgl. Tenenhaus/Esposito Vinzi/Chatelin/Lauro 2005, S. 180. Siehe auch Tabelle 5.
[922] Vgl. Ringle 2004, S. 23; Kopp/Lois 2012, S. 206.
[923] Siehe Kapitel 4.1.5.

Gütekriterien keine notwendige Voraussetzung zur weiteren Analyse darstellt, sondern je nach Kriterium und Grad beurteilt werden sollte, ob eine wissenschaftliche Auswertung noch garantiert werden kann.

Darüber hinaus könnten einzelne Items eines Konstrukts nicht die geforderten Gütekriterien aufweisen, sodass entschieden werden muss, ob diese aus sachlogischen Überlegungen eliminiert werden können oder weiterhin Berücksichtigung finden sollten.[924] Auf ein sogenanntes „data fitting" sollte verzichtet werden, da sich dies ausschließlich an statistischen Kriterien orientiert, aber nicht die Items anhand deren inhaltlichen Bedeutung beurteilt. Deswegen sollten auch Indikatoren, die sich negativ auf die Reliabilität eines Konstrukts auswirken, berücksichtigt werden, sofern diese als inhaltlich bedeutsam identifiziert wurden.

Im folgenden Abschnitt werden die einzelnen Konstrukte anhand verschiedener Güte-kriterien beurteilt. Diese Kriterien wurden bereits in Kapitel 4.1.5 vorgestellt und in Tabelle 5 dargestellt. Hierbei handelt es sich um Kriterien der ersten und zweiten Generation, die sowohl die Reliabilität als auch die Validität der Konstrukte überprüfen.[925] Neben den lokalen Gütemaßen werden auch globale Gütekriterien herangezogen, sodass die Beurteilung auf Gesamtmodellebene erfolgt.

Als erster Indikator wird das Konstrukt der Intention zum intrapreneurialen Verhalten überprüft, da es sich hierbei um die abhängige Variable handelt.[926] Die dazugehörigen Gütekriterien werden nachfolgend dargestellt. Der CRONBACHS-Alpha-Wert liegt bei 0,915 und erfüllt deutlich den von NUNALLY vorgegebenen Grenzwert. Zusätzlich erfüllen alle Items die Item-to-Total-Korrelation sowie das KAISER-MEYER-OLKIN-Kriterium. Basierend auf einer explorativen Faktoranalyse wurde ein Faktor extrahiert. Die erklärte Varianz beträgt sowohl beim Verfahren der Hauptkomponenten- (85,43 %) als auch bei der Hauptachsenanalyse (78,21 %) mehr als 50 %. Bei den Güte-kriterien der 2. Generation weisen die Faktorladungen hohe und statistisch signifikante Werte auf. Die Indikator- und Faktorreliabilität liegt deutlich über den geforderten

---

[924] Vgl. Homburg/Giering 1998, S. 128.
[925] Vgl. Middelberg 2012, S. 162.
[926] Siehe Abbildung 14.

Grenzwerten. Darüber hinaus weist die durchschnittliche extrahierte Varianz (DEV) einen Anteil von 0,854 auf. Auch hier werden die Grenzwerte deutlich eingehalten. Es kann konstatiert werden, dass sich dieses Konstrukt für die weitere Messung eignet. Die Ergebnisse der Gütebeurteilung sind in Abbildung 14 dargestellt.

Intention zum intrapreneurialem Verhalten			
Gütebeurteilungskriterien der 1. Generation			
Indikatoren Wie schätzen Sie die Wahrscheinlichkeit ein, dass Ihr Projekt-/Teamleiter freiwillig...	Item-to-Total-Korreleration	Faktorladung (PCA)	Faktorladung (EFA)
Inn_1 ...in naher Zukunft eine Gelegenheit für eine neuartige Geschäftsidee verfolgt?	0,813	0,916	0,862
Inn_2 ...nach Beendigung seiner aktuellen Tätigkeit (z.B. Projekt-Teamarbeit) eine Gelegenheit für eine neuartige Geschäftsidee verfolgt?	0,850	0,936	0,917
Inn_3 ...in ferner Zukunft eine Gelegenheit für eine neuartige Geschäftsidee verfolgt?	0,821	0,921	0,873

Deskriptives Beurteilungskriterium	
Cronbachs Alpha	0,915

Explorative Faktoranalyse			
Kaiser-Meyer-Olkin-Kriterium	0,755	Anzahl extrahierter Faktoren	1
Erklärte Varianz (PCA)	85,43 %	Erklärte Varianz (EFA)	78,21 %

Gütebeurteilungskriterien der 2. Generation			
Indikatoren	Indikator-reliabilität	t-Werte der Faktorladungen	Faktorladung (KFA)
Inn_1	0,826	49,260	0,909***
Inn_2	0,880	37,246	0,938*** → Intention zum intrapreneurialen Verhalten
Inn_3	0,854	50,962	0,924***
Faktorreliabilität	0,946		Quelle: Welpe, Spörrle, Grichnik,
Durchschnittlich extrahierte Varianz	0,854		Michl & Audretsch 2011

Abbildung 14: Gütebeurteilung des Faktors individuelle Intention zur Innovation

Die individuelle Kreativität der Mitarbeiter wird in dieser Arbeit von den Geschäftsführern beurteilt, damit sichergestellt ist, dass objektive Werte generiert werden.[927] Im Zusammenhang mit der Kreativitätsforschung wurde in der Literatur

---

[927] Siehe Kapitel 4.2.3.2.

oftmals die subjektive Selbsteinschätzung eines Probanden kritisiert, sodass diesem Umstand hier entgegengewirkt wird.[928]

Individuelle Kreativität			
Gütebeurteilungskriterien der 1. Generation			
Indikatoren Mein Projekt-/Teamleiter...	Item-to-Total- Korreleration	Faktorladung (PCA)	Faktorladung (EFA)
C_1 ...hat oft neue Ideen, um die Ziele und Aufgaben unseres Unternehmens zu erreichen.	0,804	0,841	0,826
C_2 ...hat oft neue und praktische Ideen, um die Leistungsfähigkeit unseres Unternehmens zu verbessern.	0,848	0,884	0,880
C_3 ...sucht nach neuen Technologien, Prozessen, Techniken und/oder Produktideen.	0,740	0,789	0,767
C_4 ...hat oft neue Ideen, um die Qualität in unserem Unternehmen zu steigern.	0,810	0,845	0,831
C_5 ...kann gut kreative Ideen entwickeln.	0,744	0,788	0,764
C_6 ...hat keine Angst davor, Risiken einzugehen.	0,446	0,499	0,460
C_7 ...setzt sich anderen gegenüber für seine Idee ein.	0,695	0,742	0,712
C_8 ...ist am Arbeitsplatz kreativ und einfallsreich, wenn er die Möglichkeit dazu bekommt.	0,790	0,838	0,824
C_9 ...entwickelt für die Umsetzung neuer Ideen geeignete Zeit- und Ablaufpläne.	0,445	0,496	0,458
C_10 ...hat oft neue und innovative Ideen.	0,828	0,866	0,858
C_11 ...schlägt kreative Lösungen für bestehende Probleme vor.	0,839	0,877	0,871
C_12 ...entwickelt oft neue Problemlösungsansätze.	0,778	0,821	0,803
C_13 ...schlägt neue Möglichkeiten zur Durchführung von Arbeitsaufgaben vor.	0,669	0,732	0,702
Deskriptives Beurteilungskriterium			
Cronbachs Alpha		0,943	

Abbildung 15: Gütebeurteilung des Faktors individuelle Kreativität I

---

[928] Vgl. Ford 1996, S. 1121; Zhou/George 2001, S. 686. Siehe auch Jennings/Young 1990, S. 55ff.

Die Gütebeurteilungen der individuellen Kreativität der Mitarbeiter durch die Geschäftsführer sind in Abbildung 15 und Abbildung 16 dargestellt. Der CRONBACHS-Alpha-Wert ist mit 0,943 außerordentlich hoch. Da die verwendete Skala allerdings aus 13 Items besteht und sich der CRONBACHS-Alpha-Wert mit der Anzahl an Items erhöhen kann, ist dieser Wert nicht problematisch oder zu hoch, sondern erfüllt zufriedenstellend das Gütekriterium.

Explorative Faktoranalyse				
Kaiser-Meyer-Olkin-Kriterium	0,944	Anzahl extrahierter Faktoren		1
Erklärte Varianz (PCA)	60,96 %	Erklärte Varianz (EFA)		58,14 %
Gütebeurteilungskriterien der 2. Generation				
Indikatoren	Indikator-reliabilität	t-Werte der Faktorladungen	Faktorladung (KFA)	
C_1	0,709	25,085	0,842***	
C_2	0,769	35,934	0,877***	
C_3	0,627	23,521	0,792***	
C_4	0,712	27,399	0,844***	
C_5	0,635	22,189	0,797***	
C_6	0,268	6,615	0,518***	
C_7	0,534	15,776	0,731***	Individuelle Kreativität
C_8	0,691	21,163	0,831***	
C_9	0,247	5,806	0,497***	
C_10	0,764	36,902	0,874***	
C_11	0,764	33,822	0,874***	
C_12	0,668	19,132	0,817***	
C_13	0,520	13,042	0,721***	
Faktorreliabilität	0,952	Quelle: Zhou & George 2001		
Durchschnittlich extrahierte Varianz	0,609			

Abbildung 16: Gütebeurteilung des Faktors individuelle Kreativität II

Außerdem erfüllen die Item-to-Total-Werte die empfohlenen Kriterien. Das KAISER-MEYER-OLKIN-Kriterium weist einen Wert von 0,944 auf, der Grenzwert von $\geq 0,5$ ist deutlich erfüllt. Bei der explorativen Faktoranalyse wurde nur ein Faktor extrahiert, der sowohl bei der Hauptkomponenten- (60,06 %) als auch Hauptachsenanalyse (58,14 %) mehr als 50 % der Varianz erklärt. Auch wenn zwei Items (C_6 und C_9) die geforderte Indikatorreliabilität nicht ausreichend erfüllen, werden diese aus inhaltlichen Überlegungen weiter für die Analyse verwendet. Generell weisen die Items eine zufriedenstellende Indikatorreliabilität auf. Die Faktorladungen sind alle hoch und statistisch signifikant. Die Faktorreliabilität liegt bei 0,952 und die durchschnittlich extrahierte Varianz (DEV) bei 0,609. Insgesamt lassen diese Ergebnisse auf die Validität und Reliabilität dieses Konstrukts schließen, sodass dieses für die weitere Analyse verwendet wird.

Als drittes Konstrukt wird die Gütebeurteilung der immateriellen Belohnung näher untersucht.[929] Im Kapitel 2.1.3 wurde bereits auf die definitorische Abgrenzung eingegangen. Basierend auf sachlogischen Überlegungen wird das Item RR_2 (Ein Teil meines Lohns hängt von meiner Arbeitsleistung ab) aus der weiteren Untersuchung entfernt, da es sich um eine materielle Belohnung handelt, die in diesem Zusammenhang nicht untersucht werden. Alle weiteren Items zählen zu einer immateriellen Form der Belohnung. Beispielsweise stellen die Anerkennung bei RR_4 oder die Unterstützung des Vorgesetzen bei RR_1 eine immaterielle Belohnungsform dar.

Abbildung 17 stellt die Gütebeurteilung für die Variable der immateriellen Belohnung dar. Der CRONBACHS-Alpha-Wert erfüllt mit 0,845 deutlich den Grenzwert, sodass ein erstes Kriterium zur Validität dieses Konstrukts erfüllt ist. Auch das KAISER-MEYER-OLKIN-Kriterium weist einen deutlich höheren Wert auf, als in der Literatur empfohlen. Auch die Grenzwerte an die Item-to-Total-Korrelationen werden von allen Items erfüllt. Im nächsten Schritt wurde eine explorative Faktoranalyse durchgeführt, sowohl auf Basis der Hauptkomponenten- als auch der Hauptachsenanalyse. Bei beiden Verfahren wurde nur ein Faktor extrahiert, wobei die erklärte Varianz sowohl bei der Hauptkomponenten- (68,43 %) als auch bei der Hauptachsenanalyse (58,87 %) den kritischen Wert von 50 % deutlich übersteigt. Die Betrachtung der Gütebeurteilungskriterien der 2. Generation zeigt, dass alle Items hohe und statistisch signifikante Faktorladungen aufweisen. Zusätzlich zeigt diese Variable eine hohe Faktorreliabilität. Die durchschnittlich extrahierte Varianz (DEV) beträgt 0,66. Ein

---

[929] Siehe Abbildung 15.

Wert, der deutlicher über dem Grenzwert liegt. Es kann festgehalten werden, dass dieses Konstrukt eindeutig für die weitere Analyse verwendet werden kann.

Immaterielle Belohnung			
Gütebeurteilungskriterien der 1. Generation			
Indikatoren	Item-to-Total-Korreleration	Faktorladung (PCA)	Faktorladung (EFA)
RR_1	Mein Vorgesetzter hilft mir meine Arbeitsaufgaben zu erledigen indem er Widerstände beseitigt.	0,598	0,764	0,653
~~RR_2~~	~~Ein Teil meines Lohns hängt von meiner Arbeitsleistung ab.~~			
RR_3	Mein Vorgesetzter wird mir mehr Verantwortung übertragen, wenn ich gute Arbeitsleistungen erbracht habe.	0,646	0,800	0,702
RR_4	Mein Vorgesetzter wird mir besondere Anerkennung schenken, wenn meine Arbeitsleistung besonders gut war.	0,697	0,840	0,780
RR_5	Mein Vorgesetzter würde es kommunizieren, wenn meine Arbeitsleistung besonders gut war.	0,795	0,898	0,910
Deskriptives Beurteilungskriterium			
Cronbachs Alpha	0,845		
Explorative Faktoranalyse			
Kaiser-Meyer-Olkin-Kriterium	0,758	Anzahl extrahierter Faktoren	1
Erklärte Varianz (PCA)	68,43 %	Erklärte Varianz (EFA)	58,87 %

Gütebeurteilungskriterien der 2. Generation			
Indikatoren	Indikator-reliabilität	t-Werte der Faktorladungen	Faktorladung (KFA)
RR_1	0,378	3,576	$0,615***$
~~RR_2~~			
RR_3	0,642	6,680	$0,801***$
RR_4	0,826	11,794	$0,909***$ $0,890***$ immaterielle Belohnung
RR_5	0,792	6,447	
Faktorreliabilität	0,883		Quelle: Hornsby, Kuratko & Zahra 2002
Durchschnittlich extrahierte Varianz	0,660		

Abbildung 17: Gütebeurteilung des Faktors immaterielle Belohnung

Die Gütekriterien der wahrgenommenen intrapreneurialen Erwünschtheit werden im folgenden Abschnitt dargestellt.[930] Der CRONBACHS-Alpha-Wert wird mit 0,745

---

[930] Siehe Abbildung 18.

erfüllt. Ähnlich werden die Werte für die Item-to-Total-Korrelation und das KAISER-MEYER-OLKIN-Kriterium bestätigt.

Wahrgenommene intrapreneuriale Erwünschtheit				
Gütebeurteilungskriterien der 1. Generation				
Indikatoren		Item-to-Total-Korreleration	Faktorladung (PCA)	Faktorladung (EFA)
PD_1	Ich würde es gerne machen.	0,595	0,850	0,765
PD_2	Ich würde begeistert sein.	0,629	0,869	0,845
PD_3	Es würde mir leicht fallen.	0,459	0,719	0,516
Deskriptives Beurteilungskriterium				
Cronbachs Alpha		0,745		
Explorative Faktoranalyse				
Kaiser-Meyer-Olkin-Kriterium		0,643	Anzahl extrahierter Faktoren	1
Erklärte Varianz (PCA)		66,48 %	Erklärte Varianz (EFA)	52,22 %
Gütebeurteilungskriterien der 2. Generation				
Indikatoren	Indikator-reliabilität	t-Werte der Faktorladungen	Faktorladung (KFA)	
PD_1	0,464	2,974	0,681***	
PD_2	0,491	3,080	0,701*** Wahrgenommene Erwünschtheit	
PD_3	0,856	3,592	0,925***	
Faktorreliabilität	0,817		Quelle: Krueger 1993	
Durchschnittlich extrahierte Varianz	0,604			

Abbildung 18: Gütebeurteilung des Faktors der wahrgenommenen Erwünschtheit

Daran anschließend wurde eine explorative Faktoranalyse durchgeführt, bei der nur ein Faktor extrahiert wurde. Sowohl bei der Hauptkomponenten- (66,48 %) als auch der Hauptachsenanalyse (52,22 %) werden mehr als 50 % der Varianz erklärt. Die Kriterien der 2. Generation erfüllen ausnahmslos die Gütekriterien. So weist dieses Konstrukt hohe Faktorladungen auf, die statistisch hoch signifikant sind. Zusätzlich wird die Indikatorreliabilität für alle Items bestätigt, und die Faktorreliabilität weist zusätzlich einen hohen Wert auf. Das Gütekriterium für die durchschnittlich extrahierte Varianz (DEV) wurde erfüllt und liegt bei 0,604. Damit wurden alle Gütekriterien eingehalten, und dieses Konstrukt kann ausnahmslos für die weitere Untersuchung verwendet werden. Die Ergebnisse der Gütebeurteilung sind in Abbildung 18 dargestellt.

Abschließend werden die Ergebnisse der Gütebeurteilung für die wahrgenommenen intrapreneurialen Fähigkeiten dargestellt.[931] Der CRONBACHS-Alpha-Wert liegt bei 0,811 und erfüllt deutlich die Voraussetzungen. Die Item-to-Total-Korrelationen und das KAISER-MEYER-OLKIN-Kriterium lassen auf eine hohe Güte dieses Konstrukts schließen. Bei der explorativen Faktoranalyse wurde ein Faktor extrahiert, der sowohl bei dem Verfahren der Hauptkomponenten- (63,92 %) als auch der Hauptachsen-analyse (52,17 %) mehr als 50 % der Varianz erklärt. Es folgt die Betrachtung der Gütekriterien der 2. Generation. Die Faktorladungen weisen hohe Werte auf und sind stark signifikant. Einzig die Indikatorreliabilität für einen Indikator scheint nicht ausreichend hoch, wobei dies vernachlässigt werden kann, da die gesamte Faktorladung einen hohen Wert aufweist. Zusätzlich wird das Gütekriterium für die durchschnittlich extrahierte Varianz (DEV) bestätigt, da der Wert bei 0,604 liegt. Dieses Konstrukt sollte also für die weitere Analyse verwendet werden. Die Ergebnisse der Gütebeurteilung sind in Abbildung 19 zusammengefasst.

Die bisherige Untersuchung zur Gütebeurteilung zeigt, dass die einzelnen Konstrukte individuell betrachtet eine hohe Güte aufweisen und für die weitere Analyse verwendet werden sollten. Bevor jedoch eine vollständige empirische Untersuchung aller Konstrukte mittels der Strukturanalyse durchgeführt werden kann, sollten weitere Kriterien überprüft werden. Dazu gehört das strenge FORNELL-LARCKER-Kriterium, das die Diskriminanzvalidität sicherstellt.[932] Darüber hinaus wird eine explorative Faktoranalyse mit allen Multi-Item-Konstrukten durchgeführt, die zeigt, dass die einzelnen Indikatoren sich anhand ihrer Faktorladungen sortieren und eine Trennschärfe zwischen den Konstrukten nachgewiesen werden kann. Falls diese weiteren Gütekriterien erfüllt werden, kann im nächsten Schritt die Struktur-gleichungsanalyse durchgeführt werden.

---

[931] Siehe Abbildung 19. Zur Parcelbildung beim Konstrukt der wahrgenommenen intrapreneurialen Fähigkeiten siehe Kapitel 4.2.3.5.
[932] Vgl. Fornell/Larcker 1981b, S. 382; Backhaus/Erichson/Weiber 2011, S. 142.

Wahrgenommene intrapreneuriale Fähigkeiten				
Gütebeurteilungskriterien der 1. Generation				
Indikatoren		Item-to-Total-Korreleration	Faktorladung (PCA)	Faktorladung (EFA)
PF_1	Parcel 1	0,632	0,801	0,723
PF_2	Parcel 2	0,680	0,834	0,787
PF_3	Parcel 3	0,643	0,810	0,732
PF_4	Parcel 4	0,556	0,751	0,639
Deskriptives Beurteilungskriterium				
Cronbachs Alpha			0,811	
Explorative Faktoranalyse				
Kaiser-Meyer-Olkin-Kriterium		0,768	Anzahl extrahierter Faktoren	1
Erklärte Varianz (PCA)		63,92 %	Erklärte Varianz (EFA)	52,17 %

Gütebeurteilungskriterien der 2. Generation			
Indikatoren	Indikator-reliabilität	t-Werte der Faktorladungen	Faktorladung (KFA)
PF_1	0,360	3,637	0,738***
PF_2	0,234	3,732	0,732***
PF_3	0,613	3,842	0,734*** Wahrgenommene Fähigkeiten
PF_4	0,790	4,738	0,893***
Faktorreliabilität	0,858		Quelle: McGee, Peterson, Mueller & Sequeira 2009
Durchschnittlich extrahierte Varianz	0,604		

Abbildung 19: Gütebeurteilung des Faktors der wahrgenommenen Fähigkeiten

Bei dem FORNELL-LARCKER-Kriterium wird die höchste Korrelation eines Faktors mit einem anderen Faktor quadriert.[933] Falls dieser quadrierte Faktor nicht oberhalb der durchschnittlich erfassten Varianz (DEV) liegt, ist dieses Kriterium erfüllt.[934] Die Tabelle 6 zeigt die einzelnen Faktoren sowie den Wert der höchsten Korrelation mit einem anderen Faktor. In den darauf folgenden Spalten wurde diese Korrelation quadriert sowie die durchschnittlich erfasste Varianz (DEV) angegeben. Da keine der quadrierten höchsten Korrelationen den Wert der durchschnittlich erfassten Varianz (DEV) übersteigt, ist das FORNELL-LARCKER-Kriterium für alle Variablen erfüllt.

---

[933] Vgl. Fornell/Larcker 1981b, S. 383.
[934] Vgl. Krafft/Götz/Liehr-Gobbers 2005, S. 75.

Faktor	Höchste Korrelation mit anderem Faktor	Quadrat der höchsten Korrelation	Durchschnittlich erfasste Varianz
Anerkennung vom Vorgesetzten	0,23	0,05	0,66
Wahrgenommene Erwünschtheit	0,43	0,19	0,60
Wahrgenommene Fähigkeiten	0,17	0,03	0,60
Individuelle Kreativität	0,52	0,27	0,69
Mitarbeiter-innovationen	0,52	0,27	0,85

Tabelle 6: Fornell-Larcker-Kriterium[935]

Die Ergebnisse zeigen, dass Diskriminanzvalidität vorhanden ist, da keine dieser Korrelationen den kritischen Wert von 0,7 übersteigt. Dies kann als ein weiterer Indikator gegen Multikollinearität interpretiert werden.[936] Zusätzlich wurde die Multikollinearität mittels „Variance Inflation Factor" (VIF) überprüft.[937] Der VIF-Index beträgt für das Konstrukt der Intention zum intrapreneurialem Verhalten 1,54 und für die Variable der individuellen Kreativität 1,15. Da der Grenzwert bei fünf liegt,[938] kann davon ausgegangen werden, dass keine Multikollinearität aufgetreten ist.

Die Überprüfung der Diskriminanzvalidität erfolgt anhand einer explorativen Faktoranalyse, bei der die Faktorstruktur und -anzahl aller Multi-Item-Variablen überprüft werden. Die Durchführung erfolgt mittels Hauptachsenanalyse und obliquer Varimax-Rotation.[939] Zusätzlich wird eine orthogonale Rotation durchgeführt. Falls beide Rotationen die gleiche Faktoranzahl und -struktur abbilden, spricht dies für eine stabile Datenbasis.

Die Ergebnisse sind in Tabelle 7 zusammengefasst und zeigen, dass die theoretische Konstruktanordnung bezüglich der Faktorstruktur und -anzahl durch die explorative

---

[935] Eigene Darstellung. In Anlehung an Stöckmann 2010, S. 205.
[936] Vgl. Assenmacher 2002, S. 149.
[937] Vgl. Baron/Tang 2011, S. 55.
[938] Vgl. Eckstein 2008, S. 209. Laut Dimov liegt der Grenzwert sogar bei einem Wert von 8. Siehe Dimov 2007, S. 574.
[939] Vgl. Eckstein 2008, S. 312; Wolff/Bacher 2010, S. 344.

Faktoranalyse bestätigt wurden. Alle Ladungen weisen signifikante Werte auf. Zusätzlich sind signifikante Nebenladungen nicht aufgetreten. Die Faktorstruktur wurde auch mittels orthogonaler Rotation überprüft, wobei die Ergebnisse die gleiche Faktorstruktur und -anzahl zeigen, wie bei der obliquen Promax-Rotation. Dieses Ergebnis bestätigt die Diskriminanzvalidität.

Item	Faktor				
	1	2	3	4	5
C_1	0,807				
C_2	0,889				
C_3	0,768				
C_4	0,819				
C_5	0,734				
C_6	0,435				
C_7	0,751				
C_8	0,838				
C_9	0,499				
C_10	0,822				
C_11	0,865				
C_12	0,816				
C_13	0,734				
RR_1		0,758			
RR_3		0,773			
RR_4		0,824			
RR_5		0,894			
Inn_1			0,867		
Inn_2			0,849		
Inn_3			0,838		
PF_1				0,749	
PF_2				0,816	
PF_3				0,744	
PF_4				0,773	
PD_1					0,828
PD_2					0,812
PD_3					0,579

Tabelle 7: Faktorladungen und Faktorstruktur

Zusammenfassend zeigen die Ergebnisse der Gütebeurteilungskriterien der 1. und 2. Generation sowie das FORNELL-LARCKER-Kriterium und der explorativen Faktoranalyse mit allen Multi-Item-Konstrukten die Reliabilität und Validität der Datenbasis. Nach dieser positive Beurteilung können die Daten mit der Methode der Strukturgleichungsanalyse weiter untersucht werden.

4.4.2 Deskriptive Statistiken und Korrelationen

Die deskriptiven Statistiken sind in Tabelle 8 zusammengefasst und beinhalten die arithmetischen Mittelwerte[940], die Standardabweichungen[941] und die Korrelationen der einzelnen Variablen. Das obere Management ist im Mittel 48,47 Jahre alt (SD = 7,92), das mittlere 40,46 Jahre (SD = 7,44). Die Unternehmen wurden im Mittel im Jahr 1992 (SD = 16,38) gegründet und sind im Durchschnitt knapp 20 Jahre alt. Bei dem mittleren Management handelt es sich überwiegend um Männer, die über ein hohes Bildungsniveau verfügen.

Variable	M	SD	1	2	3	4	5	6	7	8	9	10
1. Intrapreneuriales Verhalten	4,35	1,47										
2. Individuelle Kreativität	5,22	0,93	0,52									
3. Immaterielle Belohnung	5,03	1,32	0,20	0,24								
4. Wahrgenommene Erwünschtheit	5,46	0,94	0,06	-0,08	0,11							
5. Wahrgenommene Fähigkeiten	4,07	0,58	0,16	-0,03	0,14	0,43						
6. Geschlecht	1,81	0,16	0,06	-0,05	-0,02	0,13	-0,04					
7. Alter	40,46	7,44	-0,01	0,06	0,07	-0,04	0,10	-0,03				
8. Bildungsniveau	5,21	1,24	-0,09	0,08	0,01	-0,20	-0,20	-0,05	0,05			
9. Berufserfahrung	18,33	8,37	0,01	0,01	0,05	0,05	0,10	-0,03	0,87	-0,06		
10. Jahre im Unternehmen	9,60	6,56	0,16	0,14	0,07	-0,15	-0,02	0,06	0,51	-0,08	0,55	
11. Jahre aktueller Arbeitsplatz	8,88	6,34	0,00	-0,02	0,03	-0,07	0,10	-0,10	0,48	-0,14	0,51	0,60

p* ≥ 0,18   p** ≥ 0,23   p*** ≥ 0,29

Tabelle 8: Mittelwerte, Standardabweichungen und Korrelationen

---

[940] Das aritmetische Mittel setzt metrisch verteilte Daten voraus und wird durch die Berechnung des Durchschittswertes aller Beobachtungen ermittelt. Vgl. Toutenburg 2004, S. 54; Benninghaus 2007, S. 45ff.; Kähler 2008, S. 37.

[941] Durch die Varianz wird die mittlere quadratische Abweichung vom arithmetischen Mittel gemessen. Die Standardabweichung stellt die positive Wurzel dieser Varianz dar. Vgl. Toutenburg 2004, S. 69ff.; Assenmacher 2009, S. 72; Bellinghaus 2007, S. 58; Bortz/Schuster 2010, S. 31; Weins 2010, S. 65.

Die Berufserfahrung beträgt im Mittel 18,33 Jahre (SD = 8,37). Im Mittel sind diese Mitarbeiter seit 9,60 Jahren (SD = 6,56) für das Unternehmen tätig und üben 8,88 Jahre (SD = 6,34) ihren aktuellen Job aus. Es lassen sich keine hohen Korrelationen zwischen den endogenen und exogenen Konstrukten erkennen, die einen kritischen Wert von 0,7 überschreitet.[942] Ein erhöhter Wert liegt lediglich bei den Kontrollvariablen vor, die sich auf das Alter und die Berufserfahrung beziehen, wobei dieses Ergebnis sich bereits durch sachlogische Überlegungen erklären lässt.

4.4.3 Ergebnisse der Kausalanalyse und Hypothesenprüfung

Die Analyse der Kausalbeziehungen im Strukturgleichungsmodell erfolgt über die Entwicklung von mehreren Modellen. Darauf basierend wird das abschließende Modell zur Beantwortung der Forschungsfragen entwickelt. Zunächst wird das Basis-Modell dargestellt, das die direkte Beziehung zwischen der immateriellen Belohnung und der Intention zum intrapreneurialen Verhalten analysiert. Im Anschluss wird das Mediations-Modell präsentiert, um den mediierenden Effekt der individuellen Kreativität darstellen zu können. Zuletzt wird das Mediations-Moderations-Modell dargestellt, das auch die moderierenden Effekte der wahrgenommenen intrapreneurialen Erwünschtheit und der wahrgenommenen intrapreneurialen Fähigkeiten betrachtet. Danach werden der Mediierende- und Moderierende-Effekt detaillierter beschrieben und analysiert.

4.4.3.1 Überprüfung der Pfadbeziehungen

Die Pfadmodellierung erfolgt unter Verwendung der Strukturgleichungsanalyse[943] und der Software SmartPLS.[944] Die Signifikanz der einzelnen Pfade wurde mittels Bootstrapping-Methode ermittelt.[945] Neben der ursprünglichen Anzahl von 127 Fällen, wurde das Modell mit 500 Bootstrapping-Stichproben gerechnet. Im Basis-Modell hat die immaterielle Belohnung einen signifikanten Einfluss (0,193***) auf die Intention

---

[942] Vgl. Tabachnick/Fidell 2007, S. 88ff.
[943] Siehe Kapitel 4.1.2.
[944] Vgl. Temme/Kreis 2005, S. 200; Eberl 2010, S. 449; siehe auch Kapitel 4.1.4.
[945] Vgl. Shrout/Bolger 2002, S. 422.

zum intrapreneurialen Verhalten (R^2 = 0,09). Hypothese 1 konnte demnach bestätigt werden.

In dem mediierenden Modell, bei dem die Variable der individuellen Kreativität hinzugefügt wurde, konnte kein signifikanter Einfluss zwischen der immateriellen Belohnung und der Intention zum intrapreneurialen Verhalten nachgewiesen werden (0,081[n.s.]). Jedoch ist die Beziehung zwischen der immateriellen Belohnung und der individuellen Kreativität positiv signifikant (0,221**). Zusätzlich ist der Pfad von der individuellen Kreativität zur Intention zum intrapreneurialen Verhalten stark positiv signifikant (0,497***). An dieser Stelle sei darauf hingewiesen, dass der mediierende Effekt der individuellen Kreativität später in diesem Kapitel in einem gesonderten Abschnitt untersucht wird. Das Bestimmtheitsmaß liegt bei der individuellen Kreativität bei R^2 = 0,10 und bei der Intention zum intrapreneurialem Verhalten bei R^2 = 0,31. Für dieses Modell konnte also ein deutlicher Anstieg der erklärten Varianz im Vergleich zum Basismodell nachgewiesen werden.

Bei dem Mediations-Moderations-Modell werden zusätzlich die Variablen der wahrgenommenen intrapreneurialen Erwünschtheit und der wahrgenommene intrapreneurialen Fähigkeiten aufgenommen. Erneut ist bei diesem Modell die direkte Beziehung zwischen der immateriellen Belohnung und der Intention zum intrapreneurialen Verhalten nicht signifikant (0,038[n.s.]). Allerdings haben die immateriellen Belohnungen einen signifikanten Einfluss auf die individuelle Kreativität (0,187*). Zusätzlich ist der Pfad von der individuellen Kreativität zu der Intention zum intrapreneurialen Verhalten stark signifikant (0,483***). Die moderierende Variable der wahrgenommenen intrapreneurialen Erwünschtheit hat einen positiven signifikanten Einfluss auf die Beziehung zwischen der immateriellen Belohnung und der individuellen Kreativität (0,154*). Der direkte Einfluss der wahrgenommenen intrapreneurialen Erwünschtheit auf die individuelle Kreativität ist nicht signifikant (-0,050[n.s.]). Der Moderator der wahrgenommenen intrapreneurialen Fähigkeiten hat keinen signifikanten Einfluss auf die Beziehung zwischen der individuellen Kreativität und der Intention zum intrapreneurialen Verhalten. Dagegen zeigen die empirischen Ergebnisse einen direkten signifikanten Einfluss auf die Intention zum intrapreneurialen Verhalten (0,164*). Das Bestimmtheitsmaß bei der individuellen Kreativität liegt bei $R^2 = 0,13$ und bei der Intention zum intrapreneurialen Verhalten bei $R^2 = 0,35$. Demzufolge sollte dieses Modell dem vorherigen Modell vorgezogen werden, da es einen höheren Erklärungsgehalt aufweist.

Da das Mediations-Moderations-Modell auf den konzeptionellen Überlegungen dieser Arbeit beruht, und ein erhöhter Erklärungsgrad nachgewiesen werden konnte, sollte es zur Überprüfung der weiteren Hypothesen herangezogen werden.[946] Die Ergebnisse der Strukturgleichungsanalyse zeigen, dass Hypothese 2a und Hypothese 2b bestätig werden konnten. Die immateriellen Belohnungen haben einen signifikanten Einfluss auf die individuelle Kreativität. Diese individuelle Kreativität hat weiterhin einen signifikanten Einfluss auf die individuelle Intention zu einem intrapreneurialen Verhalten. Darüber hinaus konnte Hypothese 2d bestätigt werden, da dieses Modell einen höheren Erklärungsgehalt aufweist als das Basis-Modell.

Des Weiteren konnte Hypothese 3a bestätigt werden, wobei Hypothese 3b verworfen werden muss. Zusammenfassend bedeutet dies, dass die wahrgenommene intrapreneuriale Erwünschtheit einen moderierenden Einfluss auf die Beziehung zwischen den Variablen der immateriellen Belohnung und der individuellen Kreativität hat. Der moderierende Einfluss der wahrgenommenen intrapreneurialen Fähigkeiten auf die Beziehung zwischen der individuellen Kreativität und der Intention zu einem intrapreneurialen Verhalten konnte nicht nachgewiesen werden. Die empirischen Ergebnisse dieser Kausalanalyse sind in Tabelle 9 dargestellt.

---

[946] Vgl. Kline 2011, S. 333f.

Hypothesen	Beziehung (von ... nach)		Basis-Modell	Mediations-Modell	Mediations-Moderations-Modell
H1a	Wahrgenommene Anerkennung vom Vorgesetzten	Mitarbeiter-innovationen	0,193***	0,081†	0,038[n.s.]
H2a	Wahrgenommene Anerkennung vom Vorgesetzten	Individuelle Kreativität		0,221**	0,187*
H2b	Individuelle Kreativität	Mitarbeiter-innovationen		0,497***	0,483***
H3a	Wahrgenommene Erwünschtheit von Innovationen X Wahrgenommene Anerkennung vom Vorgesetzten	Individuelle Kreativität			0,154*
H3b	Wahrgenommene entrepreneuriale Fähigkeiten X Individuelle Kreativität	Mitarbeiter-innovationen			0,118[n.s.]
	Wahrgenommene Erwünschtheit von Innovationen	Individuelle Kreativität			-0,050[n.s.]
	Wahrgenommene entrepreneurialen Fähigkeiten	Mitarbeiter-innovationen			0,164*
R^2 Individuelle Kreativität				0,10	0,13
R^2 Mitarbeiter-innovationen			0,09	0,31	0,35

***$p < .001$ **$p < .01$ *$p < .05$ † $p < .1$ (einseitiger Test)

Tabelle 9: Pfadbeziehungen und Hypothesentest

Das Strukturgleichungsmodell und die Ergebnisse der Strukturgleichungsanalyse werden in Abbildung 20 präsentiert. Zusätzlich sind in dieser Abbildung die Effektstärke, das STONE-GEISSER-Kriterium und das pfadbezogene STONE-GEISSER-Kriterium angegeben. Die Effektstärke gibt an, ob eine latente exogene Variable einen signifikanten Einfluss auf eine latent endogene Variable hat. Ein Wert ≥ 0,15 weist auf einen signifikanten Einfluss hin. Da beide Werte einen höheren Wert aufweisen, üben beide Variablen einen signifikanten Einfluss aus, sodass dieses Kriterium erfüllt ist. Beim STONE-GEISSER-Kriterium wird die Prognosekraft ermittelt. Hierbei lässt ein

Wert ≥ 0 auf eine Vorhersagerelevanz schließen.[947] Da die Ergebnisse diesen Wert übersteigen, kann für dieses Modell von einer Prognosekraft ausgegangen werden. Durch das pfadbezogene STONE-GEISSER-Kriterium kann die Prognosestärke einzelner Pfadbeziehungen nachgewiesen werden. Da sich die Werte des pfadbezogenem STONE-GEISSER-Kriteriums verschlechtern, sobald eine exogene Größe entfernt wird, spricht dies für eine hohe Prognoserelevanz dieses Modells. Anhand der Beurteilung der Modellgüte der Kriterien der 1. Generation und der 2. Generation sowie der lokalen und der globalen Gütemaße, konnte eine hohe Güte nachgewiesen werden, sodass wissenschaftlich fundierte Aussagen somit getroffen werden können.

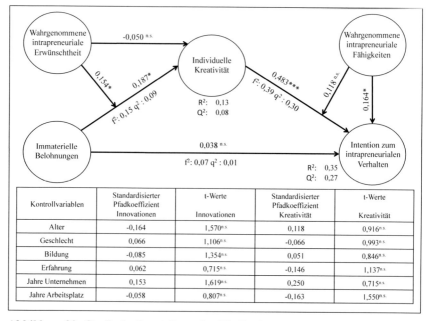

Kontrollvariablen	Standardisierter Pfadkoeffizient Innovationen	t-Werte Innovationen	Standardisierter Pfadkoeffizient Kreativität	t-Werte Kreativität
Alter	-0,164	1,570[n.s.]	0,118	0,916[n.s.]
Geschlecht	0,066	1,106[n.s.]	-0,066	0,993[n.s.]
Bildung	-0,085	1,354[n.s.]	0,051	0,846[n.s.]
Erfahrung	0,062	0,715[n.s.]	-0,146	1,137[n.s.]
Jahre Unternehmen	0,153	1,619[n.s.]	0,250	0,715[n.s.]
Jahre Arbeitsplatz	-0,058	0,807[n.s.]	-0,163	1,550[n.s.]

Abbildung 20: Grafische Darstellung der Pfadbeziehungen

Abschließend werden im folgenden Kapitel der mediierende Einfluss der individuellen Kreativität sowie der moderierende Einfluss der wahrgenommenen intrapreneurialen Erwünschtheit und der wahrgenommenen intrapreneurialen Fähigkeiten analysiert.

---

[947] Vgl. Herrmann/Huber/Kressmann 2006, S. 58.

4.4.3.2 Überprüfung des mediierenden Einflusses

Bei der Mediation wird der Wirkzusammenhang zwischen einer exogenen Variable und einer endogenen Variable teilweise oder vollständig durch einen sogenannten Mediator vermittelt.[948] Da in dieser Arbeit ein mediierender Effekt der individuellen Kreativität zwischen der immateriellen Belohnung und der Intention zum intrapreneurialen Verhalten angenommen wurde, sollten weitere Tests durchgeführt werden, die bezüglich des Mediators verlässliche Ergebnisse liefern.

Zunächst lässt sich ein mediierender Effekt anhand eines Vergleichs verschiedener Modelle nachweisen. Das Basis-Modell beispielsweise erklärt relativ wenig Varianz, was die Vermutung nahelegt, dass weitere Variablen in das Modell integriert werden sollten, um einen höheren Erklärungsgehalt zu erhalten. Anhand des mediierenden und des mediierenden-moderierenden Modells zeigt sich, dass der Varianzanteil im Vergleich zum Basis-Modell zugenommen hat. Zusätzlich weisen die Gütekriterien einen hohen Modellfit auf.

Laut IACOBUCCI und DUHACHEK sollten zusätzlich die einzelnen Pfade betrachtet werden. Zuerst soll eine signifikante Beziehung zwischen der exogenen Variable und der Mediatorvariable sowie zwischen der Mediatorvariable und der endogenen Variable existieren. Anhang von Abbildung 20 zeigt sich, dass diese Voraussetzung erfüllt ist. Des Weiteren sollte die Beziehung zwischen der exogenen und endogenen Variable im Vergleich zum direkten Modell abnehmen. Beim Vergleich des Basis-Modells mit dem Mediation-Moderation-Modell wird deutlich, dass auch diese zweite Voraussetzung erfüllt wird.[949] Da sich diese Beziehung nicht signifikant von Null unterscheidet, liegt eine vollständige Mediation vor.[950]

Einen weiteren Test zur Überprüfung der Datenbasis auf Mediation wurde von SOBEL im Jahr 1982 entwickelt.[951] Das Ergebnis des SOBEL-Tests ist signifikant ($p < 0,05$), weshalb die Mediation der individuellen Kreativität zwischen der Beziehung der

---

[948] Vgl. Eggert/Fassott/Helm 2005, S. 104.
[949] Vgl. Kopp/Lois 2012, S. 137.
[950] Vgl. MacKinnon/Fairchild/Fritz 2007, S. 602.
[951] Vgl. Sobel 1982; Bühner/Ziegler 2009, S. 728f.; Baron/Tang 2011, S. 57.

immateriellen Belohnungen und der Intention zum intrapreneurialen Verhalten erneut bestätigt werden konnte.[952] Darüber hinaus kann mittels des VAF-Werts das Ausmaß des mediierenden Effektes ermittelt werden.

$$VAF = \frac{a * b}{a * b + c}$$

Der sogenannte Suppressionseffekt der mediierenden Variable hat dazu geführt, dass die direkte Beziehung zwischen der immateriellen Belohnungen und der Intention zu einem innovativen Verhalten negativ geworden ist.[953] Das hat einen starken Einfluss auf den VAF-Wert, der dadurch bei 1,73 liegt. Zusätzlich können die Total Effects im Modell analysiert werden. Hier konnte ein signifikanter Einfluss der immateriellen Belohnungen auf die individuelle Kreativität (0,187*) bestätigt werden. Darüber hinaus hat die individuelle Kreativität einen signifikanten positiven Effekt auf die Intention zum intrapreneurialen Verhalten (0,483***). Lediglich der Einfluss der immateriellen Belohnungen auf die Intention zum intrapreneurialen Verhalten war nicht signifikant (0,128$^{n.s.}$). Diese Ergebnisse lassen auf den mediierenden Effekt der individuellen Kreativität schließen. Hypothese 2c konnte demnach bestätigt werden. Mit der wahrgenommenen intrapreneurialen Erwünschtheit und den wahrgenommenen intrapreneurialen Fähigkeiten wirken weitere indirekte Effekte im Modell. Diese wurden bereits in Abbildung 20 dargestellt und werden im folgenden Kapitel analysiert.

4.4.3.3 Überprüfung der moderierenden Einflüsse

Es gilt, dass "a moderator is a qualitative or quantitative variable that affects the direction and/or strength of the relation between an independent or predictor variable and a dependent or criterion variable".[954] Die Wirkbeziehung zwischen einer exogenen und einer endogenen Variable wird durch die moderierende Variable beeinflusst. Dieser Einfluss kann in einem Interaktionsmodell dargestellt werden und positiv oder

---

[952] Vgl. Baron/Kenny 1986, S. 1177f.; Kline 2011, S. 164f.
[953] Vgl. Kopp/Lois 2012, S. 138.
[954] Vgl. Baron/Kenny 1986, S. 1174.

negativ sein. [955] Um die Moderation zu interpretieren, muss neben der Moderationsvariablen auch der Haupteffekt mit aufgenommen werden,[956] ansonsten darf die Moderation nicht interpretiert werden. [957] In der betriebswirtschaftlichen Forschung besitzen Moderationen eine hohe Forschungsrelevanz, da die Wirkungszusammenhänge oftmals komplex sind und sich so besser erklären lassen.[958]

Daher wird bei der Berechnung des moderierenden Einflusses zusätzlich der direkte Pfad der Moderationsvariable auf die endogene Variable mit berücksichtigt. Ein signifikanter Pfad bestätigt einen Interaktionseffekt.[959] Da der Pfad der Moderation der wahrgenommenen intrapreneurialen Erwünschtheit signifikant (0,154*) ist, wird dieses Kriterium erfüllt. Allerdings ist der Pfad der Moderationsvariablen der wahrgenommenen intrapreneurialen Fähigkeiten nicht signifikant (0,118[n.s.]), sodass kein Moderationseinfluss besteht. Hypothese 3a konnte also bestätigt werden, während Hypothese 3b verworfen werden musste.

Darüber hinaus können die Veränderungen der Bestimmtheitsmaße (R^2) betrachtet werden, um Aussagen über ihren Einfluss treffen zu können. Sowohl bei der wahrgenommenen intrapreneurialen Erwünschtheit (von $R^2 = 0,11$ auf $R^2 = 0,13$) als auch bei den wahrgenommenen intrapreneurialen Fähigkeiten (von $R^2 = 0,31$ auf $R^2 = 0,35$) steigt das Bestimmtheitsmaß.[960] Hier sei aber darauf hingewiesen, dass zwar kein signifikanter direkter Einfluss der wahrgenommenen intrapreneurialen Erwünschtheit auf die individuelle Kreativität (-0,050[n.s]) nachgewiesen werden konnte, aber die wahrgenommenen intrapreneurialen Fähigkeiten einen direkten signifikanten Einfluss auf die Intention zum intrapreneurialen Verhalten haben (0,164*).

Bei einer Moderation sollten die Modellvariablen nicht mit den endogenen und exogenen Variablen korrelieren.[961] Wie bereits im Kapitel 4.4.2 und anhand von

[955] Vgl. Baur 2008b, S. 291.
[956] Vgl. Helm/Eggert/Garnefeld 2010, S. 526.
[957] Vgl. Kopp/Lois 2012, S.153.
[958] Vgl. Scholderer/Balderjahn 2005, S. 104.
[959] Vgl. Baron/Kelly 1986, S. 1174.
[960] Vgl. Eggert/Fassott/Helm 2005, S. 109.
[961] Vgl. Baron/Kenny 1986, S. 1174.

Tabelle 8 gezeigt, korrelieren die Modellvariablen untereinander nicht signifikant. Falls die Korrelation zwischen den Variablen zu hoch sein sollte, kann dies ein Grund dafür sein, dass kein signifikanter Moderationseffekt auftritt. Ebenso kann die Moderation durch einen zu hohen Pfadkoeffizienten zwischen zwei Variablen aufgehoben werden. Da der Pfadkoeffizient zwischen der individuellen Kreativität und der Intention zum intrapreneurialen Verhalten 0,483*** beträgt, könnte dies eine Erklärung für die nicht signifikante Moderation der wahrgenommenen intrapreneurialen Fähigkeiten sein.

Die Moderationseffekte der wahrgenommenen intrapreneurialen Erwünschtheit sind in Abbildung 21 dargestellt. Da es sich bei dem Verlauf der Interaktionseffekte um eine ordinale Interaktion handelt, lassen sich beide Haupteffekte interpretieren.[962] Es wird deutlich, dass sich die individuelle Kreativität bei einer hohen wahrgenommenen intrapreneurialen Erwünschtheit und einer steigenden immateriellen Belohnungen zusätzlich erhöht. Dieser Effekt ist bei einer niedrigeren wahrgenommenen intrapreneurialen Erwünschtheit noch ausgeprägter. Es zeichnet sich ein verstärkter Anstieg durch eine Steigerung der immateriellen Belohnungen auf die individuelle Kreativität ab. Das bedeutet, dass der Einsatz von immateriellen Belohnungen besonders bei einer geringen individuellen wahrgenommenen intrapreneurialen Erwünschtheit einen starken Effekt auslöst. Da beide Linien nicht parallel verlaufen, deutet dies auf einen signifikanten Interaktionseffekt hin,[963] der auch bereits durch die empirische Untersuchung nachgewiesen werden konnte.

---

[962] Vgl. Leonhart 2008, S. 120.
[963] Vgl. Leonhart 2008, S. 117.

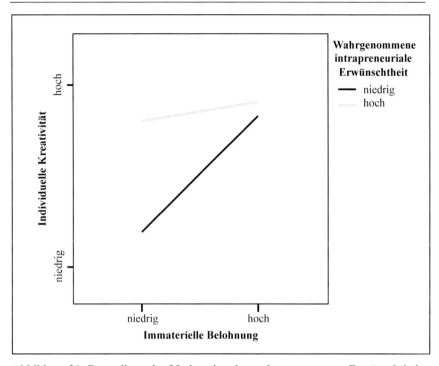

Abbildung 21: Darstellung der Moderation der wahrgenommenen Erwünschtheit

In Abbildung 22 sind die Interaktionseffekte der wahrgenommenen intrapreneurialen Fähigkeiten dargestellt. Hier zeigt sich, dass bei einer stark ausgeprägten wahrgenommenen intrapreneurialen Fähigkeit die Steigerung der individuellen Kreativität dazu führt, dass die Intention zum intrapreneurialen Verhalten entsprechend steigt. Darüber hinaus erhöht sich auch bei einer niedrig ausgeprägten wahrgenommenen intrapreneurialen Fähigkeit bei gleichzeitig steigernder Kreativität die Intention zum intrapreneurialen Verhalten. Es besteht also ein deutlicher Zusammenhang zwischen der individuellen Kreativität und der Intention zum intrapreneurialen Verhalten, der allerdings unabhängig von den wahrgenommenen intrapreneurialen Fähigkeiten verläuft.

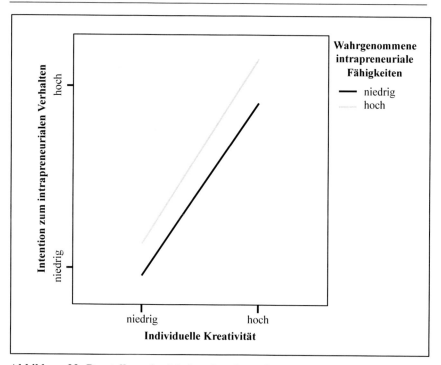

Abbildung 22: Darstellung der Moderation der wahrgenommenen Fähigkeiten

Die annähernd parallel verlaufenden Linien der beiden Interaktionseffekte lassen darauf schließen, dass kein bedeutsamer Interaktionseffekt vorhanden ist.[964] Dieses Ergebnis lässt sich auch anhand der empirischen Daten nachweisen, da die empirischen Ergebnisse auch auf einen nicht signifikanten Moderationseffekt der wahrgenommenen intrapreneurialen Fähigkeiten hinweisen.

---

[964] Vgl. Leonhart 2008, S. 117.

5 Diskussion, Implikation und Ausblick

In diesem Kapitel werden die Ergebnisse betrachtet und diskutiert (Kapitel 5.1). Implikationen sowohl für die wissenschaftliche Forschung (Kapitel 5.2) als auch für die unternehmerische Praxis (Kapitel 5.3) werden ausgesprochen. Im Anschluss werden die Limitationen dieser Arbeit betrachtet und weiterer Forschungsbedarf aufgezeigt (Kapitel 5.4). Zu einem besseren Verständnis ist die Struktur dieses Kapitels in Abbildung 23 dargestellt.

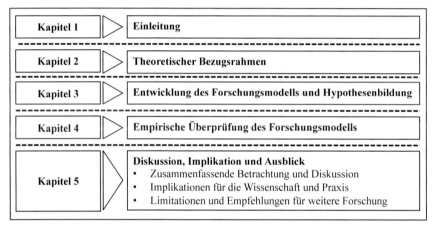

Abbildung 23: Darstellung und Einordnung von Kapitel 5 in den Gang der Arbeit

5.1 Zusammenfassende Betrachtung und Diskussion der Ergebnisse

Die Autoren RAUCH und FRESE haben 2007 die erneute Fokussierung auf das Individuum im Forschungsbereich des Entrepreneurship gefordert.[965] Diese Arbeit berücksichtigt diese Forderung, indem der Mitarbeiter und seine Kreativität hinsichtlich der Entwicklung von Innovationen im Unternehmen analysiert wurden. Es wird nicht nur die Intention eines Individuums zu innovativen Handlungen betrachtet,

---

[965] Vgl. Rauch/Frese 2007. Siehe auch Stöckmann 2010, S. 250.

sondern auch die individuelle Kreativität berücksichtigt, da dies häufig die Entwicklung von Innovationen bedingt.[966]

Anhand der empirischen Ergebnisse konnte Hypothese 1 bestätigt werden. Demnach besteht ein signifikanter Einfluss der immateriellen Belohnungen auf die individuelle Intention zu einem intrapreneurialen Verhalten. Dies bedeutet, dass die individuelle Bereitschaft hinsichtlich innovativer Handlungen durch immaterielle Belohnungen gefördert werden kann. Dieses Ergebnis entspricht der zuvor entwickelten Hypothese.[967] Auch Forschungsfrage 1 konnte beantwortet werden, da durch die immateriellen Belohnungen und die individuelle Kreativität die Intention zu einem intrapreneurialen Verhalten beim Mitarbeiter positiv beeinflusst werden kann.[968]

Der Mediationseffekt der individuellen Kreativität zwischen den immateriellen Belohnungen und der Intention zu einem intrapreneurialen Verhalten wurde bestätigt. Die empirischen Ergebnisse zeigen eine signifikante Beziehung zwischen den immateriellen Belohnungen und der individuellen Kreativität. Ferner wurde ein stark signifikanter Einfluss der individuellen Kreativität auf die individuelle Intention hinsichtlich eines intrapreneurialen Verhaltens nachgewiesen. In dem Mediations-Moderations-Modell hingegen konnte keine direkte signifikante Beziehung zwischen den immateriellen Belohnungen und der individuellen Intention zu einem intrapreneurialen Verhalten nachgewiesen werden. Daher konnte ein mediierender Effekt der individuellen Kreativität belegt werden.[969] Hypothese 2a, Hypothese 2b und Hypothese 2c wurden bestätigt. Auch Forschungsfrage 2 wurde beantwortet. Die Beziehung zwischen den immateriellen Belohnungen und einer Intention zu einem intrapreneurialen Verhalten lässt sich durch die Berücksichtigung der individuellen Kreativität besser erklären, als im Basis-Modell, das diesen Einfluss nicht berücksichtigt. Hypothese 2d, die diesen Effekt postuliert hat, konnte bestätigt werden.[970]

---

[966] Vgl. Stevenson/Jarillo 1990, S. 19f.; Kaltenbach 1998, S. 24; Böhme 2011, S. 39.
[967] Siehe Kapitel 3.1.
[968] Siehe Kapitel 1.2
[969] Siehe Kapitel 3.2.
[970] Siehe Kapitel 1.2

Die Moderationsbeziehung der wahrgenommenen intrapreneurialen Erwünschtheit zwischen den immateriellen Belohnungen und der individuellen Kreativität wurde auch im Forschungsmodell nachgewiesen. Der Moderationseffekt der wahrgenommenen intrapreneurialen Erwünschtheit zwischen den immateriellen Belohnungen und der individuellen Kreativität zeigt, dass die individuelle Erwünschtheit hinsichtlich eines intrapreneurialen Verhaltens diese Beziehung signifikant positiv verstärkt. Allerdings wird diese Beziehung nur marginal verstärkt, wenn die wahrgenommene intrapreneuriale Erwünschtheit des Individuums bereits hoch ausgeprägt ist, wobei die Moderationsbeziehung der immateriellen Belohnungen einen höheren Einfluss haben, wenn beim Mitarbeiter der Wunsch hinsichtlich eines intrapreneurialen Verhaltens niedrig ausgeprägt ist. Demzufolge wirken die immateriellen Belohnungen stärker bei einem Mitarbeiter, dessen wahrgenommene intrapreneuriale Erwünschtheit gering ausgeprägt ist.[971] Ein direkter Effekt der wahrgenommenen intrapreneurialen Erwünschtheit auf die individuelle Kreativität konnte nicht bestätigt werden. Die wahrgenommene intrapreneuriale Erwünschtheit wirkt sich ausschließlich als Moderationseffekt auf die Beziehung zwischen der immateriellen Belohnung und der individuellen Kreativität aus. Hypothese 3a konnte bestätigt werden.[972]

Der Moderationseffekt der wahrgenommenen intrapreneurialen Fähigkeiten zwischen der individuellen Kreativität und der Intention zu einem intrapreneurialen Verhalten konnte nicht bestätigt werden. Hypothese 3b muss verworfen werden.[973] Allerdings könnte ein Interaktionseffekt zwischen den Moderationsvariablen dazu geführt haben, dass Hypothese 3b verworfen werden musste. Dieser Effekt wurde bereits in der Literatur kritisiert.[974] Darüber hinaus konnte ein direkter signifikanter Einfluss der wahrgenommenen intrapreneurialen Fähigkeiten auf die Intention zu einem intrapreneurialen Verhalten gezeigt werden.[975] Mitarbeiter, die über ausgeprägte wahrgenommene intrapreneuriale Fähigkeiten verfügen, neigen eher dazu, eine Intention zu

---

[971] Siehe Abbildung 21.
[972] Siehe Kapitel 3.3.
[973] Siehe Kapitel 3.3.
[974] Vgl. Shapero/Sokol 1982, S. 86; Fitzsimmons/Douglas 2011, S. 437.
[975] Siehe Abbildung 20.

einem intrapreneurialen Verhalten zu entwickeln. Dieses Ergebnis steht im Einklang mit der Self-Efficacy-Theorie.[976] Dies besagt, dass Menschen, die über eine subjektive Überzeugung hinsichtlich einer erfolgreichen Ausführung einer Handlung verfügen, auch dazu neigen diese zu verfolgen.[977]

Zusätzlich wurden Kontrollvariablen mit in diese quantitative-empirische Studie aufgenommen. Hierzu zählen das Geschlecht, das Alter, der höchste Bildungs-abschluss, die Jahre an Berufserfahrung, die Jahre im Unternehmen und die Jahre des aktuellen Arbeitsplatzes im Unternehmen.[978] Bei keiner dieser Variablen konnte ein signifikanter Einfluss auf die individuelle Kreativität und die Intention zu einem intrapreneurialen Verhalten bestätigt werden.[979] Das bedeutet, dass die zentralen Kontrollvariablen für dieses Forschungsfeld berücksichtigt wurden. Durch die Ergebnisse konnte gezeigt werden, dass keine dieser Kontrollvariablen einen signifikanten Effekt auf das Modell ausübt, sodass die Forschungsergebnisse auf den primären Variablen im Strukturgleichungsmodell basieren.

5.2 Implikationen für die wissenschaftliche Forschung

Diese quantitative-empirische Arbeit liefert diverse Implikationen für die Wissen-schaft, die im folgenden Kapitel diskutiert werden. In dieser Studie wird die Intention zu einer intrapreneurialen Handlung als abhängige Variable definiert.[980] Hierdurch wird der Empfehlung nachgekommen, dass individuelle Handlungen nur unzureichend vorhergesagt werden können und die Intention zu einer bestimmten Handlung als bester Indikator für eine zukünftige Handlung gilt.[981] Demzufolge liefert diese Arbeit einen Beitrag zur intrapreneurialen Intentionsforschung im Forschungsfeld des Corporate Entrepreneurship.[982]

---

[976] Siehe Kapitel 2.1.5.
[977] Vgl. Bandura 1982, S. 122; Shepherd/Covin/Kuratko 2009, S. 593; Baum/Locke 2004, S. 590.
[978] Siehe Kapitel 4.3.2.6.
[979] Siehe Abbildung 20.
[980] Vgl. Krueger/Reilly/Carsrud 2000, S. 413; Kautonen/Kibler/Tornikoski 2010, S. 178.
[981] Vgl. Ajzen 2001, S. 27; Liñán/Chen 2009, S. 595; Bagozzi/Baumgartner/Yi 1989, S. 38; Kolvereid 1996a, S. 48; Krueger/Reilly/Carsrud 2000, S. 413; Fini/Grimaldi/Marzocchi/Sobrero 2012, S. 390. Siehe auch Kapitel 2.2.1.
[982] Vgl. Douglas/Fitzsimmons 2012, S. 1.

Darüber hinaus wurde nicht ausschließlich die Intention zu einer intrapreneurialen Handlung betrachtet, sondern ebenfalls die individuelle Kreativität berücksichtigt. Die Betrachtung der Mediationsbeziehung zwischen den immateriellen Belohnungen und der Intention zu einer intrapreneurialen Handlung liefert neue Erkenntnisse hinsichtlich der individuellen Kreativität des Mitarbeiters als zentrale Voraussetzung zur Entwicklung eines intrapreneurialen Verhaltens. Dies wurde durch den positiven signifikanten Zusammenhang zwischen der individuellen Kreativität und der Intention zu einem intrapreneurialen Verhalten bestätigt.[983] Die individuelle Kreativität des Mitarbeiters kann durch den signifikanten positiven Effekt der immateriellen Belohnungen gefördert werden.

Das Ergebnis der Moderationsbeziehung der wahrgenommenen intrapreneurialen Erwünschtheit liefert neue Erkenntnisse hinsichtlich des Einflusses von immateriellen Belohnungen auf die individuelle Kreativität eines Mitarbeiters. Der Effekt der organisationalen Rahmenbedingungen im Unternehmen wird durch die individuell wahrgenommene intrapreneuriale Erwünschtheit verstärkt oder abgeschwächt. Besonders deutlich zeigt sich dieser Effekt bei einer niedrigen wahrgenommenen intrapreneurialen Erwünschtheit, die durch immaterielle Belohnungen deutlich gesteigert werden kann. Darüber hinaus konnten durch diese Studie Erkenntnisse hinsichtlich der Interdependenz zwischen organisationalen Rahmenbedingungen und individuellen Charaktereigenschaften gewonnen werden, die in einem engen Zusammenhang stehen.[984]

Hinsichtlich der wahrgenommenen intrapreneurialen Fähigkeiten wurde keine Moderationsbeziehung gefunden. Der Einfluss der individuellen Kreativität auf die Intention zu einer intrapreneurialen Handlung wird nicht durch den Moderator der wahrgenommenen intrapreneurialen Fähigkeiten beeinflusst. Allerdings konnte ein direkter Einfluss auf die Intention zu einem intrapreneurialen Verhalten nachgewiesen werden. Dieses Ergebnis zeigt, dass die Intention zu einem intrapreneurialen Verhalten eines Individuums durch die individuellen wahrgenommenen intrapreneurialen

---

[983] Siehe Abbildung 20.
[984] Siehe Abbildung 20.

Fähigkeiten direkt beeinflusst wird. [985] Eine Intention zu einer intrapreneurialen Handlung wird zusätzlich verstärkt, wenn das Individuum über entsprechende intrapreneuriale Fähigkeiten verfügt. Dies bestätigt, dass sich auch eine Intention zu einer bestimmten Handlung eher entwickelt, wenn das Individuum über entsprechende Fähigkeiten verfügt. [986] Wahrgenommene intrapreneuriale Fähigkeiten fördern die Intention zu einer intrapreneurialen Handlung.

5.3 Implikationen für die unternehmerische Praxis

Im folgenden Abschnitt werden die Implikationen für die Praxis dargestellt. Die empirischen Ergebnisse fordern eine differenzierte Betrachtung der Mitarbeiter im Unternehmen. Hinsichtlich der individuellen Kreativität konnte ein starker Einfluss auf eine Intention zu einem intrapreneurialen Verhalten beim Mitarbeiter nachgewiesen werden. Ideen für neuartige Geschäftsgelegenheiten werden meist von Mitarbeitern verfolgt, die über eine hohe individuelle Kreativität verfügen. [987] Darüber hinaus haben die immateriellen Belohnungen einen positiven Einfluss auf die individuelle Kreativität, wobei hier auch die individuelle wahrgenommene intrapreneuriale Erwünschtheit berücksichtigt werden sollte, da diese den Effekt der immateriellen Belohnung verstärken oder verringern kann. Besonders bei Mitarbeitern mit einer schwach ausgeprägten wahrgenommenen intrapreneurialen Erwünschtheit haben die immateriellen Belohnungen einen verstärkten positiven Effekt. Die Arbeit dieser Mitarbeiter sollte vermehrt durch immaterielle Belohnungen honoriert werden.

Es lassen sich drei Typen von Mitarbeitern im Unternehmen unterscheiden. Der erste Typ ist offen für Innovationen und würde diese gerne verfolgen, der zweite Typ hat kein Interesse an Innovationen, könnte bei geeigneten betrieblichen Anreizsystemen allerdings dazu motiviert werden, und der dritte Typ hat kein Interesse an Innovationen und lässt sich auch durch betriebliche Anreizsysteme nicht motivieren. Zur Klassifizierung dieser Typen kann die wahrgenommene intrapreneuriale

---

[985] Siehe Abbildung 20.
[986] Siehe Kapitel 2.1.5.
[987] Siehe Kapitel 2.1.2.

Erwünschtheit der einzelnen Mitarbeiter betrachtet werden. Ein Mitarbeiter könnte bereits über eine hoch ausgeprägte wahrgenommene intrapreneuriale Erwünschtheit verfügen, sodass der Einfluss von immateriellen Belohnungen nur gering ausfallen würde. Demgegenüber haben die immateriellen Belohnungen einen starken Effekt auf die wahrgenommenen intrapreneuriale Erwünschtheit, wenn diese gering ausgeprägt sind, sodass der Einfluss auf die individuelle Kreativität hoch ausfällt.[988] Mitarbeitern, die bereits über eine hohe wahrgenommene intrapreneuriale Erwünschtheit verfügen, könnten Freiräume zur Verfügung gestellt werden.

Mitarbeiter können darüber hinaus hinsichtlich ihren wahrgenommenen intrapreneurialen Fähigkeiten unterschieden werden.[989] Durch diese differenzierte Klassifizierung können Fortbildungen und Seminare gezielter eingesetzt werden, um je nach Fähigkeiten der Mitarbeiter spezielle Fördermaßnahmen durchzuführen. Die Förderung der Fähigkeiten der Mitarbeiter wirkt sich positiv auf deren Intention zu einer intrapreneurialen Handlung aus.

Zusätzlich sollten Unternehmen versuchen, kreative Mitarbeiter zu fördern, da diese ansonsten das Unternehmen verlassen könnten, sodass lediglich die sogenannten inaktiven Mitarbeiter zurückbleiben.[990] Dies kann negative Auswirkungen auf die Innovationskraft und letztlich auf den Unternehmenserfolg haben. Um diesem Umstand entgegenzuwirken sollten regelmäßige Mitarbeitergespräche geführt werden, sodass auf die individuellen Bedürfnisse eingegangen und gezielte Fördermaßnahmen vereinbart werden können. Da das mittlere Management als Bindeglied zwischen dem strategischen Management und dem Mitarbeiter im operativen Tagesgeschäft fungiert, wird besonders diesen Mitarbeitern eine Schlüsselrolle zugesprochen.[991] Dem oberen Management sollten die Potentiale der Mitarbeiter im Hinblick auf intrapreneuriale Aktivitäten bekannt sein, um Corporate Entrepreneurship effektiv und effizient zu fördern und zu entwickeln.[992]

---

[988] Siehe Kapitel 4.4.3.3.
[989] Vgl. Madjar/Oldham/Pratt 2002, S. 759.
[990] Vgl. Pinchot 1985, S. 36.
[991] Siehe Kapitel 4.2.1.2.
[992] Vgl. Hornsby/Kuratko/Zahra 2002, S. 254; Holt/Rutherford/Clohessy 2007, S. 50.

Bereits im Bewerbungsgespräch können neue Mitarbeiter gezielt anhand von persönlichen Charaktereigenschaften ausgewählt werden.[993] Da die Ergebnisse zeigen, dass die individuelle Kreativität einen starken Einfluss auf die Verfolgung von neuartigen Geschäftsgelegenheiten hat, sollten neue Mitarbeiter einem Kreativitätstest unterzogen werden, um sicherzustellen, dass diese die Entwicklung von Innovationen verfolgen. Außerdem kann die individuelle Motivation zur Aneignung von neuen Fähigkeiten durch die Betrachtung von freiwilligen Fortbildungen im Lebenslauf überprüft werden. Dadurch wird ersichtlich, ob eine Person bereit ist, sich neues Wissen anzueignen und dieses im Unternehmenskontext zu nutzen. Auch die individuelle Bereitschaft zu einer freiwilligen und zusätzlichen Handlung wird so deutlich, die oft auch kreative Handlungen und die Verfolgung von Ideen bedingt.[994]

5.4 Limitationen der Studie und Empfehlungen für weitere Forschung

In diesem Kapitel werden die Limitationen dieser Studie diskutiert und Empfehlungen für die künftige Forschung ausgesprochen. Ein weiterer theoretischer und empirischer Forschungsbedarf wird aufgezeigt.

Zunächst ist der kulturelle Rahmen eine Limitation dieser Arbeit. Neben der ausschließlichen Betrachtung von Unternehmen in Deutschland, könnten auch Unternehmen in anderen Ländern Gegenstand der Untersuchung werden, um die Generalisierbarkeit dieser Ergebnisse nachweisen zu können. Darüber hinaus könnte eine detaillierte Betrachtung der Unternehmensverteilung in Deutschland eine regionale Differenzierung der Ergebnisse zulassen. Um diesbezüglich wissenschaftliche Aussagen treffen zu können, müsste sich die Fallzahl allerdings deutlich erhöhen, was gemessen an der geringen Grundgesamtheit und der zu antizipierenden Rücklaufquote allein für den deutschen Raum problematisch erscheint.

Die Ergebnisse basieren ausschließlich auf Querschnittsdaten, da die Daten zu einem definierten Zeitpunkt beziehungsweise in einer bestimmten Zeitspanne erhoben

---

[993] Vgl Brand 1998, S. 20f.; Knight 1967, S. 482; Zhou/Shalley 2003, S. 210; Finkle 2012, S. 879; Schmelter/Mauer/Börsch/Brettel 2007, S. 720.
[994] Siehe Kapitel 2.2.2.

wurden. Sie lassen nur Aussagen über diesen bestimmten Zeitpunkt zu. Eine Längsschnittanalyse könnte die Ergebnisse auch zu unterschiedlichen Zeitpunkten bestätigen. Durch die Betrachtung der Längsschnittdaten können Veränderungen hinsichtlich der wahrgenommenen intrapreneurialen Erwünschtheit, der immateriellen Belohnungen, der individuellen Kreativität, der wahrgenommenen intrapreneurialen Fähigkeiten und der Intention zu einem intrapreneurialen Verhalten berücksichtigt werden.

In dieser Studie wurde ausschließlich ein Mitglied des oberen Managements befragt. Künftige Arbeiten sollten die Teamgröße und Teamheterogenität im oberen Managementteam untersuchen. [995] Allerdings stellt die Befragung von zwei Mitarbeitern auf zwei hierarischen Ebenen im Unternehmen bereits eine große Herausforderung dar, sodass die Bereitschaft zur Teilnahme weiter nachlassen wird.

Die Verwendung eines experimentellen Designs könnte die Qualität der Ergebnisse zusätzlich stärken. Dabei erfolgt die Messung der abhängigen Variable anhand eines experimentellen Tests, wodurch die Gefahr eines Bias gemindert würde. Allerdings wurden in dieser Studie die abhängige und die unabhängige Variable bereits von zwei unterschiedlichen Teilnehmern erfasst, was als gutes Qualitätskriterium gilt.

Da sich die bisherige Forschung zumeist auf das obere Management[996] sowie das einzelne Individuum konzentriert hat, wird mit diesem Ansatz eine neue Richtung verfolgt. Diese Erkenntnisse determinieren den Einfluss des mittleren Managements und unterstreichen deren Bedeutung im Innovationsprozess. Die künftige Forschung sollte sich daher verstärkt der Analyse des mittleren Managements widmen.

---

[995] Vgl. Boeker 1997, S. 220.
[996] Vgl. Kanter 1985, S. 53.

Literaturverzeichnis

Acs, Z. J. (2006): How is Entrepreneurship Good for Economic Growth?, in: innovations: Technology, Governance, Globalization, Jg. 1, Nr. 1, S. 97-107.

Acs, Z. J. & Audretsch, D. B. (1988): Innovation in Large and Small Firms: An empirical Analysis, in: American Economic Association, Jg. 78, Nr. 4, S. 678-690.

Acs, Z. J. & Audretsch, D. B. (2005): Innovation and Technolgical Change, in: Acs, Z. J. & Audretsch, D. B. (Hrsg.): Handbook of Entrepreneurship Research: An interdisciplinary Survey and Introduction, Springer: New York, S. 55-79.

Acs, Z. J. & Szerb, L. (2007): Entrepreneurship, Economic Growth and Public Policy, in: Small Business Economics, Jg. 28, Nr. 2-3, S. 109-122.

Aerssen, v. B. (2009): Revolutionäres Innovationsmanagement: Mit Innovationskultur und neuen Ideen zu nachhaltigem Markterfolg, mi: München.

Agarwal, R., Echambadi, R., Franco, A. M. & Sarkar, M. (2004): Knowledge Transfer Through Inheritance: Spin-Out Generation, Development, and Survival, in: Academy of Management Journal, Jg. 47, Nr. 4, S. 501-522.

Aguinis, H. (1995): Statistical Power with Moderated Multiple Regression in Management Research, in: Journal of Management, Jg. 21, Nr. 6, S. 1141-1158.

Aguinis, H., Beaty, J. C., Boik, R. J. & Pierce, C. A. (2005): Effect Size and Power in Assessing Moderating Effects of Categorical Variables Using Multiple Regression: A 30-Year Review, in: Journal of Applied Psychology, Jg. 90, Nr. 1, S. 94-107.

Ahuja, G. & Lampert, C. M. (2001): Entrepreneurship in the Large Corporation: A Longitudinal Study of How Established Firms Create Breakthrough Inventions, in: Strategic Management Journal, Jg. 22, Nr. 6-7, S. 521-543.

Ajzen, I. (1991): The Theory of Planned Behavior, in: Organizational Behavior and Human Decision Processes, Jg. 50, Nr. 2, S. 179-211.

Ajzen, I. (2001): Nature and Operation in Attitudes, in: Annual Review of Psychology, Jg. 52, Nr. 1, S. 27-58.

Ajzen, I. (2002): Perceived Behavioral Control, Self-Efficacy, Locus of Control, and the Theory of Planned Behavior, in: Journal of Applied Social Psychology, Jg. 32, Nr. 4, S. 665-683.

Ajzen, I., Czasch, C. & Flood, M. G. (2009): From Intentions to Behavior: Implementation Intention, Commitment, and Conscientiousness, in: Journal of Applied Social Psychology, Jg. 39, Nr. 6, S. 1356-1372.

Allaire, Y. & Firsirotu, M. E. (1984): Theories of Organizational Culture, in: Organizational Studies, Jg. 5, Nr. 3, S. 193-226.

Alvarez, S. A. (2005): Resources and Hierarchies, in: Acs, Z. J. & Audretsch, D. B. (Hrsg.): Handbook of Entrepreneurship Research: An interdisciplinary Survey and Introduction, Springer: New York, S. 247-263.

Alvarez, S. A. & Barney, J. B. (2005): How Do Entrepreneurs Organize Firms Under Conditions of Uncertainty?, in: Journal of Management, Jg. 31, Nr. 5, S. 776-793.

Alvarez, S. A. & Busenitz, L. W. (2001): The Entrepreneurship of Resource-Based Theory, in: Journal of Management, Jg. 27, Nr. 6, S. 755-775.

Amabile, T. M. (1988): A Model of Creativity and Innovation in Organizations, in: Staw, B. M. & Cummings, L. L. (Hrsg.): Research in Organizational Behavior, JG. 10, Greenwich: JAI Press, S. 123-167.

Amabile, T. M. (1993): Motivational Synergy: Toward New Conceptualizations of Intrinsic and Extrinsic Motivation in the Workplace, in: Human Resource Management Review, Jg. 3, Nr. 3, S. 185-201.

Amabile, T. M. (1997): Motivating Creativity in Organizations: On Doing What You Love and Loving What You Do, in: California Management Review, Jg. 40, Nr. 1, S. 39-58.

Amabile, T. M., Conti, R., Coon, H., Lazenby, J. & Herron, M. (1996): Assessing the Work Environment for Creativity, in: Academy of Management Journal, Jg. 39, Nr. 5, S. 1154-1184.

Amabile, T. M., Hill, K. G., Hennessey, B. A. & Tighe, E. M. (1994): The Work Preference Inventory: Assessing Intrinsic and Extrinsic Motivational Orientation, in: Journal of Personality and Social Psychology, Jg. 66, Nr. 5, S. 950-967.

Amabile, T. M. & Khaire, M. (2008): Creativity and the Role of the Leader, in: Harvard Business Review, Jg. 86, Nr. 10, S. 100-109.

Ambrose, M. L. & Kulik, C. T. (1999): Old Friends, New Faces: Motivation Research in the 1990s, in: Journal of Management, Jg. 25, Nr. 3, S. 231-292.

Anderson, J. C. & Gerbing, D. W. (1988): Structural Equation Modeling in Practice: A Review and Recommended Two-Step Approach, in: Psychological Bulletin, Jg. 103, Nr. 3, S. 411-423.

Anokhin, S. & Schulze, W. S. (2009): Entrepreneurship, Innovation, and Corruption, in: Journal of Business Venturing, Jg. 24, Nr. 5, S. 465-476.

Antonic, B. (2003): Risk Taking in Intrapreneurship: Translating the Individual Level Risk Aversion into the Organizational Risk Taking, in: Journal of Enterprising Culture, Jg. 11, Nr. 1, S. 1-23.

Antonic, B. & Hisrich, R. D. (2001): Intrapreneurship: Construct Refinement and Cross-Cultural Validation, in: Journal of Business Venturing, Jg. 16, Nr. 5, S. 495-527.

Ardichvili, A., Cardozo, R. & Ray, S. (2003): A Theory of Entrepreneurial Opportunity Identification and Development, in: Journal of Business Venturing, Jg. 18, Nr. 1, S. 105-123.

Arenius, P. & De Clercq, D. (2005): A Network-based Appraoch on Opportunity Recognition, in: Small Business Economics, Jg. 24, Nr. 3, S. 249-265.

Armitage, C. J. & Conner, M. (2001): Efficacy of the Theory of Planned Behaviour: A Meta-Analytic Review, in: British Journal of Social Psychology, Jg. 40, Nr. 4, S. 471-499.

Arnold, H. J. (1982): Moderator Variables: A Clarification of Conceptual, Analytic, and Psychometric Issues, in: Organizational Behavior and Human Performance, Jg. 29, Nr. 2, S. 143-174.

Assenmacher, W. (2002): Einführung in die Ökonometrie, 6. Auflage, München: Oldenburg Verlag.

Assenmacher, W. (2003): Deskriptive Statistik, 3. Auflage, Springer: Heidelberg.

Assenmacher, W. (2009): Induktive Statistik, 2. Auflage, Springer: Heidelberg.

Atteslander, R. (2010): Methoden der empirischen Sozialforschung, 13. Auflage, Erich Schmidt Verlag: Berlin.

Atuahene-Gima, K. & Ko, A. (2001): An Empirical Investigation of the Effect of Market Orientation and Entrepreneurship Orientation Alignment on Product Innovation, in: Organization Science, Jg. 12, Nr. 1, S. 54-74.

Autio, E., Keeley, R. H., Klofsten, M., Parker, G. G., Hay, M. (2001): Entrepreneurial Intent among Students in Scandinavia and in the USA, in: Enterprise and Innovation Management Studies, Jg. 2, Nr. 2, S. 145-160.

Azoulay, P., Graff Zivin, J. S. & Manso, G. (2011): Incentives and Creativity: Evidence from the Academic Life Sciences, in: Journal of Economics, Jg. 42, Nr. 3, S. 527-554.

Backhaus, K., Erichson, B., Plinke, W. & Weiber, R. (2005): Multivariate Analysemethoden: Eine anwendungsorientierte Einführung, 11. Auflage, Springer: Heidelberg.

Backhaus, K., Erichson, B., Plinke, W. & Weiber, R. (2008): Multivariate Analysemethoden: Eine anwendungsorientierte Einführung, 12. Auflage, Springer: Heidelberg.

Backhaus, K., Erichson, B. & Weiber, R. (2011): Fortgeschrittene Multivariate Analysemethoden: Eine anwendungsorientierte Einführung, Springer: Wiesbaden.

Backhaus, K. & Weiber, R. (2007): Forschungsmethoden der Datenauswertung, in: Köhler, R., Küppel. H.-U. & Pfingsten, A. (Hrsg.): Handwörterbuch der Betriebswirtschaft, 6. Auflage, Schäffer-Poeschel: Stuttgart.

Baden-Fuller, C. (1995): Strategic Innovation, Corporate Entrepreneurship and Matching Outside-in to Inside-Out Approaches to Strategy Research, in: British Journal of Management, Jg. 6, Special Issue, S. 3-16.

Baden-Fuller, C. & Volberda, H. W. (1997): Strategic Renewal: How Large Complex Organizations Prepare for the Future, in: International Studies of Management and Organization, Jg. 27, Nr. 2, S. 95-120.

Bagozzi, R. P. (1998): A Prospectus for Theory Construction in Marketing: Revisited and Revised, in: Hildebrandt, L. & Homburg, C. (Hrsg.): Die Kausalanalyse: Instrument der empirischen betriebswirtschaftlichen Forschung, Schäffer-Poeschel Verlag: Stuttgart, S. 45-81.

Bagozzi, R. P., Baumgartner, H. & Yi, Y. (1989): An Investigation into the Role of Intentions as Mediators of the Attitude-Behaviour Relationship, in: Journal of Economic Psychology, Jg. 10, Nr. 1, S. 35-62.

Bagozzi, R. P. & Heatherton, T. F. (1994): A General Approach to Representing Multifaceted Personality Constructs: Application to State Self-Esteem, in: Structural Equation Modeling, Jg. 1, Nr. 1, S. 35-67.

Bagozzi, R. P. & Foxall, G. R. (1995): Construct Validity and Generalizability of the Kirton Adaption-Innovation Inventory, in: European Journal of Personality, Jg. 9, Nr. 3, S. 185-206.

Bagozzi, R. P. & Yi, Y. (1988): On the Evaluation of Structural Equation Models, in: Academy of Marketing Science, Jg. 16, Nr. 1, S. 74-94.

Bandura, A. (1977): Self-Efficacy: Toward a Unifying Theory of Behavioral Change, in: Psychological Review, Jg. 84, Nr. 2, S. 191-215.

Bandura, A. (1982): Self-Efficacy Mechanism in Human Agency, in: American Psychologist, Jg. 37, Nr. 2, S. 122-147.

Bandura, A. (2001): Social Cognitve Theory: An Agentic Perspective, in: Annual Review of Psychology, Jg. 52, Nr. 1, S. 1-26.

Banker, R. D., Lee, S.-Y. & Potter, G. (1996): A Field Study of the Impact of a Performance-Based Incentive Plan, in: Journal of Accounting and Economics, Jg. 21, Nr. 2, S. 195-226.

Bankhofer, U. & Praxmarer, S. (1998): Zur Behandlung fehlender Werte in der Marktforschungspraxis, in: Marketing ZFP, 20. Jg. Heft 2, S. 109-118.

Barney, J. (1986): Organizational Culture: Can It Be a Source of Sustained Competitive Advantage?, in: Academy of Management Review, Jg. 11, Nr. 3, S. 656-665.

Barney, J. (1991): Firm Resources and Sustained Competitive Advantage, in: Journal of Management, Jg. 17, Nr. 1, S. 99-120.

Barney, J. (2001a): Is the Resource-Based View a Useful Perspective for Strategic Management Research? Yes, in: Academy of Management Review, Jg. 26, Nr. 1, S. 41-56.

Barney, J. (2001b): Resource-based Theories of Competitive Advantage: A ten-year Retrospective on the Resource-Based View, in: Journal of Management, Jg. 27, Nr. 6, S. 643-650.

Barney, J., Wright, M. & Ketchen, Jr. D. J. (2001): The Resource-Based View of the Firm: Ten Years after 1991, in: Journal of Management, Jg. 27, Nr. 6, S. 625-641.

Baron, R. A. (1998): Cognitive Mechanisms in Entrepreneurship: Why and When Entrepreneurs Think Differently than Other People, in: Journal of Business Venturing, Jg. 13, Nr. 4, S. 275-294.

Baron, R. A. (2004): The Cognitve Perspective: A Valuable Tool for Answering Entrepreneurship's Basic „Why" Question, in: Journal of Business Venturing, Jg. 19, Nr. 1, S. 221-239.

Baron, R. A. (2006): Opportunity Recognition as Pattern Recognition: How Entrepreneurs „Connect the Dots" to Identify New Business Opportunities, in: Academy of Management Perspectives, Jg. 20, Nr. 1, S. 104-119.

Baron, R. A. (2007): Behavioral and Cognitive Factors in Entrepreneurship: Entrepreneurs as the Active Element in New Venture Creation, in: Strategic Entrepreneurship Journal, Jg. 1, Nr. 1-2, S. 167-182.

Baron, R. A. & Tang, J. (2011): The Role of Entrepreneurs in firm-level Innovation: Joint Effects of Positive Affect, Creativity, and Environmental Dynamism, in: Journal of Business Venturing, Jg. 26, Nr. 1, S. 49-60.

Baron, R. M. & Kenny, D. A. (1986): The Moderator-Mediator Variable Distinction in Social Psychological Research: Conceptual, Strategic, and Statistical Considerations, in: Journal of Personality and Social Psychology, Jg. 51, Nr. 6, S. 1173-1182.

Barrett, H. & Weinstein, A. (1999): The Effect of Market Orientation and Organizational Flexibility on Corporate Entrepreneurship, in: Entrepreneurship: Theory & Practice, Jg. 23, Nr. 1, S. 57-70.

Barringer, B. R. & Bluedorn, A. C. (1999): The Relationship between Corporate Entrepreneurship and Strategic Manamgent, in: Strategic Management Journal, Jg. 20, Nr. 5, S. 421-444.

Barringer, M. W. & Milkovich, G. T. (1998): A Theoretical Exploration of the Adoption and Design of Flexible Benefit Plans: A Case of Human Resource Innovation, in: Academy of Management Review, Jg. 23, Nr. 2, S. 305-324.

Barroso, C., Cepeda Carrión, G. & Roldán, J. L. (2010): Applying Maximum Likelihood and PLS on Different Sample Sizes: Studies on SERVQUAL Model and Employee Behavior Model, in: Vinzi, V. E., Chin, W. W., Henseler, J. & Wang, H. (Hrsg.): Handbook of Partial Least Squares: Concepts, Methods and Applications, Springer: Heidelberg, S. 427-447.

Basadur, M., Graen, G. B. & Green, S. G. (1982): Training in Creative Problem Solving: Effects on Ideation and Problem Finding and Solving in an Industrial Research Organization, in: Organizational Behavior and Human Performance, Jg. 30, Nr. 1, S. 41-70.

Baum, J. R. & Locke, E. A. (2004): The Relationship of Entrepreneurial Traits, Skill, and Motivation to Subsequent Growth, in: Journal of Applied Psychology, Jg. 89, Nr. 4, S. 587-598.

Baum, J. R., Locke, E. A. & Smith, K. G. (2001): A Multidimensional Model of Venture Growth, in: Academy of Management Journal, Jg. 44, Nr. 2, S. 292-303.

Baumeister, H. (1998): Kleine und mittlere Unternehmen - die Hoffnungsträger für zusätzliche Arbeitsplätze? in: Arbeit und Politik: Mitteilungsblätter der Akademie für Arbeit und Politik an der Universität Bremen, Nr. 22/23, S. 6-28.

Baumol, W. J. (2004): Entrepreneurial Cultures and Countercultures, in: Academy of Management Learning and Education, Jg. 3, Nr. 3, S. 316-326.

Baur, N. (2008a): Univariate Statistik, in: Baur, N. & Fromm, S. (Hrsg.): Datenanalyse mit SPSS für Fortgeschrittene: Ein Arbeitsbuch, 2. Auflage, VS Verlag: Wiesbaden, S. 216-237.

Baur, N. (2008b): Kontrolle von Drittvariablen für bivariate Beziehungen, in: Baur, N. & Fromm, S. (Hrsg.): Datenanalyse mit SPSS für Fortgeschrittene: Ein Arbeitsbuch, 2. Auflage, VS Verlag: Wiesbaden, S. 291-313.

Becherer, R. C. & Maurer, J. G. (1999): The Proactive Personality Disposition and Entrepreneurial Behavior among Small Company Presidents, in: Journal of Small Business Management, Jg. 37, Nr. 1, S. 28-36.

Beerheide, E. & Katenkamp, O. (2011): Wissensarbeit im Innovationsprozess, in: Howaldt, J., Kopp, R. & Beerheide, E. (Hrsg.): Innovationsmanagement 2.0: Handlungsorientierte Einführung und praxisbasierte Impulse, Gabler: Wiesbaden, S. 67-99.

Behrends, T. (2006): Corporate Entrepreneurship und Organisationskultur, in: Frank, H. (Hg.): Corporate Entrepreneurship, Facultas: Wien, S. 113-149.

Begley, T. M. & Boyd, D. P. (1987): Psychological Characteristics Associated with Performance in Entrepreneurial Firms and Small Business, in: Journal of Business Venturing, Jg. 2, Nr. 1, S. 79-93.

Benninghaus, H. (2007): Deskriptive Statistik: Eine Einführung für Sozialwissenschaftler, 7. Auflage, VS Verlag: Wiesbaden.

Betzin, J. & Henseler, J. (2005): Einführung in die Funktionsweise des PLS-Algorithmus, in: Bliemel, F., Eggert, A., Fassott, G. & Henseler, J. (Hrsg.): Handbuch PLS-Pfadmodellierung: Methode, Anwendung, Praxisbeispiel, Schäffel-Poeschel Verlag: Stuttgart, S. 49-69.

Bhardwaj, G., Camillus, J. C. & Hounshell, D. A. (2006): Continual Corporate Entrepreneurial Search for Long-Term Growth, in: Management Science, Jg. 52, Nr. 2, S. 248-261.

Bhave, M. P. (1994): A Process Model of Entrepreneurial Venture Creation, in: Journal of Business Venturing, Jg. 9, Nr. 3, S. 223-242.

Bhuian, S. N., Menguc, B. & Bell, S. J. (2005): Just Entrepreneurial Enough: The Moderating Effect of Entrepreneurship on the Relationship between Market Orientation and Performance, in: Journal of Business Research, Jg. 58, Nr. 1, S. 9-17.

Bierly, P. E., Damanpour, F. & Santoro, M. D. (2009): The Application of External Knowledge: Organizational Conditions for Exploration and Exploitation, in: Journal of Management Studies, Jg. 46, Nr. 3, S. 481-509.

Biniari, M. G. (2012): The Emotional Embeddedness of Corporate Entrepreneurship: The Case of Envy, in: Entrepreneurship: Theory & Practice, Jg. 36, Nr. 1, S. 141-170.

Bird, B. (1988): Implementing Entrepreneurial Ideas: The Case for Intention, in: Academy of Management Review, Jg. 13, Nr. 3, S. 442-453.

Bird, B. & Jelinek, M. (1988): The Operation of Entrepreneurial Intentions, in: Entrepreneurship: Theory & Practice, Jg. 13, Nr. 2, S. 21-29.

Birley, S. (1986): The Role of New Firms: Birth, Deaths and Job Generation, in: Strategic Management Journal, Jg. 7, Nr. 4, S. 361-376.

Birley, S. & Westhead, P. (1990): Growth and Performance Contrasts between „Types" of Small Firms, in: Strategic Management Journal, Jg. 11, Nr. 7, S. 535-557.

Blasius, J. & Friedrichs, J. (2012): Faked Interviews, in: Salzborn, S., Davidov, E. & Reinecke, J. (Hrsg.): Methods, Theories, and Empirical Applications in the Social Sciences, Springer VS: Wiesbaden, S. 49-56.

Bleicher, K. (1992): Das Konzept Integriertes Management, 2. Auflage, Campus Verlag: Frankfurt/New York.

Bliemel, F., Eggert, A., Fassott, G. & Henseler, J. (2005): Die PLS-Pfadmodellierung: Mehr als eine Alternative zur Kovarianzstrukturanalyse, in: Bliemel, F., Eggert, A., Fassott, G. & Henseler, J. (Hrsg.): Handbuch PLS-Pfadmodellierung: Methode, Anwendung, Praxisbeispiel, Schäffel-Poeschel Verlag: Stuttgart, S. 1-16.

Brockhoff, K. (2000): Innovationswiderstände, in: Dold, E. & Gentsch, P. (Hrsg.): Innovationsmanagement: Handbuch für mittelständische Unternehmen, Luchterhand: Neuwied, S. 115-125.

Brown, T. E., Davidsson, P. & Wiklund, J. (2001): An Operationalization of Stevenson´s Conceptualization of Entrepreneurship as Opportunity-Based Firm Behavior, Jg. 22, Nr. 10, S. 953-968.

Böhme, O. J. (2011): Mehr Innovationskraft durch Ideen-Management, in: Böhme, O. J. & Hauser, E. (Hrsg.): Innovationsmanagement: Erkennen und Überwinden von Innovationsbarrieren, Peter Lang: Bern, S. 39-46.

Boeker, W. (1997): Executive Migration and Strategic Change: The Effect of Top Manager Movement on Product-Market Entry, in: Administrative Science Quarterly, Jg. 42, Nr. 2, S. 213-236.

Bojica, A. M. & Fuentes Fuentes, M. d. M. (2012): Knowledge Acquisition and Corporate Entrepreneurship: Insights from Spanish SMEs in the ICT Sector, in: Journal of World Business, Jg. 47, Nr. 3, S. 397-408.

Borch, O. J., Huse, M. & Senneseth, K. (1999): Resource Configuration, Competitive Strategies, and Corporate Entrepreneurship: An Empirical Examination of Small Firms, in: Entrepreneurship: Theory & Practice, Jg. 24, Nr. 1, S. 49-70.

Borsboom, D., Mellenbergh, G. J. & van Heerden, J. (2003): The Theoretical Status of Latent Variables, in: Psychological Review, Jg. 110, Nr. 2, S. 203-219.

Bortz, J. & Döring, N. (2009) Forschungsmethoden und Evaluation für Human- und Sozialwissenschaftler, 4. Auflage, Springer: Heidelberg.

Bortz, J. & Schuster, C. (2010): Statistik für Human- und Sozialwissenschaftler, 7. Auflage, Springer: Wiesbaden.

Boyd, N. G. & Vozikis, G. S. (1994): The Influence of Self-Efficacy on the Development of Entrepreneurial Intentions and Actions, in: Entrepreneurship: Theory & Practice, Jg. 16, Nr. 4, S. 63-90.

Brand, A. (1988): Knowledge Management and Innovation at 3M, in: Journal of Knowledge Management, Jg. 2, Nr. 1, S. 17-22.

Brislin, R. W. (1970): Back-Translation for Cross-Cultural Research, in: Journal of Cross-Cultural Psychology, Jg. 1, Nr. 3, S. 185-216.

Brown, T. E., Davidsson, P. & Wiklund, J. (2001): An Operationalization of Stevenson's Conceptualization of Entrepreneurship as Opportunity-based Firm Behavior, in: Strategic Management Journal, Jg. 22, Nr. 10, S. 953-968.

Branzei, O. & Vertinsky, I. (2006): Strategic Pathways to Product Innovation Capabilities iN SMEs, in: Journal of Business Venturing, Jg. 21, Nr. 1, S. 75-105.

Brigham, K. H., De Castro, J. O. & Shepherd, D. A. (2007): A Person-Organization Fit Model of Owner-Managers' Cognitive Style and Organizational Demands, in: Entrepreneurship: Theory & Practice, Jg. 31, Nr. 1, S. 29-51.

Brockhaus, R. H. (1980): Risk Taking Propensity of Entrepreneurs, in: Academy of Managmement Journal, Jg. 23, Nr. 3, S. 509-520.

Brundin, E., Patzelt, H. & Shepherd, D. A. (2008): Managers' Emotional Displays and Employees' Willingness to Act Entrepreneurially, in: Journal of Business Venturing, Jg. 23, Nr. 2, S. 221-243.

Brunner, A. (2008): Kreativer denken: Konzepte und Methoden von A-Z, Oldenbourg: München.

Brush, C. G., Greene, P. G. & Hart, M. M. (2001): From Initial Idea to Unique Advantage: The Entrepreneurial Challenge of Constructing a Resource Base, in: Academy of Management Executive, Jg. 15, Nr. 1, S. 64-80.

Bühl, A. (2012): SPSS 20: Einführung in die moderne Datenanalyse, 13. Auflage, Pearson: München.

Bühner, M. (2006): Einführung in die Test- und Fragebogenkonstruktion, 2. Auflage, Pearson: München.

Bühner, M & Ziegler, M. (2009): Statistik für Psychologen und Sozialwissenschaftler, Pearson: München.

Burgelman, R. A. (1983a): A Process Model of Internal Corporate Venturing in the Diversified Major Firm, in: Adminstrative Science Quarterly, Jg. 28, Nr. 2, S. 223-244.

Burgelman, R. A. (1983b): Corporate Entrepreneurship and Strategic Management: Insight from a Process Study, in: Management Science, Jg. 29, Nr. 12, S. 1349-1364.

Burgelman, R. A. (1984): Designs for Corporate Entrepreneurship in Established Firms, in: California Management Review, Jg. 26, Nr. 3, S. 154-166.

Burgelman, R. A. (1985): Managing the New Venture Division: Research Findings and Implications for Strategic Management, in: Strategic Management Journal, Jg. 6, Nr. 1, S. 39-54.

Burns, P. (2008): Corporate Entrepreneurship: Building the Entrepreneuial Organization, 2. Auflage, Palgrave Macmillan: New York.

Burr, W. (2004): Innovationen in Organisationen, Kohlhammer: Stuttgart.

Burroughs, J. E., Dahl, D. W., Moreau, C. P., Chattopadhyay, A. & Gorn, G. J. (2011): Facilitating and Rewarding Creativity During New Product Development, in: Journal of Marketing, Jg. 75, Nr. 4, S. 53-67.

Busenitz, L. W. (1999): Entrepreneurial Risk and Strategic Decision Making: It´s a Matter of Perspective, in: Journal of Applied Behavioral Science, Jg. 35, Nr. 3, S. 325-340.

Busenitz, L. W. & Barney, J. B. (1997): Differences between Entrepreneurs and Managers in Large Organizations: Biases and Heuristics in Strategic Decision-Making, in: Journal of Business Venturing, Jg. 12, Nr. 1, S. 9-30.

Busenitz, L. W., West, G. P., Shepherd, D., Nelson, T., Chandler, G. N. & Zacharakis, A. (2003): Entrepreneurship Research in Emergence: Past Trends and Future Directions, in: Journal of Management, Jg. 29, Nr. 3, S. 285-308.

Bygrave, W. D. & Hofer, C. W. (1991): Theorizing about Entrepreneurship, in: Entrepreneurship: Theory & Practice, Jg. 16, Nr. 2, S. 13-22.

Byrne, B. M. (2010): Structural Equation Modeling with Amos: Basic Concepts, Applications, and Programming, 2. Auflage, Routledge: New York.

Camisón-Zornoza, C., Lapiedra-Alcamí, R., Segarra-Ciprés, M. & Boronat-Navarro, M. (2004): A Meta-Analysis of Innovation and Organizational Size, in: Organization Studies, Jg. 25, Nr. 3, S. 331-361.

Carland, J. W., Hoy, F., Boulton, W. R. & Carland, J. A. (1984): Differentiating Entrepreneurs from Small Business Owners: A Conceptualization, in: Academy of Management Review, Jg. 9, Nr. 2, S. 354-359.

Casson, M. (2005): Entrepreneurship, Business Culture and the Theory of the Firm, in: Acs, Z. J. & Audretsch, D. B. (Hrsg.): Handbook of Entrepreneurship Research: An interdisciplinary Survey and Introduction, Springer: New York, S. 223-246.

Champoux, J. E. & Peters, W. S. (1987): Form, Effect Size and Power in Moderated Regression Analysis, in: Journal of Occupational Psychology, Jg. 60, Nr. 3, S. 243-255.

Chandler, G. N. & Hanks, S. H. (1994): Market Attractiveness, Resource-Based Capabilities, Venture Strategies, and Venture Performance, in: Journal of Business Venturing, Jg. 9, Nr. 4, S. 331-349.

Chandy, R. K. & Tellis, G. J. (2000): The Incumbent's Curse? Incumbency, Size, and Radical Product Innovation, in: Journal of Marketing, Jg. 64, Nr. 3, S. 1-17.

Chen, C. C., Greene, P. G. & Crick, A. (1998): Does Entrepreneurial Self-Efficacy Distinguish Entrepreneurs from Managers?, in: Journal of Business Venturing, Jg. 13, Nr. 4, S. 295-316.

Chi, W. & Qian, X. (2010): The Role of Education in Regional Innovation Activities: Spatial Evidence from China, in: Journal of the Asia Pacific Economy, Jg. 15, Nr. 4, S. 396-419.

Chin, W. W. (1998a): Issues and Opinion on Structural Equation Modeling, in: Management Information Systems Quarterly, Jg. 22, Nr. 1, S. 7-16.

Chin, W. W. (1998b): The Partial Least Squares Approach for Structural Equation Modeling, in: Marcoulides, G. A. (Hrg.): Modern Methods for Business Research, London, S. 295-336.

Chin, W. W. & Newsted, P. R. (1999): Structural Equation Modeling Analysis with Small Samples using Partial Least Squares, in: Hoye, R. (Hrg.): Statistical Methods for Small Sample Research, Sage Publications: Thousand Oaks, S. 307-342.

Chin, W. W. (2010): Bootstrap Cross-Validation Indices for PLS Path Model Assessment, in: Vinzi, V. E., Chin, W. W., Henseler, J. & Wang, H. (Hrsg.): Handbook of Partial Least Squares: Concepts, Methods and Applications, Springer: Heidelberg, S. 83-97.

Christensen, C. M., Matzler, K. & von den Eichen, S. F. (1997): The Innovator's Dilemma: Warum etablierte Unternehmen den Wettbewerb um bahnbrechende Innovationen verlieren, Vahlen: München.

Churchill, G. A. (1979): A Paradigm for Developing better Measures of Marketing Constructs, in: Journal of Marketing Reseach, Jg. 16, Nr. 1, S. 64-73.

Churchill, G. A. & Peter, J. P. (1984): Research Design Effects on the Reliability of Rating Scales: A Meta-Analysis, in: Journal of Marketing Research, Jg. 21, Nr. 4, S. 360-375.

Clausen, T., Geschka, H. & Krug, J. (2012): Innovationsstrategien, in Ili, S. (Hg.): Innovation Excellence: Wie Unternehmen ihre Innovationsfähigkeit systematisch steigern, Symposion: Düsseldorf, S. 95-128.

Cohen, J. (1988): Statistical Power Analysis for the Behavioral Science, 2. Auflage, Hillsdale: Lawrence Erlbaum Associates.

Cohen, J., Belyavsky, J. & Silk, T. (2008): Using Visualization to Alter the Balance between Desirability and Feasibility during Choice, in: Journal of Consumer Psychology, Jg. 18, Nr. 4, S. 270-275.

Cohen, W. M. & Levinthal, D. A. (1990): Absorptive Capacity: A New Perspective on Learning and Innovation, in: Administrative Science Quarterly, Jg. 35, Nr. 1, S. 128-152.

Colombo, M. G., Delmastro, M. & Grilli, L. (2004): Entrepreneurs´ Human Capital and the Start-up Size of New Technology-Based Firms, in: International Journal of Industrial Organization, Jg. 22, Nr. 8-9, S. 1183-1211.

Colombo, M. G. & Grilli, L. (2010): On Growth Drivers of High-Tech Start-ups: Exploring the Role of Founders´ Human Capital and Venture Capital, in: Journal of Business Venturing, Jg. 25, Nr. 6, S. 610-626.

Conner, K. R. (1991): A Historical Comparison of Resource-Based Theory and Five Schools of Thought within Industrial Organization Economics: Do we have a new Theory of the Firm?, in: Journal of Management, Jg. 17, Nr. 1, S. 121-154.

Corbett, A. C. (2005): Experiential Learning within the Process of Opportunity Identification and Exploitation, in: Entrepreneurship: Theory & Practice, Jg. 29, Nr. 4, S. 473-491.

Corbett, A. C. (2007): Learning Asymmetries and the Discovery of Entrepreneurial Opportunities, in: Journal of Business Venturing, Jg. 22, Nr. 1, S. 97-118.

Corbett, A. C. & Hmieleski, K. M. (2007): The Conflicting Cognitions of Corporate Entrepreneurs, in: Entrepreneurship: Theory & Practice, Jg. 31, Nr. 1, S. 103-121.

Covin, J. G. (1991): Entrepreneurial Versus Coservative Firms: A Comparison of Strategies and Performance, in: Journal of Management Studies, Jg. 28, Nr. 5, S. 439-462.

Covin, J. G. & Covin, T. J. (1990): Competitive Aggressiveness, Environmental Context, and Small Firm Performance, in: Entrepreneurship: Theory & Practice, Jg. 14, Nr. 4, S. 35-50.

Covin, J. G., Green, K. M. & Slevin, D. P. (2006): Strategic Process Effects on the Entrepreneurial Orientation-Sales Growth Rate Relationship, in: Entrepreneurship: Theory & Practice, Jg. 30, Nr. 1, S. 57-81.

Covin, J. G. & Lumpkin, G. T. (2011): Entrepreneurial Orientation Theory and Research: Reflections on a Needed Construct, in: Entrepreneurship: Theory & Practice, Jg. 35, Nr. 5, S. 855-872.

Covin, J. G. & Miles, M. P. (1999): Corporate Entrepreneurship and the Pursuit of Competitive Advantage, in: Entrepreneurship: Theory & Practice, Jg. 23, Nr. 3, S. 47-63.

Covin, J. G. & Miles, M. P. (2007): Strategic Use of Corporate Venturing, in: Entrepreneurship: Theory & Practice, Jg. 31, Nr. 2, S. 183-207.

Covin, J. G. & Slevin, D. P. (1988): The Influence of Organization Structure on the Utility of an Entrepreneurial Top Management Style, in: Journal of Business Studies, Jg. 25, Nr. 3, S. 271-234.

Covin, J. G. & Slevin, D. P. (1989): Strategic Management of Small Firms in Hostile and Benign Environments, in: Strategic Management Journal, Jg. 10, Nr. 1, S. 75-87.

Covin, J. G. & Slevin, D. P. (1991): A Conceptual Model of Entrepreneurship as Firm Behavior, in: Entrepreneurship: Theory & Practice, Jg. 16, Nr. 1, S. 7-25.

Covin, J. G., Slevin, D. P. & Heeley, M. B. (2000): Pioneers and Followers: Competitive Tactics, Environment, and Firm Growth, in: Journal of Business Venturing, Jg. 15, Nr. 2, S. 175-210.

Covin, J. G. & Wales, W. J. (2012): The Measurement of Entrepreneurial Orientation, in: Entrepreneurship: Theory & Practice, Jg. 36, Nr. 4, S. 677-702.

Crant, J. M. (1996): The Proactive Personality Scale as a Predictor of Entrepreneurial Intentions, in: Journal of Small Business Management, Jg. 34, Nr. 3, S. 42-49.

Crant, J. M. (2000): Proactive Behavior in Organizations, in: Journal of Management, Jg. 26, Nr. 3, S. 435-462.

Creswell, J. W. (2009): Research Design – Qualitative, Quantitative, and Mixed Methods Approaches, 3. Auflage, Sage: Los Angeles.

Cronbach, L. (1947): Test "Reliability": It´s Meaning and Determination, in: Psychometrika, Jg. 12, Nr.1, S. 1-16.

Cronbach, L. (1951): Coefficient Alpha and the Internal Structure of Tests, in: Psychometrika, Jg. 16, Nr. 1, S. 297-334.

Csikszentmihalyi, M. (1996): Creativity: Flow and the Psychology of Discovery and Invention, Harper Collins: New York.

Csikszentmihalyi, M. (1997): Kreativität: Wie Sie das Unmögliche schaffen und Ihre Grenzen überwinden, Klett-Cotta: Stuttgart.

Damanpour, F. (1991): Organizational Innovation: A Meta-Analysis of Effects of Determinants and Moderators, in: Academy of Management Journal, Jg. 34, Nr. 3, S. 555-590.

Damanpour, F. (1996): Organizational Complexity and Innovation: Developing and Texting Multiple Contingency Models, in: Management Science, Jg. 42, Nr. 5, S. 693-716.

Damanpour, F. & Gopalakrishnan, S. (1998): Theories of Organizational Structure and Innovation Adoption: The Role of Environmental Change, in: Journal of Engineering and Technology Management, Jg. 15, Nr. 1, S. 1-24.

Damanpour, F., Szabat, K. A. & Evan, W. M. (1989): The Relationship between Types of Innovation and Organizational Performance, in: Journal of Management Studies, Jg. 26, Nr. 6, S. 587-601.

Danneels, E. (2002): The Dynamics of Product Innovation and Firm Competences, in: Strategic Management Journal, Jg. 23, Nr. 12, S. 1095-1121.

Dapp, T. F. (2012): Die digitale Öffnung von Innovation und Wertschöpfung, in: Ili, S. (Hg.): Innovation Excellence: Wie Unternehmen ihre Innovationsfähigkeit systematisch steigern, Symposion: Düsseldorf, S. 201-251.

Davidsson, P. (1991): Continued Entrepreneurship: Ability, Need, and Opportunity as Determinants of Small Firm Growth, in: Journal of Business Venturing, Jg. 6, Nr. 6, S. 405-429.

Davidsson, P. & Wiklund, J. (2001): Levels of Analysis in Entrepreneurship Research: Current Research Practice and Suggestions for the Future, in: Entrepreneurship: Theory & Practice, Jg. 25, Nr. 4, S. 81-100.

Decker, R. & Wagner, R. (2008): Fehlende Werte: Ursachen, Konsequenzen und Behandlung, in: Herrmann, A., Homburg, C. & Klarmann, M. (Hrsg.): Handbuch Marktforschung: Methoden, Anwendungen, Praxisbeispiele, 3. Auflage, Gabler: Wiesbaden, S. 53-79.

Deeds, D. L. (2001): The Role of R&D Intensity, Technical Development and Absorptive Capacity in Creating Entrepreneurial Wealth in High Technology Start-ups, in: Journal of Engineering and Technology Management, Jg. 18, Nr. 1, S. 29-47.

Deeds, D. L., DeCarolis, D. & Coombs, J. E. (1998): Firm-Specific Resources and Wealth Creation in High-Technology Ventures: Evidence from Newly Public Biotechnology Firms, in: Entrepreneurship: Theory & Practice, Jg. 22, Nr. 3, S. 55-73.

Dempster, A. P., Laird, N. M. & Rubin, D. B. (1977): Maximum Likelihood from Incomplete Data via the EM Algorithm, in: Journal of Royal Statistical Society, Series B, Jg. 39, Nr. 1, S. 1-22.

Derenthal, K. (2009): Innovationsorientierung von Unternehmen: Messung, Determinanten und Erfolgswirkungen, Gabler: Wiesbaden.

Dess, G. G., Ireland, R. D., Zahra, S. A., Floyd, S. W., Janney, J. J. & Lane, P. J. (2003): Emerging Issues in Corporate Entrepreneurship, in: Journal of Management, Jg. 29, Nr. 3, S. 351-378.

Dess, G. G. & Lumpkin, G. T. (2005): Research Edge: The Role of Entrepreneurial Orientation in Stimulating Effective Corporate Entrepreneurship, in: Academy of Management Executive, Jg. 19, Nr. 1, S. 147-156.

Dess, G. G., Lumpkin, G. T. & McGee, J. E. (1999): Linking Corporate Entrepreneurship to Strategy, Structure, and Process: Suggested Research Directions, in: Entrepreneurship: Theory & Practice, Jg. 23, Nr. 3, S. 85-102.

DeTienne, D. R. & Chandler, G. N. (2004): Opportunity Identification and its Role in the Entrepreneurial Classroom: A Pedagogical Approach and Empirical Test, in: Academy of Management Learning and Education, Jg. 3, Nr. 3, S. 242-257.

Dew, N. & Sarasvathy, S. D. (2007): Innovations, Stakeholders and Entrepreneurship, in: Journal of Business Ethics, Jg. 74, Nr. 3, S. 267-283.

Dewar, R. D. & Dutton, J. E. (1986): The Adoption of Radical and Increamental Innovations: An Empirical Analysis, in: Management Science, Jg. 32, Nr. 11, S. 1422-1433.

Diekmann, A. (2009): Empirische Sozialforschung: Grundlagen, Methoden, Anwendungen, 20. Auflage, Rowohl Verlag: Hamburg.

Dietzsch, C. R. (2011): Steigerung der Innovationskraft dank erfolgreicher Bewertung von Ideen, in: Böhme, O. J. & Hauser, E. (Hrsg.): Innovationsmanagement: Erkennen und Überwinden von Innovationsbarrieren, Peter Lang: Bern, S. 61-74.

Dimov, D. (2007): From Opportunity Insight to Opportunity Intention: The Importance of Person-Situation Learning Match, in: Entrepreneurship: Theory & Practice, Jg. 31, Nr. 4, S. 561-583.

Dörner, C. (2011): Strategieentwicklung: Kompass im Veränderungsprozess, Boorberg: Stuttgart.

Doh, J. P. & Pearce, J. A. (2004): Corporate Entrepreneurship and Real Options in Transitional Policy Environments: Theory Development, in: Journal of Management Studies, Jg. 41, Nr. 4, S. 645-664.

Doppler, K. & Lauterburg, C. (2002): Change Management: Den Unternehmenswandel gestalten, 10. Auflage, Campus: Frankfurt.

Dougherty, D. & Heller, T. (1994): The Illegitimacy of Successful Product Innovation in Established Firms, in: Organization Science, Jg. 5, Nr. 2, S. 200-218.

Douglas, E. J. & Fitzsimmons, J. R. (2012): Intrapreneurial Intentions versus Entrepreneurial Intentions: Distinct Constructs with different Antecedents, in: Small Business Economics, DOI: 10.1007/s11187-012-9419-y, S. 1-18.

Douglas, E. J. & Shepherd, D. A. (1999): Entrepreneurship as a Utility Maximizing Response, in: Journal of Business Venturing, Jg. 15, Nr. 3, S. 231-251.

Douglas, E. J. & Shepherd, D. A. (2002): Self-Employment as a Career Choice: Attitudes, Entrepreneurial Intentions, and Utility Maximization, in: Entrepreneurship: Theory & Practice, Jg. 26, Nr. 3, S. 81-90.

Douglas, S. P. & Craig, C. S. (2007): Collaborative and Iterative Translation: An Alternative Approach to Back Translation, in: Journal of International Marketing, Jg. 15, Nr. 1, S. 30-43.

Drazin, R., Glynn, M. A. & Kazanjian, R. K. (1999): Multilevel Theorizing about Creativity in Organizations: A Sensemaking Perspective, in: Academy of Management Review, Jg. 24, Nr. 2, S. 286-307.

Drucker, P. F. (1985): Entrepreneurial Strategies, in: California Management Review, Jg. 27, Nr. 2, S. 9-25.

Duarte, P. A. O. & Raposo, M. L. B. (2010): A PLS Model to Study Brand Preference: An Application to the Mobile Phone Market, in: Vinzi, V. E., Chin, W. W., Henseler, J. & Wang, H. (Hrsg.): Handbook of Partial Least Squares: Concepts, Methods and Applications, Springer: Heidelberg, S. 449-485.

Dutton, J. E. & Duncan, R. B. (1987): The Creation of Momentum for Change Through the Process of Strategic Issue Diagnosis, in: Strategic Management Journal, Jg. 8, Nr. 3, S. 279-295.

Dutton, J. E. & Webster, J. (1988): Patterns of Interest around Issues: The Role of Uncertainty and Feasibility, in: Academy of Management Journal, Jg. 31, Nr. 3, S. 663-675.

Dyer, J. H. & Singh, H. (1998): The Relational View: Cooperative Strategy and Sources of Interorganizational Competitive Advantage, in: Academy of Management Review, Jg. 23, Nr. 4, S. 660-679.

Eberl, M. (2010): An Application of PLS in Multi-Group Analysis: The Need for Differentiated Corporate-Level Marketing in the Mobile Communications Industry, in: Vinzi, V. E., Chin, W. W., Henseler, J. & Wang, H. (Hrsg.): Handbook of Partial Least Squares: Concepts, Methods and Applications, Springer: Heidelberg, S. 487-514.

Ebner, M., Frank, H., Korunka, C. & Lueger, M. (2008): Intrapreneurship in Organisationen: Unternehmerische Orientierung bei Lehrlingen, facultas: Wien.

Eckhardt, J. T. & Shane, S. A. (2003): Opportunities and Entrepreneurship, in: Journal of Management, Jg. 29, Nr. 3, S. 333-349.

Eckstein, P. P. (2008): Angewandte Statistik mit SPSS: Praktische Einführung für Wirtschaftswissenschaftler, 6. Auflage, Gabler: Wiesbaden.

Eddleston, K. A., Kellermanns, F. W. & Zellweger, T. M. (2012): Exploring the Entrepreneurial Behavior of Family Firms: Does the Stewardship Perspective Explain Differences?, in: Entrepreneurship: Theory & Practice, Jg. 36, Nr. 2, S. 347-367.

Edwards, J. R. (2001): Multidimensional Constructs in Organizational Behavior Research: An Integrative Analytical Framework, in: Organizational Research Methods, Jg. 4, Nr. 2, S. 144-192.

Eggert, A., Fassott, G. & Helm, S. (2005): Identifizierung und Quantifizierung mediierender und moderierender Effekte in komplexen Kausalstrukturen, in: Bliemel, F., Eggert, A., Fassott, G. & Henseler, J. (Hrsg.): Handbuch PLS-Pfadmodellierung: Methode, Anwendung, Praxisbeispiel, Schäffel-Poeschel Verlag: Stuttgart, S. 101-116.

Eisenberg, J. (1999): How Individualism-Collectivism Moderates the Effects of Rewards on Creativity and Innovation: A Comparative Review of Practies in Japan and the US, in: Culture, Rewards, and Creativity, Jg. 8, Nr. 4, S. 251-261.

Eisenberger, R. & Aselage, J. (2008): Incremental Effects of Reward on Experienced Performance Pressure: Positive Outcomes for Intrinsic Interest and Creativity, in: Journal of Organizational Behavior, Jg. 30, Nr. 1, S. 95-117.

Eisenberger, R. & Rhoades, L. (2001): Incremental Effects of Reward on Creativity, in: Journal of Personality and Social Psychology, Jg. 81, Nr. 4, S. 728-741.

Eisenberger, R., Rhoades, L. & Cameron, J. (1999): Does Pay for Performance Increase or Decrease Perceived Self-Determination and Intrinsic Motivation?, in: Journal of Personality and Social Psychology, Jg. 77, Nr. 5, S. 1026-1040.

Eisenberger, R. & Selbst, M. (1994): Does Reward Increase or Decrease Creativity?, in: Journal of Personality and Social Psychology, Jg. 66, Nr. 6, S. 1116-1127.

Eisenhardt, K. M. & Martin, J. A. (2000): Dynamic Capabilities: What are they?, in: Strategic Management Journal, Jg. 21, Nr. 10/11, S. 1105-1121.

Eisenhardt, K. M. & Schoonhoven, C. B. (1996): Resource-Based View of Strategic Alliance Formation: Strategic and Social Effects in Entrepreneurial Firms, in: Organization Science, Jg. 7, Nr. 2, S. 136-150.

Elfring, T. (2005): Dispersed and Focused Corporate Entrepreneurship: Ways to Balance Exploitation and Exploration, in: Elfring, T. (Hg.): Corporate Entrepreneurship and Venturing, Springer: New York, S. 1-21.

Enders, C. K. (2006): Analyzing Structural Equation Models with Missing Data, in: Hancock, G. R. & Mueller, R. O. (Hrsg.): Structural Equation Modeling: A Second Course, Information Age Publishing: Greenwich, S. 315-344.

Ensley, M. D., Pearce, C. L. & Hmieleski, K. M. (2006): The Moderating Effect of Environmental Dynamism on the Relationship between Entrepreneur Leadership Behavior and New Venture Performance, in: Journal of Business Venturing, Jg. 21, Nr. 2, S. 243-263.

Ensley, M. D., Pearson, A. W. & Amason, A. C. (2002): Understanding the Dynamics of New Venture Top Management Teams: Cohesion, Conflict, and New Venture Performance, in: Journal of Business Venturing, Jg. 17, Nr. 4, S. 365-386.

Fallgatter, M. J. (2004): Entrepreneurship: Konturen einer jungen Disziplin, in: Zeitschrift für betriebswirtschaftliche Forschung, Jg. 56, Nr. 1, S. 23-44.

Faltin, G. (2001): Creating a Culture of Innovative Entrepreneurship, in: Journal of International Business and Economy, Jg. 2, Nr. 1, 123-140.

Farmer, S. M., Tierney, P. & Kung-McIntyre, K. (2003): Employee Creativity in Taiwan: An Application of Role Identity Theory, in: Academy of Management Journal, Jg. 46, Nr. 5, S. 618-630.

Fayolle, A., Basso, O. & Bouchard, V. (2010): Three Levels of Culture and Firms´ Entrepreneurial Orientation: A Research Agenda, in: Entrepreneurship & Regional Development, Jg. 22, Nr. 7-8, 707-730.

Fichter, K. (2005): Interpreneurship: Nachhaltigkeitsinnovationen in interaktiven Perspektiven eines vernetzten Unternehmertums, Metropolis: Marburg.

Fini, R., Grimaldi, R., Marzocchi, G. L. & Sobrero, M. (2012): The Determinants of Corporate Entrepreneurship Intention within Small and Newly Established Firms, in: Entrepreneurship: Theory & Practice, Jg. 36, Nr. 2, S. 387-414.

Fink, A. (2011): Intelligenz und Kreativität als Schlüsselkomponenten der Begabung, in: Dresler, M. (Hg.): Kognitive Leisungen: Intelligenz und mentale Fähigkeiten im Spiegel der Neurowissenschaften, Spektrum Akademischer Verlag: Heidelberg, S. 23-38.

Finkle, T. A. (2012): Corporate Entrepreneurship and Innovation in Silicon Valley: The Case of Google, Inc., in: Entrepreneurship: Theory & Practice, Jg. 36, Nr. 4, S. 863-884.

Finney, S. J. & Distefano, C. (2006): Non-Normal and Categorical Data in Structural Equation Modeling, in: Hancock, G. R. & Mueller, R. O. (Hrsg.): Structural Equation Modeling: A Second Course, Information Age Publishing: Greenwich, S. 269-314.

Fiol, C. M. (1991): Managing Culture as a Competitive Resource: An Identity-Based View of Sustainable Competitive Advantage, in: Journal of Management, Jg. 17, Nr. 1, S. 191-211.

Fiol, C. M. (2001): Revisiting an Identiy-Based View of Sustainable Competitive Advantage, in: Journal of Management, Jg. 27, Nr. 6, S. 691-699.

Fisch, J. H. & Roß, J.-M. (2009): Fallstudien zum Innovationsmanagement: Methodengestützte Lösung von Problemen aus der Unternehmenspraxis, Gabler: Wiesbaden.

Fishbein, M, Hennessy, M., Yzer, M. & Douglas, J. (2003): Can We Explain Why Some People Do and Some People Do Not Act on Their Intentions?, in: Psychology, Health & Medicine, Jg. 8, Nr. 1, S. 3-18.

Fitzsimmons, J. R. & Douglas, E. J. (2011): Interaction between Feasibility and Desirability in the Formation of Entrepreneurial Intentions, in: Journal of Business Venturing, Jg. 26, Nr. 4, S. 431-440.

Flick, U. (2011): Introducing Research Methodology, Sage: London.

Floyd, S. W. & Lane, P. J. (2000): Strategizing throughout the Organization: Managing Role Conflict in Strategic Renewal, in: Academy of Management Review, Jg. 25, Nr. 1, S. 154-177.

Floyd, S. W. & Wooldridge, B. (1992): Middle Management Involvement in Strategy and Its Association with Strategic Type: A Research Note, in: Strategic Management Journal, Jg. 13, Special Issue 1, S. 153-167.

Floyd, S. W. & Wooldridge, B. (1994): Dinosaurs or Dynamos? Recognizing Middle Management's Strategic Role, in: Academy of Management Executive, Jg. 8, Nr. 4, S. 47-57.

Floyd, S. W. & Wooldridge, B. (1997): Middle Management's Strategic Influence and Organizational Performance, in: Journal of Management Studies, Jg. 34, Nr. 3, S. 465-485.

Floyd, S. W. & Wooldridge, B. (1999): Knowledge Creation and Social Networks in Corporate Entrepreneurship: The Renewal of Organizational Capability, in: Entrepreneurship: Theory & Practice, Jg. 23, Nr. 3, S. 123-143.

Ford, C. M. (1996): A Theory of Individual Creative Action in Multiple Social Domains, in: Academy of Management Journal, Jg. 21, Nr. 4, S. 1112-1142.

Ford, C. M. & Gioia, D. A. (2000): Factors Influencing Creativity in the Domain of Managerial Decision Making, in: Journal of Management, Jg. 26, Nr. 4, S. 705-732.

Forlani, D. & Mullins, J. W. (2000): Perceived Risks and Choices in Entrepreneurs' New Venture Decisions, in: Journal of Business Venturing, Jg. 15, Nr. 4, S. 305-322.

Fornell, C. (1985): A Second Generation of Multivariate Analysis: Classification of Methods and Implications for Marketing Research, Working Paper, S. 1-62.

Fornell, C. & Larcker, D. F. (1981a): Evaluating Structural Equation Models with Unobservable Variables and Measurement Error, in: Journal of Marketing Research, Jg. 18, Nr. 1, S. 39-50.

Fornell, C. & Larcker, D. F. (1981b): Structural Equation Models with Unobservable Variables and Measurement Error: Algebra and Statistics, in: Journal of Marketing Research, Jg. 18, Nr. 3, S. 382-388.

Foss, N. J. & Ishikawa, I. (2007): Towards a Dynamic Resource-Based View: Insights from Austrian Capital and Entrepreneurship Theory, in: Organization Studies, Jg. 28, Nr. 5, S. 749-772.

Fox, J. (1980): Effect Analysis in Structural Equation Models: Extensions and Simplified Methods of Computation, in: Sociological Methods & Research, Jg. 9, Nr. 1, S. 3-28.

Frank, H. (2006): Corporate Entrepreneurship: Eine Einführung, in: Frank, H. (Hg.): Corporate Entrepreneurship, Facultas: Wien, S. 9-32.

Frohman, A. L. (1997): Igniting Organizational Change from below: The Power of Personal Initiative, in: Organizational Dynamics, Jg. 25, Nr. 3, S. 39-53.

Fromm, S. (2008): Faktoranalyse, in: Baur, N. & Fromm, S. (Hrsg.): Datenanalyse mit SPSS für fortgeschrittene: Ein Arbeitsbuch, 2. Auflage, VS Verlag: Wiesbaden, S. 314-344.

Fromm, S. (2010): Datenanalyse mit SPSS für Fortgeschrittene 2: Multivariate Verfahren für Querschnittsdaten, VS Verlag: Wiesbaden.

Frosch, K. H. (2011): Workforce Age and Innovation: A Literature Survey, in: International Journal of Management Reviews, Jg. 13, Nr. 4, S. 414-430.

Fulop, L. (1991): Middle Managers: Victims or Vanguards of the Entrepreneurial Movement?, in: Journal of Management Studies, Jg. 28, Nr. 1, S. 25-44.

Gagné, M. & Deci, E. L. (2005): Self-Determination Theory and Work Motivation, in: Journal of Organizational Behavior, Jg. 26, Nr. 4, S. 331-362.

Galunic, D. C. & Rodan, S. (1998): Resource Recombinations in the Firm: Knowledge Structures and the Potential for Schumpeterian Innovation, in: Strategic Management Journal, Jg. 19, Nr. 12, S. 1193-1201.

Gartner, W. B. (1985): A Conceptual Framework for Describing the Phenomenon of New Venture Creation, in: Academy of Management Review, Jg. 10, Nr. 4, S. 696-706.

Gartner, W. B. (1989): „Who is an Entrepreneur?" Is the Wrong Question, in: Entrepreneurship: Theory & Practice, Jg. 13, Nr. 4, S. 47-68.

Gartner, W. B., Davidsson, P. & Zahra, S. (2006): Are You Talking to Me? The Nature of Community in Entrepreneurship Scholarship, in: Entrepreneurship: Theory & Practice, Jg. 30, Nr. 3, S. 321-331.

Gartner, W. B., Shaver, K. G., Gatewood, E. & Katz, J. A. (1994): Finding the Entrepreneur in Entrepreneurship, in: Entrepreneurshio: Theory & Practice, Jg. 18, Nr. 3, S. 5-9.

Gassmann, O. & Sutter, P. (2008): Praxiswissen Innovationsmanagement: Von der Idee zum Markterfolg, Hanser: München.

Gatewood, E. J., Shaver, K. G. & Gartner, W. B. (1995): A Longitudinal Study of Cognitve Factors Influencing Start-up Behaviors and Success at Venture Creation, in: Journal of Business Venturing, Jg. 10, Nr. 5, S. 371-391.

Gatignon, H., Tushman, M. L., Smith, W. & Anderson, P. (2002): A Structural Approach to Assessing Innovation: Construct Development of Innovation Locus, Type, and Characteristics, in: Management Science, Jg. 48, Nr. 9, S. 1103-1122.

Gautschi, T. (2010): Maximum-Likelihood Schätztheorie, in: Wolf, C. & Best, H. (Hrsg.): Handbuch der sozialwissenschaftlichen Datenanalyse, VS Verlag: Wiesbaden, S. 205-235.

George, B. A. (2011): Entrepreneurial Orientation: A Theoretical and Empirical Examination of the Consequences of Differing Construct Representation, in: Journal of Management Studies, Jg. 48, Nr. 6, S. 1291-1313.

George, J. M. & Zhou, J. (2007): Dual Tuning in a Supportive Context: Joint Contributions of Positive Mood, Negative Mood, and Supervisory Behaviors to Employee Creativity, in: Academy of Management Journal, Jg. 50, Nr. 3, S. 605-622.

Gerich, J. (2010): Thurstone- und Likertskalierung, in: Wolf, C. & Best, H. (Hrsg.): Handbuch der sozialwissenschaftlichen Datenanalyse, VS Verlag: Wiesbaden, S. 259-281.

Gielnik, M. M., Frese, M., Graf, J. M. & Kampschulte, A. (2012): Creativity in the Opportunity Identification Process and the Moderating Effect of Diversity of Information, in: Journal of Business Venturing, Jg. 27, Nr. 5, S. 559-576.

Gilson, L. L. & Shalley, C. E. (2004): A Little Creativity Goes a Long Way: An Examination of Teams´ Engagement in Creative Processes, in: Journal of Management, Jg. 30, Nr. 4, S. 453-470.

Gist, M. E. (1987): Self-Efficacy: Implications for Organizational Behavior and Human Resource Management, in: Academy of Management Review, Jg. 12, Nr. 3, S. 472-485.

Gist, M. E. & Mitchell, T. R. (1992): Self-Efficacy: A Theoretical Analysis of its Determinants and Malleability, in: Academy of Management Review, Jg. 17, Nr. 2, S. 183-211.

Global Entrepreneurship Monitor (2013): 2012 Global Report, Babson College: Massachusetts.

Götz, O. & Liehr-Gobbers, K. (2004): Analyse von Strukturgleichungsmodellen mit Hilfe der Partial-Least-Squares(PLS)-Methode, in: Die Betriebswirtschaft, Jg. 64, Nr. 6, S. 714-738.

Goldsby, M. G., Kuratko, D. F., Hornsby, J. S., Houghton, J. D. & Neck, C. P. (2006): Social Cognition and Corporate Entrepreneurship: A Framework for Enhancing the Role of Middle-Level Managers, in: International Journal of Leadership Studies, Jg. 2, Nr. 1, S. 17-35.

Gollwitzer, P. M. (1999): Implementation Intentions: Strong Effects of Simple Plans, in: American Psychologist, Jg. 54, Nr. 7, S. 493-503.

Gollwitzer, P. M. & Sheeran, P. (2006): Implementation Intentions and Goal Achievement: A Meta-Analysis of Effects and Processes, in: Advances in Experimental Social Psychology, Jg. 38, Nr. 1, S. 69-119.

Gollwitzer, P. M., Wieber, F., Myers, A. L. & McCrea, S. M. (2009): How to Maximize Implementation Intention Effects, in: Agnew, C. R., Carlston, D. E., Graziano, W. G. & Kelly, J. R. (Hrsg.): Then A Miracle Occurs: Focusing on Behavior in Social Psychological Theory and Reserach, Oxford University Press: Oxford, S. 137-161.

Goodale, J. C., Kuratko, D. F., Hornsby, J. S. & Covin, J. G. (2011): Operations Management and Corporate Entrepreneurship: The Moderating Effect of Operations Control on the Antecedents of Corporate Entrepreneurship Activity in Relation to Innovation Performance, in: Journal of Operations Management, Jg. 29, Nr. 1-2, S. 116-127.

Gräf, L. (2010): Online-Befragung: Eine praktische Einführung für Anfänger, LIT Verlag: Münster.

Grant, R. M. (1991): The Resource-Based Theory of Competitive Advantage: Implications for Strategy Formulation, in: California Management Review, Jg. 33, Nr. 3, S. 114-135.

Grant, R. M. (1996): Toward a Knowledge-Based Theory of the Firm, in: Strategic Management Journal, Jg. 17, Special Issue Winter, S. 109-122.

Grégoire, D. A., Corbett, A. C. & McMullen, J. S. (2011): The Cognitive Perspective in Entrepreneurship: An Agenda for Future Research, in: Journal of Management Studies, Jg. 48, Nr. 6, S. 1443-1477.

Grichnik, D. (2006): Die Opportunity Map der internationalen Entrepreneurshipforschung: Zum Kern des interdisziplinären Forschungsprogramms, in: Zeitschrift für Betriebswirtschaft, Jg. 76, Nr. 12, S. 1303-1333.

Guerrero, M., Rialp, J. & Urbano, D. (2008): The Impact of Desirability and Feasibility on Entrepreneurial Intentions: A Structural Equation Model, in: International Entrepreneurship and Management Journal, Jg. 4, Nr. 1, S. 35-50.

Guth, W. D. & Ginsberg, A. (1990): Corporate Entrepreneurship, in: Strategic Mangement Journal, Jg. 11, Special Issue: Corporate Entrepreneurship, S. 5-15.

Haar, J. M. & White, B. J. (2013): Corporate Entrepreneurship and Information Technology towards Employee Retention: A Study of New Zealand Firms, in: Human Resource Management Journal, Jg. 23, Nr. 1, S. 109-125.

Häsel. M., Kollmann, T. & Breugst, N. (2010): IT-Kompetenz in Internet-Gründungsteams: Eine Analyse von Präferenzen und Produktinnovationen, in: Wirtschaftsinformatik, Jg. 52, Nr. 4, S. 201-210.

Haid, D. (2004): Corporate Entrepreneurship im strategischen Management: Ansatz zur Implementierung des Unternehmertums im Unternehmen, Deutscher Universitäts-Verlag: Wiesbaden.

Hambrick, D. C. (2007): The Field of Management's Devotion to Theory: Too Much of a Good Thing?, in: Academy of Management Journal, Jg. 50, Nr. 6, S. 1346-1352.

Handl, A. (2010): Multivariate Analysemethoden: Theorie und Praxis multivariater Verfahren unter besonderer Berücksichtigung von S-Plus, 2. Auflage, Springer: Heidelberg.

Hansen, J. D., Deitz, G. D., Tokman, M., Marino, L. D. & Weaver, K. M. (2011): Cross-national Invariance of the Entrepreneurial Orientation Scale, in: Journal of Business Venturing, Jg. 26, Nr. 1, S. 61-78.

Hansen, J. D., Lumpkin, G. T. & Hills, G. E. (2011): A Multidimensional Examination of a Creativity-based Opportunity Recognition Model, in: International Journal of Entrepreneurial Behaviour & Research, Jg. 17, Nr. 5, S. 515-533.

Hartschen, M., Scherer, J. & Brügger, C. (2009): Innovationsmanagement: Die 6 Phasen von der Idee zur Umsetzung, Gabal: Offenbach.

Hauschildt, J. & Salomo, S. (2011): Innovationsmanagement, 5. Auflage, Vahlen: München.

Hayek, F. A. von (1945): The Use of Knowledge in Society, in: American Economic Review, Jg. 35, Nr. 4, S. 519-530.

Hayton, J. C. (2005): Promoting Corporate Entrepreneurship through Human Resource Management Practices: A Review of Empirical Research, in: Human Resource Management Review, Jg. 15, Nr. 1, S. 21-41.

Hayton, J. C. & Kelley, D. J. (2006): A Competency-Based Framework for Promoting Corporate Entrepreneurship, in: Human Resource Management, Jg. 45, Nr. 3, S. 407-427.

Heavey, C., Simsek, Z., Roche, F. & Kelly, A. (2009): Decision Comprehensiveness and Corporate Entrepreneurship: The Moderating Role of Managerial Uncertainty Preferences and Environmental Dynamism, in: Journal of Management Studies, Jg. 46, Nr. 8, S. 1289-1314.

Heesen, M. (2009): Innovationsportfoliomanagement: Bewertung von Innovations-projekten in kleinen und mittelgroßen Unternehmen der Automobilzuliefer-industrie, Gabler: Wiesbaden.

Hegarty, W. H. & Hoffman, R. C. (1990): Product/Market Innovations: A Study of Top Management Involvement Among Four Cultures, in: Journal of Product Innovation Management, Jg. 7, Nr. 3, S. 189-199.

Hehl, W. (2011): IT als wesentliche Triebkraft von Innovationen, in: Böhme, O. J. & Hauser, E. (Hrsg.): Innovationsmanagement: Erkennen und Überwinden von Innovationsbarrieren, Peter Lang: Bern, S. 47-60.

Heismann, R. & Maul, L. (2012): Mit systematischem Innovationsmanagement zum Erfolg, in Ili, S. (Hg.): Innovation Excellence: Wie Unternehmen ihre Innovationsfähigkeit systematisch steigern, Symposion: Düsseldorf, S. 39-60.

Heller, T. (1999): Loosley Coupled Systems for Corporate Entrepreneurship: Imagining and Managing the Innovation Project/Host Organization Interface, in: Entrepreneurship: Theory & Practice, Jg. 24, Nr. 2, S. 25-31.

Helm, S., Eggert, A. & Garnefeld, I. (2010): Modeling the Impact of Corporate Reputation on Customer Satisfaction and Loyalty Using Partial Least Squares, in: Vinzi, V. E., Chin, W. W., Henseler, J. & Wang, H. (Hrsg.): Handbook of Partial Least Squares: Concepts, Methods and Applications, Springer: Heidelberg, S. 515-534.

Hennessey, B. A. & Amabile, T. M. (2010): Creativity, in: Annual Review of Psychology, Jg. 61, S. 569-598.

Herrmann, A., Huber, F. & Kressmann, F. (2006): Varianz- und Kovarianzbasierte Strukturgleichungsmodelle: Ein Leitfaden zu deren Spezifikation, Schätzung und Berteilung, in: zfbf, Jg. 58, Nr. 1, S. 34-66.

Heunks, F. J. (1998): Innovation, Creativity and Success, in: Small Business Economics, Jg. 10, Nr. 3, S. 263-272.

Hildebrandt, L. (1998): Kausalanalytische Validierung in der Marketingforschung, in: Hildebrandt, L. & Homburg, C. (Hrsg.): Die Kausalanalyse: Instrument der empirischen betriebswirtschaftlichen Forschung, Schäffer-Poeschel Verlag: Stuttgart, S. 85-110.

Hill, C. W. & Rothaermel, F. T. (2003): The Performance of Incumbent Firms in the Face of Radical Technological Innovation, in: Academy of Management Review, Jg. 28, Nr. 2, S. 257-274.

Hisrich, R. D., Peters, M. P. & Shepherd, D. A. (2008): Entrepreneurship, 7. Auflage, McGraw-Hill: Singapore.

Hitt, M. A., Beamish, P. W., Jackson, S. E. & Mathieu, J. E. (2007): Building Theoretical and Empirical Bridges Across Levels: Multilevel Research in Management, in: Academy of Management Journal, Jg. 50, Nr. 6, S. 1385-1399.

Hitt, M. A., Bierman, L., Shimizu, K. & Kochhar, R. (2001): Direct and Moderating Effects of Human Capital on Strategy and Performance in Professional Service Firms: A Resource-Based Perspective, in: Academy of Management Journal, Jg. 44, Nr. 1, S. 13-28.

Hitt, M. A., Hoskisson, R. E. & Harrison, J. S. (1991): Strategic Competitiveness in the 1990s: Challenges and Opportunities for U.S. Executives, in: Academy of Management Executive, Jg. 5, Nr. 2, S. 7-22.

Hitt, M. A., Ireland, R. D., Camp, S. M. & Sexton, D. L. (2001): Strategic Entrepreneurship: Entrepreneurial Streategies for Wealth Creation, Jg. 22, Nr. 6-7, S. 479-491.

Hitt, M. A., Nixon, R. D., Hoskisson, R. E. & Kochhar, R. (1999): Corporate Entrepreneurship and Cross-Functional Fertilization: Activation, Process and Disintegration of a New Product Design Team, in: Entrepreneurship: Theory & Practice, Jg. 23, Nr. 3, S. 145-167.

Hmieleski, K. M. & Baron, R. A. (2009): Entrepreneurs´ Optimism and New Venture Performance: A Social Cognitive Perspective, in: Academy of Management Journal, Jg. 52, Nr. 3, S. 473-488.

Hmieleski, K. M. & Corbett, A. C. (2006): Proclivity for Improvisation as a Predictor of Entrepreneurial Intentions, in: Journal of Small Business Management, Jg. 44, Nr. 1, S. 45-63.

Hmieleski, K. M. & Corbett, A. C. (2008): The Contrasting Interaction Effects of Improvisational Behavior with Entrepreneurial Self-Efficacy on New Venture Performance and Entrepreneur Work Satisfaction, in: Journal of Business Venturing, Jg. 23, Nr. 4, S. 482-496.

Hofer, C. W. & Bygrave, W. D. (1992): Researching Entrepreneurship, in: Entrepreneurship: Theory & Practice, Jg. 16, Nr. 3, S. 91-100.

Holt, D. T., Rutherford, M. W. & Clohessy, G. R. (2007): Corporate Entrepreneurship: An Empirical Look at Individual Characteristics, Context, and Process, in: Journal of Leadership & Organizational Studies, Jg. 13, Nr. 4, S. 40-54.

Holm-Hadulla, R. A. (2005): Kreativität: Konzept und Lebensstil, Vandenhoeck & Ruprecht: Göttingen.

Holmquist, L. E. (2012): Grounded Innovation: Strategies for Creating Digital Products, Morgan Kaufmann: Waltham.

Homburg, C. (1989): Exploratorische Ansätze der Kausalanalyse als Instrument der Marketingplanung, Peter Lang: Frankfurt am Main.

Homburg, C. (2000): Quantitative Betriebswirtschaftslehre: Entscheidungsunterstützung durch Modelle, 3. Auflage, Wiesbaden: Gabler.

Homburg, C. & Giering, A. (1998): Konzeptualisierung und Operationalisierung komplexer Konstrukte: Ein Leitfaden für die Marketingforschung, in: Hildebrandt, L. & Homburg, C. (Hrsg.): Die Kausalanalyse: Instrument der empirischen betriebswirtschaftlichen Forschung, Schäffer-Poeschel Verlag: Stuttgart, S. 111-146.

Homburg, C. & Hildebrandt, L. (1998): Die Kausalanaylse: Bestandsaufnahme, Entwicklungsrichtung, Problemfeld, in: Hildebrandt, L. & Homburg, C. (Hrsg.): Die Kausalanalyse: Instrument der empirischen betriebswirtschaftlichen Forschung, Schäffer-Poeschel Verlag: Stuttgart, S. 15-43.

Homburg, C., Klarmann, M. & Pflesser, C. (2008): Konfirmatorische Faktorenanalyse, in: Herrmann, A., Homburg, C. & Klarmann, M. (Hrsg.): Handbuch Marktforschung: Methoden, Anwendungen, Praxisbeispiele, 3. Auflage, Gabler: Wiesbaden, S. 271-303.

Homburg, C. & Krohmer, H. (2008): Der Prozess der Marktforschung: Festlegung der Datenerhebungsmethode, Stichprobenbildung und Fragebogengestaltung, in: Herrmann, A., Homburg, C. & Klarmann, M. (Hrsg.): Handbuch Marktforschung: Methoden, Anwendungen, Praxisbeispiele, 3. Auflage, Gabler: Wiesbaden, S. 21-51.

Honig, B. (2001): Learning Strategies Resources for Entrepreneurs and Intrapreneurs, in: Entrepreneurship: Theory & Practice, Jg. 26, Nr. 1, S. 21-35.

Hornsby, J. S., Kuratko, D. F., Montagno, R. V. (1999): Perception of Internal Factors for Corporate Entrepreneurship: A Comparison of Canadian and U.S. Managers, in: Entrepreneurship: Theory & Practice, Jg. 24, Nr. 2, S. 9-24.

Hornsby, J. S., Kuratko, D. F., Shepherd, D. A. & Bott, J. P. (2009): Managers' Corporate Entrepreneurial Actions: Examining Perception and Position, in: Journal of Business Venturing, Jg. 24, Nr. 3, S. 236-247.

Hornsby, J. S., Kuratko, D. F. & Zahra, S. A. (2002): Middle Managers´ Perception of the Internal Environment for Corporate Entrepreneurship: Assessing a Measurement Scale, in: Journal of Business Venturing, Jg. 17, Nr. 3, S. 253-273.

Hornsby, J. S., Naffziger, D. W., Kuratko D. F. & Montagno, R. V. (1993): An Integrative Model of the Corporate Entrepreneurship, in: Entrepreneurship: Theory & Practice, Jg. 17, Nr. 2, S. 29-37.

Hostager, T. J., Neil, T. C., Decker, R. L. & Lorentz, R. D. (1998): Seeing Environmental Opportunities: Effects of Intrapreneurial Ability, Efficacy, Motivation and Desirability, in: Journal of Organizational Change, Jg. 11, Nr. 1, S. 11-25.

Hotelling, H. (1935): The most predictable Criterion, in: Journal of Educational Psychology, Jg. 26, Nr. 2, S. 417-520.

Hotelling, H. (1936): Relations between two Sets of Variates, in: Biometrika, Jg. 28, Nr. 3-4, S. 321-377.

Hoppenstedt (2012): Unser Datenbestand, http://www.hoppenstedt.de/xist4c/web/ Datenbestand_id_1381_.htm Abruf am: 22. Oktober 2012.

Howaldt, J., Kopp, R. & Beerheide, E. (2011): Innovationsmanagement in der Hightech-Branche: Ein neues Innovationsparadigma?, in: Howaldt, J., Kopp, R. & Beerheide, E. (Hrsg.): Innovationsmanagement 2.0: Handlungsorientierte Einführung und praxisbasierte Impulse, Gabler: Wiesbaden, S. 15-36.

Howell, J. M., Shea, C. M. & Higgins, C. A. (2005): Champions of Product Innovations: Defining, Developing, and Validating a Measure of Champion Behavior, in: Journal of Business Venturing, Jg. 20, Nr. 5, S. 641-661.

Hughes, M., Hughes, P. & Morgan, R. E. (2007): Exploitative Learning and Entrepreneurial Orientation Alignment in Emerging Young Firms: Implications for Market and Response Performance, in: British Journal of Management, Jg. 18, Nr. 4, S. 359-375.

Hughes, M. & Morgan, R. E. (2007): Deconstructing the Relationship between Entrepreneurial Orientation and Business Performance at the Embryonic Stage of Firm Growth, in: Industrial Marketing Management, Jg. 36, Nr. 5, S. 651-661.

Hult, G. T., Hurley, R. F. & Knight, G. A. (2004): Innovativeness: Its Antecedents and Impact on Business Performance, in: Industrial Marketing Management, Jg. 33, Nr. 5, S. 429-438.

Hult, G. T., Snow, C. C. & Kandemir, D. (2003): The Role of Entrepreneurship in Building Cultural Competitiveness in Different Organizational Types, in: Journal of Management, Jg. 29, Nr. 3, S. 401-426.

Hurley, R. F. & Hult, G. T. (1998): Innovation, Market Orientation, and Organizational Learning: An Integration and Empirical Examination, in: Journal of Marketing, Jg. 62, Nr. 3, S. 42-54.

Hurst, D. K., Rush, J. C. & White, R. E. (1989): Top Management Teams and Organizational Renewal, in: Strategic Management Journal, Jg. 10, Special Issue 1, S. 87-105.

Ireland, R. D., Covin, J. G. & Kuratko, D. F. (2009): Conceptualizing Corporate Entrepreneurship Strategy, in: Entrepreneurship: Theory & Practice, Jg. 33, Nr. 1, S. 19-46.

Ireland, R. D. & Hitt, M. A. (1999): Achieving and Maintaining Strategic Competitiveness in the 21st Century: The Role of Strategic Leadership, in: Academy of Management Executive, Jg. 13, Nr. 1, S. 43-57.

Ireland, R. D., Hitt, M. A., Camp, S. M. & Sexton, D. L. (2001): Integrating Entrepreneurship and Strategic Management Actions to Create Firm Wealth, in: Academy of Management Executive, Jg. 15, Nr. 1, S. 49-63.

Ireland, R. D., Hitt, M. A., Sirmon, D. G. (2003): A Model of Strategic Entrepreneurship: The Construct and its Dimensions, in: Journal of Management, Jg. 29, Nr. 6, S. 963-989.

Ireland, R. D. & Webb, J. W. (2007): Strategic Entrepreneurship: Creating Competitive Advantage through Streams of Innovation, in: Business Horizons, Jg. 50, Nr. 1, S. 49-59.

Jackson, D. N. (1994): Jackson Personality Inventroy: Revised Manual, Sigma Assessment Systems: Port Heron.

Janssen, J. & Laatz, W. (2003): Statistische Datenanalyse mit SPSS für Windows, 4. Auflage, Heidelberg: Springer.

Jantunen, A., Puumalainen, K., Saarenketo, S. & Kyläheiko, K. (2005): Entrepreneurial Orientation, Dynamic Capabilities and International Performance, in: Journal of International Entrepreneurship, Jg. 3, Nr. 3, S. 223-243.

Jaussi, K. S. & Dionne, S. D. (2003): Leading for Creativity: The Role of Unconventional Leader Behavior, in: The Leadership Quarterly, Jg. 14, Nr. 4-5, S. 475-498.

Jennings, D. F. & Young, D. M. (1990): An Empirical Comparison between Objective and Subjective Measures of the Product Innovation Domain of Corporate Entrepreneurship, in: Entrepreneurship: Theory & Practice, Jg. 15, Nr. 1, S. 53-66.

Jia, H., Wang, Y., Ge, L., Shi, G. & Yao, S. (2012): Asymmetric Effects of Regulatory Focus on Expected Desirability and Feasibility of Embracing Self-Service Technologies, in: Psychology & Marketing, Jg. 29, Nr. 4, S. 209-225.

Jones, G. R. & Butler, J. E. (1992): Managing Internal Corporate Entrepreneurship: An Agency Theory, in: Journal of Management, Jg. 18, Nr. 4, S. 733-749.

Kähler, W.-M. (2008): Statistische Datenanalyse: Verfahren verstehen und mit SPSS gekonnt einsetzen, 5. Auflage, Vieweg: Wiesbaden.

Kallus, K. W. (2010): Erstellung von Fragebogen, Facultas: Wien.

Kaltenbach, H. G. (1998): Das kreative Unternehmen: Vom Elefanten zum Kolibri. gute Ideen, begeisterte Mitarbeiter, erfolgreiche Produkte, moderne industrie: Landsberg.

Kanter, R. M. (1985): Supporting Innovation and Venture Development in Established Companies, in: Journal of Business Venturing, Jg. 1, Nr. 1, S. 47-60.

Karl, K. A., O'Leary-Kelly, A. M. & Martocchio, J. J. (1993): The Impact of Feedback and Self-Efficacy on Performance in Training, in: Journal of Organizational Behavior, Jg. 14, Nr. 4, S. 379-394.

Kautonen, T., Kibler, E. & Tornikoski, E. (2010): Unternehmerische Intentionen der Bevölkerung im erwerbsfähigen Alter, in: Zeitschrift für KMU und Entrepreneurship, Jg. 58, Nr. 3, S. 175-196.

Kautonen, T., Luoto, S. & Tornikoski, E. T. (2010): Influence of Work History on Entrepreneuriale Intentions in „prime age" and „third age": A preliminary Study, in: International Small Business Journal, Jg. 28, Nr. 6, S. 583-601.

Kautonen, T., Zolin, R., Kuckertz, A. & Viljamaa, A. (2010): Ties that Blind? How Strong Ties Affect Small Business Owner-Managers´ Perceived Trustworthiness of their Advisors, in: Entrepreneurship & Regional Development, Jg. 22, Nr. 2, S. 189-209.

Kaya, N. (2006): The Impact of Human Resource Management Practices and Corporate Entrepreneurship on Firm Performance: Evidence form Turkish Firms, in: International Journal of Human Resource Management, Jg. 17, Nr. 12, S. 2074-2090.

Kellermanns, F. W. & Eddleston, K. A. (2006): Corporate Entrepreneurship in Familiy Firms: A Family Perspective, in: Entrepreneurship: Theory & Practice, Jg. 30, Nr. 6, S. 809-830.

Kelley, D. J., Peters, L. & O´Connor, G. C. (2009): Intra-Organizational Networking for Innovation-based Corporate Entrepreneurship, in: Journal of Business Venturing, Jg. 24, Nr. 3, S. 221-235.

Kemelgor, B. H. (2002): A Comparative Analysis of Corporate Entrepreneurial Orientation between selected Firms in the Netherlands and the USA, in: Entrepreneurship & Regional Development, Jg. 14, Nr. 1, S. 67-87.

Kerka, F., Kriegesmann, B. & Kley, T. (2008): Cultivating Corporate Innovation: Case Studies on Internationally Successful Companies, Verlag Bertelsmann Stiftung: Gütersloh.

Kimberly, J. R. & Evanisko, M. J. (1981): Organizational Innovation: The Influence of Individual, Organizational, and Contextual Factors on Hospital Adoption of Technological and Administrative Innovations, in: Academy of Management Journal, Jg. 24, Nr. 4, S. 689-713.

Kindermann, A. (2007): Innovationsfähigkeit und Kundenorientierung von Unternehmen: konkurrierende oder synergetische Prinzipien? Eine Analyse der Anforderungen und ihrer Vereinbarkeit, Tectum: Marburg.

King, A. W., Fowler, S. W. & Zeithaml, C. P. (2001): Managing Organizational Competencies for Competitive Advantage: The Middle-Management Edge, in: Academy of Management Executive, Jg. 15, Nr. 2, S. 95-106.

Kirchhoff, B. A. & Phillips, B. D. (1988): The Effect of Firm Formation and Growth on Job Creation in the United States, in: Journal of Business Venturing, Jg. 3, Nr. 4, S. 261-272.

Kirton, M. (1976): Adaptors and Innovators: A Description and Measure, in: Journal of Applied Psychology, Jg. 61, Nr. 5, S. 622-629.

Kirzner, I. M. (1997): Entrepreneurial Discovery and the Competitive Market Process: An Austrian Approach, in: Journal of Economic Literature, Jg. 35, Nr. 1, S. 60-85.

Kline, R. B. (2011): Principles and Practice of Structural Equation Modeling, 3. Auflage, The Guilford Press: New York.

Knight, K. E. (1967): A Descriptive Model of the Intra-Firm Innovation Process, in: Journal of Business, Jg. 40, Nr. 4, S. 478-496.

Knight, R. M. (1989): Technological Innovation in Canada: A Comparison of Independent Entrepreneurs and Corporate Innovations, in: Journal of Business Venturing, Jg. 4, Nr. 4, S. 281-288.

Kollmann, T. (1998): Die Akzeptanz innovativer Nutzungsgüter und -systeme: Konsequenzen für die Einführung von Telekommunikations- und Multimediasystemen, Gabler: Wiesbaden.

Kollmann, T. (2000): Die Messung der Akzeptanz bei Telekommunikationssystemen, in: Journal für Betriebswirtschaft, Jg. 50, Nr. 2, S. 68-78.

Kollmann, T. (2004): Attitude, Adoption or Acceptance? Measuring the Market Success of Telecommunication and Multimedia Technology, in: International Journal of Business Performance Management, Jg. 6, Nr. 2, S. 133-152.

Kollmann, T. (2006): What is E-Entrepreneurship? Fundamentals of Company Founding in the Net Economy, in: International Journal of Technology Management, Jg. 33, Nr. 4, S. 322-340.

Kollmann, T. (2013a): E-Business: Grundlagen elektronsicher Geschäftsprozesse in der Net Economy, 5. Auflage, Gabler: Wiesbaden.

Kollmann, T. (2013b): E-Entrepreneurship: Grundlagen der Unternehmensgründung in der Net Economy, 5. Auflage, Gabler: Wiesbaden.

Kollmann, T. (2013c): Online-Marketing: Grundlagen der Absatzpolitik in der Net Economy, 2. Auflage, Kohlhammer: Stuttgart.

Kollmann, T., Christofor, J. & Kuckertz, A. (2007): Explaining Individual Entrepreneurial Orientation: Conceptualisation of a Cross-Cultural Research Framework, in: International Journal of Entrepreneurship and Small Business, Jg. 4, Nr. 3, S. 325-340.

Kollmann, T., Häsel, M. & Breugst, N. (2009): Competence of IT Professionals in E-Business Venture Teams: The Effect of Expertise on Preference Structure, in: Journal of Management Information Systems, Jg. 25, Nr. 4, S. 51-79.

Kollmann, T., Häsel, M. & Stöckmann, C. (2007): Change Management in der Net Economy: Teamkompetenzen im oszillierenden Spannungsfeld von Markt und Technologie, in: Keuper, F. & Groten, H. (Hrsg.): Nachhaltiges Change Management: Interdisziplinäre Fallbeispiele und Perspektiven, Gabler: Wiesbaden, S. 382-411.

Kollmann, T., Herr, C. & Kuckertz, A. (2008): Nicht-lineare Wirkungszusammenhänge zwischen Gründungsorganisation und subjektivem Unternehmenserfolg: Empirische Befunde, in: Zeitschrift für Betriebswirtschaft, Jg. 78, Nr. 6, S. 651-670.

Kollmann, T. & Krell, P. (2011a): Innovative Electronic Business: Current Trends and Future Potentials, in: International Journal of E-Entrepreneurship and Innovation, Jg. 2, Nr. 1, S. 16-25.

Kollmann, T. & Krell, P. (2011b): Innovationsmanagement in der Net Economy: E-Business, in: Albers, S. & Gassmann, O. (Hrsg.): Handbuch Technologie- und Innovationsmanagement, 2. Auflage, Gabler: Wiesbaden, S. 665-688.

Kollmann, T. & Kuckertz, A. (2003): Möglichkeiten der Finanzierung junger Unternehmen im E-Business: Zur Situation nach dem Zusammenbruch der Technologiemärkte, in: Finanzbetrieb, Jg. 5, Nr. 11. S, 770-776.

Kollmann, T. & Kuckertz, A. (2006): Venture Archetypes and the Entrepreneurial Event: Cross-Cultural Empirical Evidence, in: Journal of Enterprising Culture, Jg. 14, Nr. 1, S. 27-48.

Kollmann, T. & Kuckertz, A. (2009): Zur Dynamik von Such-, Erfahrungs- und Vertrauenseigenschaften in komplexen Transaktionsprozessen: Eine empirische Studie am Beispiel des Venture-Capital-Investitionsprozesses, in: Zeitschrift für Management, Jg. 4, Nr. 1, S. 53-74.

Kollmann, T. & Kuckertz, A. (2010): Evaluation Uncertainty of Venture Capitalists´ Investment Criteria, in: Journal of Business Research, Jg. 63, Nr. 7, S. 741-747.

Kollmann, T., Kuckertz, A. & Breugst, N. (2009): Organizational Readiness and the Adoption of Electronic Business: The Moderating Role of National Culture in 29 European Countries, in: The DATA BASE for Advances in Information Systems, Jg. 40, Nr. 4, S. 117-131.

Kollmann, T., Kuckertz, A. & Stöckmann, C. (2009): Continuous Innovation in Entrepreneurial Growth Companies: Exploring the Ambidextrous Strategy, in: Journal of Enterprising Culture, Jg. 17, Nr. 3, S. 297-322.

Kollmann, T., Kuckertz, A., Stöckmann, C. & Krell, P. (2012): Die Entrepreneurshipforschung in Deutschland, Österreich und der Schweiz: Eine Resonanzanalyse, in: Zeitschrift für KMU und Entrepreneurship, Jg. 60, Nr. 1, S. 53-76.

Kollmann, T., Kuckertz, A. & Voege, S. (2012): Das 1x1 des Wissenschaftlichen Arbeitens: Von der Idee bis zur Abgabe, Springer Gabler: Wiesbaden.

Kollmann, T. & Suckow, C. (2008): Sustaining the Brand Idea in Electronic Environments, in: International Journal of Business Environment, Jg. 2, Nr. 2, S. 153-167.

Kollmann, T. & Stöckmann, C. (2007): Oszillation bei der Diffusion von elektronischen Marktplätzen: Implikationen für den Wettbewerb jenseits der kritischen Masse, in: Schuckel, M. & Toporowski, W. (Hrsg.): Theoretische Fundierung und praktische Relevanz der Handelsforschung, Deutscher Universitätsverlag: Wiesbaden.

Kollmann, T. & Stöckmann, C. (2008): Corporate Entrepreneurship, in: Wankel, C. (Hg.), 21st Century Management: A Reference Handbook, Thousand Oaks: Sage, S. 11-21.

Kollmann, T. & Stöckmann, C. (2012): Filling the Entrepreneurial Orientation-Performance Gap: The Mediating Effects of Exploratory and Exploitative Innovations, in: Entrepreneurship: Theory & Practice, Online First, S. 1-26.

Kollmann, T., Stöckmann, C., Krell, P, Peschl, A. & Buchwald, S. (2013): Integrating Dependency on the Leader and Empowerment into Transformational Leadership: Creative Performance Relationship, in: Central European Business Review, Jg. 2, Nr. 1, S. 7-14.

Kollmann, T., Stöckmann, C. & Skowronek, S. (2012): E-Marketing: Herausforderungen an die Absatzpolitik in der Net Economy, in: Wirtschaftswissenschaftliches Studium, Jg. 41, Nr. 4, S. 189-194.

Kolvereid, L. (1996a): Prediction of Employment Status Choice Intentions, in: Entrepreneurship: Theory & Practice, Jg. 21, Nr. 1, S. 47-57.

Kolvereid, L. (1996b): Prediction of Employment Status Choice Intentions, in: Entrepreneurship: Theory & Practice, Jg. 21, Nr. 1, S. 47-56.

Kolvereid, L. & Isaksen, E. (2006): New Business Start-up and Subsequent Entry into Self-Employment, in: Journal of Business Venturing, Jg. 21, Nr. 6, S. 866-885.

Kopp, J. & Lois, D. (2012) Sozialwissenschaftliche Datenanalyse: Eine Einführung, Springer VS: Wiesbaden.

Krafft, M., Götz, O. & Liehr-Gobbers (2005): Die Validierung von Strukturgleichungsmodellen mit Hilfe des Partial-Least-Squares (PLS)-Ansatzes, in: Bliemel, F., Eggert, A., Fassott, G. & Henseler, J. (Hrsg.): Handbuch PLS-Pfadmodellierung: Methode, Anwendung, Praxisbeispiel, Schäffel-Poeschel Verlag: Stuttgart, S. 71-98.

Kram, K. E. (1983): Phases of the Mentor Relationship, in: Academy of Management Journal, Jg. 26, Nr. 4, S. 608-625.

Kreiser, P. M. (2011): Entrepreneurial Orientation and Organizational Learning: The Impact of Network Range and Network Closure, in: Entrepreneurship: Theory & Practice, Jg. 35, Nr. 5, S. 1025-1050.

Kreiser, P. M., Marino, L. D. & Weaver, K. M. (2002): Assessing the Psychometric Properties of the Entrepreneurial Orientation Scale: A Multi-Country Analysis, in: Entrepreneurship: Theory & Practice, Jg. 26, Nr. 4, S. 71-94.

Kristensen, K. & Eskildsen, J. (2010): Design of PLS-Based Satisfaction Studies, in: Vinzi, V. E., Chin, W. W., Henseler, J. & Wang, H. (Hrsg.): Handbook of Partial Least Squares: Concepts, Methods and Applications, Springer: Heidelberg, S. 247-277.

Kristof, A. L. (1996): Person-Organization Fit: An Integrative Review of its Conceptualizations, Measurement, and Implications, in: Personnel Psychology, Jg. 49, Nr. 1, S. 1-49.

Kristof-Brown, A. L., Zimmerman, R. D. & Johnson, E. C. (2005): Consequences of Individuals´ Fit at Work: A Meta-Analysis of Person-Job, Person-Organization, Person-Group, and Person-Supervisor Fit, in: Personnel Psychology, Jg. 58, Nr. 2, S. 281-342.

Kromrey, H. (2009): Empirische Sozialforschung: Modelle und Methoden der standardisierten Datenerhebung und Datenauswertung, 12. Auflage, Lucius & Lucius: Stuttgart.

Krueger, N. F. (1993): The Impact of Prior Entrepreneurial Exposure on Perceptions of New Venture Feasibility and Desirability, in: Entrepreneurship: Theory & Practice, Jg. 18, Nr. 1, S. 5-21.

Krueger, N. F. (2000): The Cognitive Infrastructure of Opportunity Emergence, in: Entrepreneurship: Theory & Practice, Jg. 24, Nr. 3, S. 5-23.

Krueger, N. F. (2005): The Cognitive Psychology of Entrepreneurship, in: Acs, Z. J. & Audretsch, D. B. (Hrsg.): Handbook of Entrepreneurship Research: An interdisciplinary Survey and Introduction, Springer: New York, S. 105-140.

Krueger, N. F. & Brazeal, D. V. (1994): Entrepreneurial Potential and Potential Entrepreneurs, in: Entrepreneurship: Theory & Practice, Jg. 18, Nr. 3, S. 91-104.

Krueger, N. F. & Carsrud, A. L. (1993): Entrepreneurial Intentions: Applying the Theory of Planned Behaviour, in: Entrepreneurship & Regional Development, Jg. 5, Nr. 4, S. 315-330.

Krueger, N. F. & Dickson, P. R. (1994): How Believing in Ourselves Increases Risk Taking: Perceived Self-Efficacy and Opportunity Recognition, in: Decision Sciences, Jg. 25, Nr. 3, S. 385-400.

Krueger, N. F., Reilly, M. D. & Carsrud, A. L. (2000): Competing Models of Entrepreneurial Intentions, in: Journal of Business Venturing, Jg. 15, Nr. 5-6, S. 411-432.

Kuckertz, A. (2012): Evidence-based Management: Mittel zur Überbrückung der Kluft von akademischer Strenge und praktischer Relevanz?, in: Zeitschrift für betriebswirtschaftliche Forschung, Jg. 64, Nr. 7, S. 803-827.

Kuckertz, A. & Wagner, M. (2010): The Influence of Sustainability Orientation on Entrepreneurial Intentions: Investigating the Role of Business Experience, in: Journal of Business Venturing, Jg. 25, Nr. 5, S. 524-539.

Kuratko, D. F. (2005): The Emergence of Entrepreneurship Education: Development, Trends, and Challenges, in: Entrepreneurship: Theory & Practice, Jg. 29, Nr. 5, S. 577-598.

Kuratko, D. F. (2006): A Tribute to 50 Years of Excellence in Entrepreneurship and Small Business, in: Journal of Small Business Management, Jg. 44, Nr. 3, S. 483-492.

Kuratko, D. F. (2009): Entrepreneurship: Theory, Process, Practice, 8. Auflage, South-West Cengage Learning: Mason.

Kuratko, D. F. (2010): Corporate Entrepreneurship: An Introduction and Research Review, in: Acs, Z. J. & Audretsch, D. B. (Hrsg.): Handbook of Entrepreneurship Research, Springer: New York, S. 129-163.

Kuratko, D. F. & Audretsch, D. B. (2009): Strategic Entrepreneurship: Exploring Different Perspectives of an Emerging Concept, in: Entrepreneurship: Theory & Practice, Jg. 33, Nr. 1, S. 1-17.

Kuratko, D. F., Hornsby, J. S. & Bishop, J. W. (2005): Managers′ Corporate Entrepreneurial Actions and Job Satisfaction, in: International Entrepreneurship and Management Journal, Jg. 1, Nr. 3, S. 275-291.

Kuratko, D. F., Ireland, R. D., Covin, J. G. & Hornsby, J. S. (2005): A Model of Middle Level Managers′ Entrepreneurial Behavior, in: Entrepreneurship: Theory & Practice, Jg. 29, Nr. 6, S. 699-716.

Kuratko, D. F., Ireland, R. D. & Hornsby, J. S. (2001): Improving Firm Performance through Entrepreneurial Actions: Acordia′s Corporate Entrepreneurship Strategy, in: Academy of Management Executive, Jg. 15, Nr. 4, S. 60-71.

Kuratko, D. F., Montagno, R. V. & Hornsby, J. S. (1990): Developing an Intrapreneurial Assessment Instrument for an Effective Corporate Entrepreneurial Environment, in: Strategic Managmenet Journal, Jg. 11, Nr. 1, S. 49-58.

Lange, T. (2012): Job Satisfaction and Self-Employment: Autonomy or Personality, in: Small Business Economics, Jg. 38, Nr. 2, S. 165-177.

Laspita, S., Breugst, N., Heblich, S. & Patzelt, H. (2012): Intergenerational Transmission of Entrepreneurial Intentions, in: Journal of Business Venturing, Jg. 27, Nr. 4, S. 414-435.

Li, H. & Atuahene-Gima, K. (2001): Product Innovation Stratefy and the Performance of New Technology Ventures in China, Jg. 44, Nr. 6, S. 1123-1134.

Li, H. & Atuahene-Gima, K. (2002): The Adoption of Agency Business Activity, Product Innovation, and Performance in Chinese Technology Ventures, in: Strategic Mangement Journal, Jg. 23, Nr. 6, S. 469-490.

Lieberman, M. B. & Montgomery, D. B. (1998): First-Mover (Dis)Advantages: Retrospective and Link with the Resource-Based View, in: Strategic Management Journal, Jg. 19, Nr. 12, S. 1111-1125.

Likert, R. (1932): A Technique for the Measurement of Attitudes, in: Achieves of Psychology, Jg. 22, Nr. 1, S. 1-55.

Liñán, F. & Chen, Y.-W. (2009): Development and Cross-Cultural Application of a Specific Insturment to Measure Entrepreneurial Intentions, in: Entrepreneurship: Theory & Practice, Jg. 33, Nr. 3, S. 593-617.

Ling, Y., Simsek, Z., Lubatkin, M. H. & Veiga, J. F. (2008): Transformational Leadership´s Role in Promoting Corporate Entrepreneurship: Examinging the CEO-TMT Interface, in: Academy of Management Journal, Jg. 51, Nr. 3, S. 557-576.

Littkemann, J. (2005): Einführung in das Innovationscontrolling, in: Littkemann, J. (Hg.): Innovationscontrolling, Verlag Vahlen: München, S. 3-55.

Lee, C., Lee, K. & Pennings, J. M. (2001): Internal Capabilities, External Networks, and Performance: A Study on Technology-Based Ventures, in: Strategic Management Journal, Jg. 22, Nr. 6-7, S. 615-640.

Lee, L., Wong, P. K., Foo, M. D. & Leung, A. (2011): Entrepreneurial Intentions: The Influence of Organizational and Individual Factors, in: Journal of Business Venturing, Jg. 26, Nr. 1, S. 124-136.

Lee, S. H. & Wong, P. K. (2004): An Exploratory Study of Technopreneurial Intentions: A Career Anchor Perspective, in: Journal of Business Venturing, Jg. 19, Nr. 1, S. 7-28.

Leonhart, R. (2008): Psychologische Methodenlehre: Statistik, Ernst Reinhardt Verlag: München.

Leonhart, R. (2010): Datenanylse mit SPSS, Hogrefe: Göttingen.

Lieberman, M. B. & Asaba, S. (2006): Why Do Firms Imitate Each Other?, in: Academy of Management Review, Jg. 31, Nr. 2, S. 366-385.

Lipparini, A. & Sobrero, M. (1994): The Glue and the Pieces: Entrepreneurship and Innovation in Small-Firm Networks, in: Journal of Business Venturing, Jg. 9, Nr. 2, S. 125-140.

Lockett, A. & Thompson, S. (2001): The Resource-Based View and Economics, in: Journal of Management, Jg. 27, Nr. 6, S. 723-754.

Lomberg, C. (2010): Kreativität im Kontext von Corporate Entrepreneurship, Gabler: Wiesbaden.

Low, M. B. & MacMillan, I. C. (1988): Entrepreneurship: Past Research and Future Challenges, in: Journal of Management, Jg. 14, Nr. 2, S. 139-161.

Lubatkin, M. H., Simsek, Z., Ling, Y. & Veiga, J. F. (2006): Ambidexterity and Perfromance in Small-to Medium-Sized Firms: The Pivotal Role of Top Management Team Behavioral Integration, in: Journal of Management, Jg. 32, Nr. 5, S. 646-672.

Lück, D. (2008): Mängel im Datensatz, in: Baur, N. & Fromm, S. (Hrsg.): Datenanalyse mit SPSS für fortgeschrittene: Ein Arbeitsbuch, 2. Auflage, VS Verlag: Wiesbaden, S. 73-87.

Lück, D. & Baur, N. (2008): Vom Fragebogen zum Datensatz, in: Baur, N. & Fromm, S. (Hrsg.): Datenanalyse mit SPSS für fortgeschrittene: Ein Arbeitsbuch, 2. Auflage, VS Verlag: Wiesbaden, S. 18-52.

Lueger, M. & Keßler, A. (2006): Organisationales Lernen und Wissen: Eine systemtheoretische Betrachtung im Kontext von Corporate Entrepreneurship, in: Frank, H. (Hg.): Corporate Entrepreneurship, Facultas: Wien, S. 33-75.

Lüthje, C. & Franke, N. (2003): The „Making" of an Entrepreneur: Testing a Model of Entrepreneurial Intent among Engineering Students at MIT, in: R&D Management, Jg. 33, Nr. 2, S. 135-143.

Lumpkin, G. T. & Bergmann Lichtenstein, B. (2005): The Role of Organizational Learning in the Opportunity-Recognition Process, in: Entrepreneurship: Theory & Practice, Jg. 29, Nr. 4, S. 451-472.

Lumpkin, G. T. & Dees, G. G. (1996): Clarifying the Entrepreneurial Orientation Construct and Linking it to Performance, in: Academy of Management Review, Jg. 21, Nr. 1, S. 135-172.

Lumpkin, G. T. & Dess, G. G. (2001): Linking Two Dimensions of Entrepreneurial Orientation to Firm Performance: The Moderating Role of Environment and Industry Life Cycle, in: Journal of Business Venturing, Jg. 16, Nr. 5, S. 429-451.

Luszczynska, A., Scholz, U. & Schwarzer, R. (2005): The General Self-Efficacy Scale: Multicultural Validation Studies, in: The Journal of Psychology, Jg. 139, Nr. 5, S. 439-457.

Lyon, D. W., Lumpkin, G. T. & Dess, G. G. (2000): Enhancing Entrepreneurial Orientation Research: Operationalizing and Measuring a Key Strategic Decision Making Process, in: Journal of Management, Jg. 26, Nr. 5, S. 1055-1085.

MacKenzie, S. B., Podsakoff, P. M. & Jarvis, C. B. (2005): The Problem of Measurement Model Misspecification in Behavioral and Organizational Research and Some Recommended Solutions, in: Journal of Applied Psychology, Jg. 90, Nr. 4, S. 710-730.

MacKinnon, D. P., Lockwood, C. M., Hoffman, J. M., West, S. G. & Sheets, V. (2002): A Comparison of Methods to Test Mediation and Other Intervening Variable Effects, in: Psychological Methods, Jg. 7, Nr. 1, S. 83-104.

MacKinnon, D. P., Fairchild, A. J. & Fritz, M. S. (2007): Mediation Analysis, in: Annual Review of Psychology, Jg. 58, Nr. 1, S. 593-614.

MacMillan, I. C. & Day, D. L. (1987): Corporate Ventures into Industrial Markets: Dynamics of Aggressive Entry, in: Journal of Business Venturing, Jg. 2, Nr. 1, S. 29-39.

MacMillan, I. C. & Katz, J. A. (1992): Idiosyncratic Milieus of Entrepreneurial Research: The Need for Comprehensive Theories, in: Journal of Business Venturing, Jg. 7, Nr. 1, S. 1-8.

Madjar, N., Oldham, G. R. & Pratt, M. G. (2002): There's No Place Like Home? The Contributions of Work and Nonwork Creativity Support to Employees' Creative Performance, in: Academy of Management Journal, Jg. 45, Nr. 4, S. 757-767.

Makadok, R. (2001): Toward a Synthesis of the Resource-Based and Dynamic-Capability Views of Rent Creation, in: Strategic Management Journal, Jg. 22, Nr. 5, S. 387-401.

Manstead, A. S. & Van Eekelen, S. A. (1998): Distinguishing Between Perceived Behavioral Control and Self-Efficacy in the Domain of Academic Achievement Intentions and Behaviors, in: Journal of Applied Social Psychology, Jg. 28, Nr. 15, S. 1375-1392.

Marino, L., Kreiser, P. & Robinson, A. (2010): Environmental Uncertainty and Firm-Level Entrepreneurship, in: Landström, H. & Lohrke, F. (Hrsg.): Historical Foundations of Entrepreneurship Research, Edward Elgar, Chelterham, S. 81-97.

Marvel, M. R., Griffin, A., Hebda, J. & Vojak, B. (2007): Examining the Technical Corporate Entrepreneurs´ Motivation: Voices from the Field, in: Entrepreneurship: Theory & Practice, Jg. 31, Nr. 5, S. 753-768.

Matzler, K., Schwarz, E., Kotzent, U. & Deutinger, N. (2007): Innovation, Leadership, Wachstum und Profitabilität in KMUs, in: Raich, M., Pechlaner, H. & Hinterhuber, H. H. (Hrsg.): Entrepreneurial Leadership: Profilierung in Theorie und Praxis, Deutscher Universitäts-Verlag: Wiesbaden, S. 177-189.

Maurer, B. & Fiedler, S. (2011): Innovationsweltmeister: Wie unsere Unternehmen unschlagbar werden, Wiley-Vch: Weinheim.

Maxwell, I. E. (2009): Managing Sustainable Innovation: The Driver for Global Growth, Springer: New York.

McDougall, P. P. & Oviatt, B. M. (2000): International Entrepreneurship: The Intersection of Two Research Paths, in: Academy of Management Journal, Jg. 43, Nr. 5, S. 902-906.

McGee, J. E., Peterson, M., Mueller, S. L. & Sequeira, J. M. (2009): Entrepreneurial Self-Efficacy: Refining the Measure, in: Entrepreneurship: Theory & Pratice, Jg. 33, Nr. 4, S. 965-988.

McGrath, R. G., Tsai, M.-H., Venkataraman, S. & MacMillan, I. C. (1996): Innovation, Competitive Advantage and Rent: A Model and Test, in: Management Science, Jg. 42, Nr. 3, S. 389-403.

McMullen, J. S. & Shepherd, D. A. (2006): Entrepreneurial Action and the Role of Uncertainty in the Theory of the Entrepreneur, in: Academy of Management Review, Jg. 31, Nr. 1, S. 132-152.

Menzel, H. C:, Aaltio, I. & Ulijn, J. M. (2007): On the Way to Creativity: Engineers as Intrapreneurs in Organizations, in: Technovation, Jg. 27, Nr. 12, S. 732-743.

Merrifield, D. B. (1993): Intrapreneurial Corporate Renewal, in: Journal of Business Venturing, Jg. 8, Nr. 5, S. 383-389.

Mes, F. (2011): Internal Corporate Venturing zur Steigerung der Innovationsfähigkeit etablierter Unternehmen, Gabler: Wiesbaden.

Meves, Y. (2013): Emotionale Intelligenz als Schlüsselfaktor der Teamzusammensetzung: Eine empirische Analyse im Kontext der Sozialpsychologie und des organisationalen Verhaltens in jungen Unternehmen, Springer Gabler: Wiesbaden.

Micheel, H.-G. (2010): Quantitative empirische Sozialforschung, Ernst Reinhardt Verlag: München.

Middelberg, N. (2012): Erfolgsfaktoren bei der Investitionsmitteleinwerbung von Venture-Capital-Gesellschaften: Eine Mixed-Method-Analyse, Springer Gabler: Wiesbaden.

Miles, M. P. & Arnold, D. R. (1991): The Relationship between Marketing Orientation and Entrepreneurial Orientation, in: Entrepreneurship: Theory & Practice, Jg. 15, Nr. 4, S. 49-65.

Miller, D. (1983): The Correlates of Entrepreneurship in Three Types of Firms, in: Management Science, Jg. 29, Nr. 7, S. 770-791.

Miller, D. (2011): Miller (1983) Revisited: A Reflection on EO Research and Some Suggestions for the Future, in: Entrepreneurship: Theory & Practice, Jg. 35, Nr. 5, S. 873-894.

Miller, D. & Friesen, P. H. (1982): Innovation in Conservative and Entrepreneurial Firms: Two Models of Strategic Momentum, in: Strategic Management Journal, Jg. 3, Nr. 1, S. 1-25.

Miller, D. & Le Breton-Miller, I. (2011): Governance, Social Identity, and Entrepreneurial Orientation in Closely Held Public Companies, in: Entrepreneurship: Theory & Practice, Jg. 35, Nr. 5, S. 1051-1076.

Mitchell, R. K., Busenitz, L., Lant, T., McDougall, P. P., Morse, E. A. & Smith, J. B. (2002): Toward a Theory of Entrepreneurial Cognition: Rethinking the People Side of Entrepreneurship Research, Jg. 27, Nr. 2, S. 93-104.

Möslein, K. M. (2009): Innovationen als Treiber des Unternehmenserfolgs: Herausforderungen im Zeitalter der Open Innovations, in: Zerfaß, A. & Möslein, K. M. (Hrsg.): Kommunikation als Erfolgsfaktor im Innovationsmanagement: Strategien im Zeitalter der Open Innovation, Gabler: Wiesbaden, S. 3-21.

Möslein, K. M. & Neyer, A.-K. (2009): Open Innovation: Grundlagen, Herausforderungen, Spannungsfeld, in: Zerfaß, A. & Möslein, K. M. (Hrsg.): Kommunikation als Erfolgsfaktor im Innovationsmanagement: Strategien im Zeitalter der Open Innovation, Gabler: Wiesbaden, S. 85-103.

Monsen, E. & Boss, R. W. (2009): The Impact of Strategic Entrepreneurship Inside the Organization: Examing Job Stress and Employee Retention, in: Entrepreneurship: Theory & Practice, Jg. 33, Nr. 1, S. 71-104.

Monsen, E., Patzelt, H. & Saxton, T. (2010): Beyond Simple Utility: Incentive Design and Trade-Offs for Corporate Employee-Entrepreneurship, in Entrepreneurship: Theory & Pratice, Jg. 34, Nr. 1, S. 105-130.

Morris, M. H., Avila, R. A. & Allen J. (1993): Individualism and the Modern Corporation: Implications for Innovation and Entrepreneurship, in: Journal of Management, Jg. 19, Nr. 3, S. 595-612.

Morris, M. H. & Jones, F. F. (1993): Human Resource Management Practices and Corporate Entrepreneurship: An Empirical Assessment form the USA, in: International Journal of Human Resource Management, Jg. 4, Nr. 4, S. 873-896.

Morris, M. H. & Jones, F. F. (1999): Entrepreneurship in Established Organizations: The Case of the Public Sector, in: Entrepreneurship: Theory & Practice, Jg. 24, Nr. 1, S. 71-91.

Morris, M. H. & Kuratko, D. F. (2002): Corporate Entrepreneurship: Entrepreneurial Development within Organizations, Thomson South-West: Mason.

Morris, M. H., Kuratko, D. F. & Covin, J. G. (2008): Corporate Entrepreneurship & Innovation: Entrepreneurial Development within Organizations, 2. Auflage, Thomson South-West: Mason.

Mueller, S. L. & Thomas, A. S. (2000): Culture and Entrepreneurial Potential: A Nine Country Study of Locus of Control and Innovativeness, in: Journal of Business Venturing, Jg. 16, Nr. 1, S. 51-75.

Muhle, S. (2010): Strategisches Innovationsmanagement in überbetrieblichen Informationssphären: Phänomenologie und Bezugsrahmen für eine erweiterte Sicht des strategischen Managements von Informationsressourcen, Kölner Wissenschaftsverlag: Köln.

Mumford, M. D. (2000): Managing Creative People: Strategies and Tactics for Innovation, in: Human Resource Management Review, Jg. 10, Nr. 3, S. 313-351.

Mumford, M. D., Scott, G. M., Gaddis, B. & Strange, J. M. (2002): Leading Creative People: Orchestrating Expertise and Relationships, in: Leadership Quarterly, Jg. 13, Nr. 6, S. 705-750.

Naffziger, D. W., Hornsby, J. S. & Kuratko, D. F. (1994): A Proposed Research Model of Entrepreneurial Motivation, in: Entrepreneurship: Theory & Practice, Jg. 18, Nr. 3, S. 29-42.

Nayak, R. C. & Agarwal, R. (2011): A Model of Creativity and Innovation in Organizations, in: International Journal of Transformations in Business Management, Jg. 1, Nr. 1, S. 1-8.

Nebe, R. (2000): Gestaltungsmöglichkeiten einer innovationsfreundlichen Organisationsstruktur, in: Dold, E. & Gentsch, P. (Hrsg.): Innovationsmanagement: Handbuch für mittelständische Unternehmen, Luchterhand: Neuwied, S. 1-26.

Neef-Cramer, R. & Mentzel, W. (2000): Innovationsorientierte Personalentwicklung, in: Dold, E. & Gentsch, P. (Hrsg.): Innovationsmanagement: Handbuch für mittelständische Unternehmen, Luchterhand: Neuwied, S. 27-49.

Newbert, S. L. (2007): Empirical Research on the Resource-Based View of the Firm: An Assessment and Suggestions for Future Research, in: Strategic Management Journal, Jg. 28, Nr. 2, S. 121-146.

Nicolaou, N., Shane, S., Cherkas, L. & Spector, T. D. (2009): Opportunity Recognition and the Tendency to be an Entrepreneur: a Bivariate Genetics Perspective, in: Organizational Behavior and Human Decision Processes, Jg. 110, Nr. 2, S. 108-117.

Niehoff, B. P., Enz, C. A. & Grover, R. A. (1990): The Impact of Top-Management Actions on Employee Attitudes and Perceptions, in: Group & Organization Management, Jg. 15, Nr. 3, S. 337-352.

Nielson, R. P., Peters, M. P. & Hisrich, R. D. (1985): Entrepreneurship Strategy for Internal Markets: Corporate, Non-Profit, and Government Institution Cases, in: Strategic Management Journal, Jg. 6, Nr. 2, S. 181-189.

Nienhüser, W. & Krins, C. (2005): Betriebliche Personalforschung: Eine problemorientierte Einführung. München: Hampp.

Nohria, N. & Gulati, R. (1996): Is Slack Good or Bad for Innovation?, in: Academy of Management Journal, Jg. 39, Nr. 5, S. 1245-1264.

Nonaka, I. (1994): A Dynamic Theory of Organizational Knowledge Creation, in: Irganization Science, Jg. 5, Nr. 1, S. 14-37.

Nooteboom, B. (1994): Innovation and Diffusion in Small Firms: Theory and Evidence, in: Small Business Economics, Jg. 6, Nr. 5, S. 327-347.

Nunnally, J. C. (1978): Psychometric Theory, 2. Auflage, McGraw-Hill: New York.

Ofek, E. & Turut, O. (2008): To Innovate or Imitate? Entry Strategy and the Role of Market Research, in: American Marketing Association, Jg. 45, Nr. 5, S. 575-592.

Oldham, G. R. & Cumming, A. (1996): Employee Creativity: Personal and Contextual Factors at Work, in: Academy of Management Journal, Jg. 39, Nr. 3, S. 607-634.

Opp, K.-D. (2010): Kausalität als Gegenstand der Sozialwissenschaften und der multivariaten Statistik, in: Wolf, C. & Best, H. (Hrsg.): Handbuch der sozialwissenschaftlichen Datenanalyse, VS Verlag: Wiesbaden, S. 9-38.

Parker, S. C. (2011): Intrapreneurship or Entrepreneurship?, in: Journal of Business Venturing, Jg. 26, Nr. 1, S. 19-34.

Patanakul, P., Chen, J. & Lynn, G. S. (2012): Autonomous Teams and New Product Development, in: Journal of Product Innovation Management, Jg. 29, Nr. 5, S. 734-750.

Patel, P. C. & Fiet, J. O. (2009): Systematic Search and ist Relationship to Firm Founding, in: Entrepreneurship: Theory & Practice, Jg. 33, Nr. 2, S. 501-526.

Paulhus, D. L. (1991): Measurement and Control of Response Bias, in: Robinson J. P., Shaver, P. R. & Wrightsman, L. S. (Hrsg.): Measures of Personality and Social Psychological Attitudes, Academic Press: London, S. 17-59.

Pearce II, J. A., Kramer, T. R. & Robbins, D. K. (1997): Effects of Managers' Entrepreneurial Behavior on Subordinates, in: Journal of Business Venturing, Jg. 12, Nr. 2, S. 147-160.

Pérez-Luño, A., Valle Cabrera, R. & Wiklund, J. (2007): Innovation and Imitation as Sources of Sustainable Competitive Advantage, in: Management Research, Jg. 5, Nr. 2, S. 71-82.

Pérez-Luño, A., Wiklund, J. & Valle Cabrera, R. (2011): The Dual Nature of Innovative Activity: How Entrepreneurial Orientation influences Innovation Generation and Adoption, Jg. 26, Nr. 5, S. 555-571.

Perry-Smith, J. E. (2006): Social Yet Creative: The Role of Social Relationships in Facilitating Individuel Creativity, in: Academy of Management Journal, Jg. 49, Nr. 1, S. 85-101.

Perry-Smith, J. E. & Shalley, C. E. (2003): The Social Side of Creativity: A Static and Dynamic Social Network Perspective, in: Academy of Management Review, Jg. 28, Nr. 1, S. 89-106.

Perugini, M. & Conner, M. (2000): Predicting and Understanding Behavioral Volitions: The Interplay between Goals and Behaviors, in: European Journal of Social Psychology, Jg. 30, Nr. 5, S. 705-731.

Peter, J. P. (1981): Construct Validity: A Review of Basic Issues and Marketing Practies, in: Journal of Marketing Research, Vol. 28. S. 133-145.

Peteraf, M. A. (1993): The Cornerstones of Competitive Advantage: A Resource-Based View, in: Strategic Management Journal, Jg. 14, Nr. 3, S. 179-191.

Peterman, N. E. & Kennedy, J. (2003): Enterprise Education: Influencing Students´ Perceptions of Entrepreneurship, in: Entrepreneurship: Theory & Practices, Jg. 28, Nr. 2, S. 129-144.

Phan, P. H., Wright, M., Ucbasaran, D. & Tan, W.-L. (2009): Corporate Entrepreneurship: Current Research and Future Directions, in: Journal of Business Venturing, Jg. 24. Nr. 3, S. 197-205.

Pinchot, G. (1985): Intrapreneuring: Mitarbeiter als Unternehmer, Gabler: Wiesbaden.

Pittaway, L., Robertson, M., Munir, K., Denyer, D. & Neely, A. (2004): Networking and Innovation: A Systematic Review of the Evidence, in: International Journal of Management Reviews, Jg. 5-6, Nr. 3-4, S. 137-168.

Plambeck, N. (2012): The Development of New Products: The Role of Firm Context and Managerial Cognition, in: Journal of Business Venturing, Jg. 27, Nr. 6, S. 607-621.

Podsakoff, P. M., MacKenzie, S. B., Lee, J.-Y. & Podsakoff, N. P. (2003): Common Method Biases in Behavioral Research: A Critical Review of the Literature and Recommended Remedies, in: Journal of Applied Psychology, Jg. 88, Nr. 5, S. 879-903.

Podsakoff, P. M. & Organ, D. W. (1986): Self-Reports in Organizational Research: Problems and Perspects, in: Journal of Management, Jg. 12, Nr. 4, S. 531-544.

Pötschke, M. (2010): Datengewinnung und Datenaufbereitung, in: Wolf, C. & Best, H. (Hrsg.): Handbuch der sozialwissenschaftlichen Datenanalyse, VS Verlag: Wiesbaden, S. 41-64.

Porst , R. (2009): Fragebogen: Ein Arbeitsbuch, 2. Auflage, VS Verlag: Wiesbaden.

Porter, M. E. (1985): Technology and Competitive Advantage, in: Journal of Business Strategy, Jg. 5, Nr. 3, S. 60-78.

Powell, T. C. & Dent-Micallef, A. (1997): Information Technology as Competitive Advantage: The Role of Human, Business, and Technology Resources, in: Strategic Management Journal, Jg. 18, Nr. 5, S. 375-405.

Pretorius, M., Millard, S. M. & Kruger, M. E. (2005): Creativity, Innovation and Implementation: Management Experience, Venture Size, Life Cycle Stage, Race and Gender as Moderators, in: South African Journal of Business Management, Jg. 36, Nr. 4, S. 55-68.

Priem, R. L. & Butler, J. E. (2001): Is the Resource-Based View a Useful Perspective for Strategic Management Research?, in: Academy of Management Review, Jg. 26, Nr. 1, S. 22-40.

Qian, G. & Li, L. (2003): Profitability of Small- and Medium-Sized Enterprises in high-tech Industries: The Case of the Biotechnology Industry, in: Strategic Management Journal, Jg. 24, Nr. 9, S. 881-887.

Raab-Steiner, E. & Benesch, M. (2010): Der Fragebogen: Von der Forschungsidee zur SPSS/PASW-Auswertung, 2. Auflage, Facultas: Wien.

Raich, M. (2007): Das Schaffen einer Vertrauenskultur als Grundlage für erfolgreiches Unternehmertum, in: Raich, M., Pechlaner, H. & Hinterhuber, H. H. (Hrsg.): Entrepreneurial Leadership: Profilierung in Theorie und Praxis, Deutscher Universitäts-Verlag: Wiesbaden, S. 81-93.

Rajagopalan, N. & Finkelstein, S. (1992): Effects of Strategic Orientation and Environmental Change on Senior Management Reward Systems, in: Strategic Management Journal, Jg. 13, Special Issue 1, S. 127-141.

Rammstedt, B. (2010): Reliabilität, Validität, Objektivität, in: Wolf, C. & Best, H. (Hrsg.): Handbuch der sozialwissenschaftlichen Datenanalyse, VS Verlag: Wiesbaden, S. 239-258.

Randolph, J. J. (2008): Multidisciplinary Methods in Educational Technology Research and Development, Hämeenlinna: Julkaisija.

Ranga, M. & Etzkowitz, H. (2010): Athena in the World of Techne: The Gender Dimension of Technology, Innovation and Entrepreneurship, in: Journal of Technology Management & Innovation, Jg. 5, Nr. 1, S. 1-12.

Rangone, A. (1999): A Resource-Based Approach to Strategy Analysis in Small-Medium Sized Enterprises, in: Small Business Economics, Jg. 12, Nr. 3, S. 233-248.

Rauch, A. & Frese, M. (2007): Let´s put the Person back into Entrepreneurship Research: A Meta-Analysis on the Relationship between Business Owners´ Personality Traits, Business Creation, and Success, in: European Journal of Work and Organizational Psychology, Jg. 16, Nr. 4, S. 353-385.

Rauch, A., Wiklund, J., Lumpkin, G. T. & Frese, M. (2009): Entrepreneurial Orientation and Business Performance: An Assessment of Past Research and Suggestions for the Future, in: Entrepreneurship: Theory & Practice, Jg. 33, Nr. 3, S. 761-787.

Redmond, M. R., Mumford, M. D. & Teach, R. (1993): Putting Creativity to Work: Effects of Leader Behavior on Subordinate Creativity, in: Organizational Behavior and Human Decision Processes, Jg. 55, Nr. 1, S. 120-151.

Ren, C. R. & Guo, C. (2011): Middle Managers´ Strategic Role in the Corporate Entrepreneurial Process: Attention-Based Effects, in: Journal of Management, Jg. 37, Nr. 6, S. 1586-1610.

Richard, O. C., Barnett, R., Dwyer, S. & Chadwick, K. (2004): Cultural Diversity in Management, Firm Performance, and the Moderating Role of Entrepreneurial Orientation Dimensions, in: Academy of Management Journal, Jg. 47, Nr. 2, S. 255-266.

Ringle, C. M. (2004): Messung von Kausalmodellen: Ein Methodenvergleich, Arbeitspapier Nr. 14 des Instituts für Industriebetriebslehre und Organisation, hrsg. v. K.-W. Hansmann, Hamburg.

Robinson, J. R., Shaver, P. S. & Wrightsman, L. S. (1991): Criteria for Scale Selection and Evaluation, in: Robinson J. P., Shaver, P. R. & Wrightsman, L. S. (Hrsg.): Measures of Personality and Social Psychological Attitudes, Academic Press: London, S. 1-16.

Robinson, P. B., Stimpson, D. V., Huefner, J. C. & Hunt, H. K: (1991): An Attitude Approach to the Prediction of Entrepreneurship, in: Entrepreneurship: Theory & Practice, Jg. 15, Nr. 4, S. 13-31.

Rohrmann, B. (1978): Empirische Studien zur Entwicklung von Antwortskalen für die sozialwissenschaftliche Forschung, in: Zeitschrift für Sozialpsychologie, Jg. 9, Nr. 1, S. 222-245.

Rosenbusch, N., Brinckmann, J. & Bausch, A. (2011): Is Innovation always Benefical? A Meta-Analysis of the Relationship between Innovation and Performance in SMEs, in: Journal of Business Venturing, Jg. 26, Nr. 4, S. 441-457.

Rothwell, R. (1989): Small Firms, Innovation and Industrial Change, in: Small Business Economics, Jg. 1, Nr. 1, S. 51-64.

Rothwell, R. (1991): External Linkages and Innovation in Small and Medium-Sized Enterprises, in: R&D Management, Jg. 21, Nr. 2, S. 125-137.

Rubin, D. B. (1976): Lehrbuch Testtheorie: Testkonstruktion, 2. Auflage, Huber: Bern.

Rudzinski, C. V. & Groth, T. (2011): Das Innovations-Tetralemma, in: Howaldt, J., Kopp, R. & Beerheide, E. (Hrsg.): Innovationsmanagement 2.0: Handlungsorientierte Einführung und praxisbasierte Impulse, Gabler: Wiesbaden, S. 155-177.

Runyan, R. C., Huddleston, P. & Swinney, J. (2006): Entrepreneurial Orientation and Social Capital as Small Firm Strategies: A Study of Gender differences form a Resource-Based View, in: International Entrepreneurship and Management Journal, Jg. 2, Nr. 4, S. 455-477.

Russell, R. D. (1999): Developing a Process Model of Intrapreneurial Systems: A Cognitive Mapping Approach, in: Entrepreneurship: Theory & Practice, Jg. 23, Nr. 3, S. 65-84.

Rutherford, M. W. & Holt, D. T. (2007): Corporate Entrepreneurship: An Empirical Look at the Innovativeness Dimension and its Antecedents, in: Journal of Organizational Change Management, Jg. 20, Nr. 3, S. 429-446.

Ryan, R. M & Deci, E. L. (2000): Intrinsic and Extrinsic Motivations: Classic Definitions and New Directions, in: Contemporary Educational Psychology, Jg. 25, Nr. 1. S. 54-67.

Samuelsson, M. & Davidsson, P. (2009): Does Venture Opportunity Variation Matter? Investigating Systematic Process Differences between Innovative and Imitative New Ventures, in: Small Business Economics, Jg. 33, Nr. 2, S. 229-255.

Sand, N. (2011): Innovation: Communities: Determinanten und Erfolgswirkungen, Verlag Dr. Kovač: Hamburg.

Sarasvathy, S. D. & Berglund, H. (2010): On the Relevance of Decision-Making in Entrepreneurial Decision-Making, in: Landström, H. & Lohrke, F. (Hrsg.): Historical Foundations of Entrepreneurship Research, Edward Elgar, Chelterham, S. 163-182.

Sarstedt, M. & Schütz, T. (2006): SPSS Syntax: Eine anwendungsorientierte Einführung, Vahlen: München.

Sathe, V. (1988): From Surface to Deep Corporate Entrepreneurship, in: Human Resource Management, Jg. 27, Nr. 4, S. 389-411.

Schat, H.-D. (2005): Ideen fürs Ideenmanagement: Betriebliches Vorschlagwesen (BVW) und kontinuierlichen Verbesserungsprozess (KVP) gemeinsam realisieren, Wirtschaftsverlag Bachem, Köln.

Schewe, G. & Becker, S. (2009): Innovationen für den Mittelstand: Ein prozessorientierter Leitfaden für KMU, Gabler: Wiesbaden.

Schewe, G. & Nienaber, A.-M. (2009): Vertrauenskommunikation und Innovationsbarrieren: Theoretische Grundlagen, in: Zerfaß, A. & Möslein, K. M. (Hrsg.): Kommunikation als Erfolgsfaktor im Innovationsmanagement: Strategien im Zeitalter der Open Innovation, Gabler: Wiesbaden, S. 227-241.

Schmelter, R. (2009): Der Einfluss von Management auf Corporate Entrepreneurship, Gabler: Wiesbaden.

Schmelter, R., Mauer, R., Börsch, C. & Brettel, M. (2010): Boosting Corporate Entrepreneurship Through HRM Practices: Evidence from German SMEs, in: Human Resource Management, Jg. 49, Nr. 4, S. 715-741.

Schmolze, R. (2011): Unternehmen Idee: Wie kundenorientierte Produktentwicklung zum Erfolg führt, Campus: Frankfurt am Main.

Schneider-Ammann, J. N. (2011): Innovationsmanagement: Was ist das Spezielle daran?, in: Böhme, O. J. & Hauser, E. (Hrsg.): Innovationsmanagement: Erkennen und Überwinden von Innovationsbarrieren, Peter Lang: Bern, S. 19-20.

Schnegg, E. & Raich, M. (2007): Herausforderungen im unternehmerischen Denken und Handeln: Coaching von Kleinunternehmen, in: Raich, M., Pechlaner, H. & Hinterhuber, H. H. (Hrsg.): Entrepreneurial Leadership: Profilierung in Theorie und Praxis, Deutscher Universitäts-Verlag: Wiesbaden, S. 299-312.

Schnell, R. (2012): Survey-Interview: Methoden standardisierter Befragung, VS Verlag: Wiesbaden.

Schnell, R., Hill, P. B. & Esser, E. (2011): Methoden der empirischen Sozialforschung, Oldenbourg Verlag: München.

Scholderer, J. & Balderjahn I. (2005): PLS versus LISREL: Ein Methodenvergleich, in: Bliemel, F., Eggert, A., Fassott, G. & Henseler, J. (Hrsg.): Handbuch PLS-Pfadmodellierung: Methode, Anwendung, Praxisbeispiel, Schäffel-Poeschel Verlag: Stuttgart, S. 87-98.

Scholderer, J. & Balderjahn, I. (2006): Was unterscheidet harte und weiche Strukturgleichungsmodelle nun wirklich?, in: Marketing ZFP, Jg. 28, Heft 1, S. 57-70.

Scholtissek, S. (2009): Die Magie der Innovation: Erfolgsgeschichten von Audi bis Zara, mi: München.

Scholz, U., Dona, B. G., Sud, S. & Schwarzer, R. (2002): Is General Self-Efficacy a Universal Construct? – Psychometric Findings from 25 Countries, in: European Journal of Psychological Assessment, Jg. 18, Nr. 3, S. 242-251.

Schönbucher, G. (2010): Unternehmerische Orientierung und Unternehmenserfolg - Eine empirische Analyse, Gabler: Wiesbaden.

Schuler, H. & Görlich, Y. (2007): Kreativität: Praxis der Personalpsychologie, Hogrefe: Göttingen.

Schumpeter, J. (1934): Capitalism, Socialism and Democracy. New York: Harper & Row.

Schwetz, H., Swoboda, B., Benischek, I., Mallaun, J., Samac, K. & Straßegger-Einfalt, R. (2010): Einführung in das quantitativ orientierte Forschen – und erste Analysen mit SPSS 18, 2. Auflage, Facultas: Wien.

Sciascia, S., Mazzola, P. & Chirico, F. (2013): Generational Involvement in the Top Management Team of Family Firms: Exploring Nonlinear Effects on Entrepreneurial Orientation, in: Entrepreneurship: Theory & Practice, Jg. 37, Nr. 1, S. 69-85.

Scott, S. G. & Bruce, R. A. (1994): Determinants of Innovative Behavior: A Path Model of Individual Innovation in the Workplace, in: Academy of Management Journal, Jg. 37, Nr. 3, S. 580-607.

Segal, G., Borgia, D. & Schoenfeld, J. (2005): The Motivation to become an Entrepreneur, in: International Journal of Entrepreneurial Behaviour & Research, Jg. 11, Nr. 1, S. 42-57.

Sesink, W. (2003): Einführung in das wissenschaftliche Arbeiten: Mit Internet, Textverarbeitung, Präsentation, 6. Auflage, Oldenbourg Verlag: München.

Shalley, C. E. (1995): Effects of Coaction, Expected Evaluation, and Goal Setting on Creativity and Productivity, in: Academy of Management Journal, Jg. 38, Nr. 2, S. 483-503.

Shalley, C. E. & Gilson, L. L. (2004): What Leaders Need to Know: A Review of Social and Contextual Factors that can Foster or Hinder Creativity, in: Leadership Quarterly, Jg. 15, Nr. 1, S. 33-53.

Shalley, C. E., Zhou, J. & Oldham, G. R. (2004): The Effects of Personal and Contextual Characteristics on Creativity: Where Should We Go From Here?, in: Journal of Management, Jg. 30, Nr. 6, S. 933-958.

Shan, W. (1990): An Empirical Analysis of Organizational Strategies by Entrepreneurial High-Technology Firms, in: Strategic Management Journal, Jg. 11, Nr. 2, S. 129-139.

Shane, S. (1992): Why Do Some Societies Invent More Than Others?, in: Journal of Business Venturing, Jg. 7, Nr. 1, S. 29-46.

Shane, S. (1993): Cultural Influences on National Rates of Innovation, in: Journal of Business Venturing, Jg. 8, Nr. 1, S. 59-73.

Shane, S. (1997): Who is Publishing the Entrepreneurial Research?, in: Journal of Management, Jg. 23, Nr. 1, S. 83-95.

Shane, S. (2000): Prior Knowledge and the Discovery of Entrepreneurial Opportunities, in: Organization Science, Jg. 11, Nr. 4, S. 448-469.

Shane, S. (2003): A General Theory of Entrepreneurship: The Individual-Opportunity Nexus, Edward Elgar: Northampton, MA.

Shane, S. & Eckhardt, J. (2005): The Individual-Opportunity Nexus, in: Acs, Z. J. & Audretsch, D. B. (Hrsg.): Handbook of Entrepreneurship Research: An interdisciplinary Survey and Introduction, Springer: New York, S. 161-191.

Shane, S., Locke, E. A. & Collins, C. J. (2003): Entrepreneurial Motivation, in: Human Resource Management Review, Jg. 13, Nr. 2, S. 257-279.

Shane, S. & Venkataraman, S. (2000): The Promise of Entrepreneurship as a Field of Research, in: Academy of Management Review, Jg. 26, Nr. 1, S. 217-226.

Shapero, A. & Sokol, L. (1982): The Social Dimension of Entrepreneurship, in: Kent, C. A., Sexton, D. L. & Vesper, K. H. (Hrsg.): The Encyclopedia of Entrepreneurship, Prentice-Hall: Englewood Cliffs, S. 72-90.

Sharma, P. & Chrisman, J. J. (1999): Toward a Reconciliation of the Definitional Issues in the Field of Corporate Entrepreneurship, in: Entrepreneurship: Theory & Practice, Jg. 23, Nr. 3, S. 11-27.

Shaver, K. G. & Scott, L. R. (1991): Person, Process, Choice: The Psychology of New Venture Creation, in: Entrepreneurship: Theory & Practice, Jg. 16, Nr. 2, S. 23-45.

Shepherd, D. A., Covin, J. G. & Kuratko, D. F. (2009): Project Failure from Corporate Entrepreneurship: Managing the Grief Process, in: Journal of Business Venturing, Jg. 24, Nr. 6, S. 588-600.

Shepherd, D. A. & DeTienne, D. R. (2005): Prior Knowledge, Potential Financial Rewards, and Opportunity Identification, in: Entrepreneurship: Theory & Practice, Jg. 29, Nr. 1, S. 91-112.

Shepherd, D. A. & Krueger, N. F. (2002): An Intentions-Based Model of Entrepreneurial Teams Social Cognition, in: Entrepreneurship: Theory & Practice, Jg. 27, Nr. 2, S. 167-185.

Shepherd, D. A., Kuskova, V. & Patzelt, H. (2009): Measuring the Values that Underlie Sustainable Development: The Development of a Valid Scale, in: Journal of Economic Psychology, Jg. 30, Nr. 2, S. 246-256.

Shepherd, D. A., Patzelt, H. & Haynie, J. M. (2010): Entrepreneurial Spirals: Deviation-Amplifying Loops of an Entrepreneurial Mindset and Organizational Culture, in: Entrepreneurship: Theory & Practice, Jg. 34, Nr. 1, S. 59-82.

Shrader, R. C. & Simon, M. (1997): Corporate Versus Indepentent New Ventures: Resource, Strategy, and Performance Differences, in: Journal of Business Venturing, Jg. 12, Nr. 1, S. 47-66.

Shrout, P. E. & Bolder, N. (2002): Mediation in Experimental and Nonexperimental Studies: New Procedures and Recommendations, in: Psychological Methods, Jg. 7, Nr. 4, S. 422-445.

Simsek, Z., Lubatkin, M. H., Veiga, J. F. & Dino, R. N. (2009): The Role of an Entrepreneurially Alert Information System in Promoting Corporate Entrepreneurship, in: Journal of Business Research, Jg. 62, Nr. 8, S. 810-817.

Simsek, Z., Veiga, J. F. & Lubatkin, M. H. (2007): The Impact of Managerial Environmental Perceptions on Corporate Entrepreneurship: Towards Understanding Discretionary Slack´s Pivotal Role, in: Jorunal of Management Studies, Jg. 44, Nr. 8, S. 1398-1424.

Sirén, C. A., Kohtamäki, M. & Kuckertz, A. (2012): Exploration and Exploitation Strategies, Profit Performance, and the Mediating Role of Strategic Learning: Escaping the Exploitation Trap, in: Strategic Entrepreneurship Journal, Jg. 6, Nr. 1, S. 18-41.

Sirmon, D. G., Hitt, M. A. & Ireland, R. D. (2007): Managing Firm Resources in Dynamic Environments to Create Value: Looking Inside the Black Box, in: Academy of Management Review, Jg. 32, Nr. 1, S: 273-292.

Sommerlatte, T. (2012): Innovation und Vertrauen, in Ili, S. (Hg.): Innovation Excellence: Wie Unternehmen ihre Innovationsfähigkeit systematisch steigern, Symposion: Düsseldorf, S. 85-94.

Souitaris, V., Zerbinati, S. & Al-Laham, A. (2007): Do Entrepreneurship Programmes Raise Entrepreneurial Intention of Science and Engineering Students? The Effect of Learning, Inspiration and Resources, in: Journal of Business Venturing, Jg. 22, Nr. 4, S. 566-591.

Sparrowe, R. T. & Mayer, K. J. (2011): Publishing in AMJ – Part 4: Grounding Hypotheses, in: Academy of Management Journal, Jg. 54, Nr. 6, S. 1098-1102.

Spath, D., Linder, C. & Seidenstricker, S. (2011): Technologiemanagement: Grundlagen, Konzepte, Methoden, Frauenhofer Verlag: Stuttgart.

Spieß, M. (2010): Der Umgang mit fehlenden Werten, in: Wolf, C. & Best, H. (Hrsg.): Handbuch der sozialwissenschaftlichen Datenanalyse, VS Verlag: Wiesbaden, S. 117-142.

Spreitzer, G. M. (1995): Psychological Empowerment in the Workplace: Dimensions, Measurement, and Validation, in: Academy of Management Journal, Jg. 38, Nr. 5, S. 1442-1465.

Srivastava, A. & Lee, H. (2005): Predicting Order and Timing of New Product Moves: The Role of Top Management in Corporate Entrepreneurship, in: Journal of Business Venturing, Jg. 20, Nr. 4, S. 459-481.

Statistisches Bundesamt (2007): Gliederung der Klassifikation der Wirtschaftszweige, Wiesbaden, S. 1-56.

Statistisches Bundesamt (2013a): Wirtschaftsrechnungen: Ausstattung privater Haushalte mit ausgewählten Gebrauchsgütern, Fachserie 15, Reihe 2, Wiesbaden.

Statistisches Bundesamt (2013b): Zensus 2011: Ausgewählte Ergebnisse, Wiesbaden.

Steiger, J. H. (1990): Structural Model Evaluation and Modification: An Interval Estimation Approach, in: Multivariate Behavioral Research, Jg. 23, Nr. 2, S. 173-180.

Steiner, G. (2011): Das Planetenmodell der kollaborativen Kreativität: Systemisch-kreatives Problemlösen für komplexe Herausforderungen, Gabler: Wiesbaden.

Stern, T. & Jaberg, H. (2007): Erfolgreiches Innovationsmangement: Erfolgsfaktoren, Grundmuster, Fallbeispiele, 3. Auflage, Gabler: Wiesbaden.

Stevenson, H. H. & Jarillo, J. C. (1990): A Paradigm of Entrepreneurship: Entrepreneurial Management, in: Strategic Management Journal, Jg. 11, Special Issue: Corporate Entrepreneurship, S. 17-27.

Stockstrom, C. (2009): Planung und Umsetzung von Innovationsprojekten: Zur Wirkung des Coalignment, Gabler: Wiesbaden.

Stöckmann, C. (2010): Exploration und Exploitation in adoleszenten Unternehmen, Gabler: Wiesbaden.

Stöger, R. (2011): Innovationsmanagement für die Praxis: Neues zum Markterfolg führen, Schäffer Poeschel: Stuttgart.

Stolzenberg, K. & Heberle, K. (2006): Change Management: Veränderungsprozesse erfolgreich gestalten: Mitarbeiter Mobilisieren, Springer: Heidelberg.

Stopfold, J. M. & Baden-Fuller, C. W. (1990): Corporate Rejuvenation, in: Journal of Management Studies, Jg. 27, Nr. 4, S. 399-415.

Stopfold, J. M. & Baden-Fuller, C. W. (1994): Creating Corporate Entrepreneurship, in Strategic Management Journal, Jg. 15, Nr. 7, S. 521-536.

Stone-Romero, E. F., Alliger, G. M. & Aguisnis, H. (1994): Type II Error Problems in the Use of Moderated Multiple Regression for the Detection of Moderating Effects of Dichotomous Variables, in: Journal of Management, Jg. 20, Nr. 1, S. 167-178.

Strahan, R. & Gerbasi, K. C. (1972): Short, Homogeneous Versions of the Marlow-Crowne Social Desirability Scale, in: Journal of Clinical Psychology, Jg. 28, Nr. 2, S. 191-193.

Stummer, C., Günther, M. & Köck, A. M. (2008): Grundzüge des Innovations- und Technologiemanagements, 2. Auflage, facultas: Wien.

Suarez, F. F. & Lanzolla, G. (2007): The Role of Environmental Dynamics in Building a First Mover Advantage Theory, in: Academy of Management Review, Jg. 32, Nr. 2, S. 377-392.

Subramaniam, M & Youndt, M. A. (2005): The Influence of Intellectual Capital on the Types of Innovative Capabilities, in: Academy of Management Journal, Jg. 48, Nr. 3, S. 450-463.

Suckow, C. (2011): Markenaufbau im Internet: Identifikation und Analyse zentraler Wirkungselemente der Unternehmensidentität im Rahmen der Einstellungsbildung von Online-Shop-Besuchern, Gabler: Wiesbaden.

Sutton, S. (1998): Predicting and Explaining Intentions and Behavior: How Well Are We Doing?, in: Journal of Applied Social Psychology, Jg. 28, Nr. 15, S. 1317-1338.

Sykes, H. B. (1986): The Anatomy of A Corporate Venturing Program: Factors Influencing Success, in: Journal of Business Venturing, Jg. 1, Nr. 3, S. 275-293.

Sykes, H. B. (1992): Incentive Compensation for Corporate Venture Personnel, in: Journal of Business Venturing, Jg. 7, Nr. 4, S. 253-265.

Taggar, S. (2002): Individual Creativity and Group Ability to Utilize Individual Creative Resources: A Multilevel Model, in: Academy of Management Journal, Jg. 45, Nr. 2, S. 315-330.

Teece, D. J. (2012): Dynamic Capabilities: Routines versus Entrepreneurial Action, in: Journal of Management, Jg. 48, Nr. 8, S. 1395-1401.

Temme, D. & Kreis, H. (2005): Der PLS-Ansatz zur Schätzung von Strukturgleichungsmodellen mit latenten Variablen: Ein Softwarüberblick, in: Bliemel, F., Eggert, A., Fassott, G. & Henseler, J. (Hrsg.): Handbuch PLS-Pfadmodellierung: Methode, Anwendung, Praxisbeispiel, Schäffel-Poeschel Verlag: Stuttgart, S. 193-208.

Tenenhaus, M., Esposito Vinzi, V., Chatelin, Y.-M. & Lauro, C. (2005): PLS Path Modeling, in: Computational Statistics and Data Analysis, Jg. 48, Nr. 1, S. 159-205.

Teng, B.-S. (2007): Corporate Entrepreneurship Activities through Strategic Alliances: A Resource-Based Approach toward Competitive Advantage, in: Journal of Management Studies, Jg. 44, Nr. 1. S. 119-142.

Thomas, K. W. & Velthouse, B. A. (1990): Cognitive Elements of Empowerment: An „Interpretive" Model of Intrinsic Task Motivation, in: Academy of Management Review, Jg. 15, Nr. 4, S. 666-681.

Thompson, E. R. (2009): Individual Entrepreneurial Intent: Construct Clarification and Development of an Internationally Reliable Metric, in: Entrepreneurship: Theory & Practice, Jg. 33, Nr. 3, S. 669-694.

Thornberry, N. E. (2003): Corporate Entrepreneurship: Teaching Managers to be Entrepreneurs, in: Journal of Management Development, Jg. 22, Nr. 4, S. 329-344.

Thornhill, S. (2006): Knowledge, Innovation and Firm Performance in high- and low-technology Regimes, in: Journal of Business Venturing, Jg. 21, Nr. 5, S. 687-703.

Tierney, P. & Farmer, S. M. (2002): Creative Self-Efficacy: Its Potential Antecedents and Relationship to Creative Performance, in: Academy of Management Journal, Jg. 45, Nr. 6, S. 1137-1148.

Tierney, P. & Farmer, S. M. (2004): The Pygmalion Process and Employee Creativity, in: Journal of Management, Jg. 30, Nr. 3, S. 413-432.

Tierney, P., Farmer, S. M. & Graen, G. B. (1999): An Examination of Leadership and Employee Creativity: The Relevance of Traits and Relationships, in: Personnel Psychology, Jg. 52, Nr. 3, S. 591-620.

Tkachev, A. & Kolvereid, L. (1999): Self-Employment Intentions among Russian Students, in: Entrepreneurship & Regional Development, Jg. 11, Nr. 3, S. 269-280.

Toledano, N. & Urbano, D. (2008): Promoting Entrepreneurial Mindsets at Universities: A Case Study in the South of Spain, in: European Journal of International Management, Jg. 2, Nr. 4, S. 382-399.

Toutenburg, H. (2004): Deskriptive Statistik: Eine Einführung mit Übungsaufgaben und Beispielen mit SPSS, Heidelberg: Springer.

Tsai, W. M.-H., MacMillan, I. C. & Low, M. B. (1991): Effects of Strategy and Environment on Corporate Venture Success in Industrial Markets, in: Journal of Business Venturing, Jg. 6, Nr. 1, S. 9-28.

Tubbs, M. E. & Ekeberg, S. E. (1991): The Role of Intentions in Work Motivation: Implications for Goal-Setting Theory and Research, in: Academy of Management Review, Jg. 16, Nr. 1, S. 180-199.

Tukamushaba, E. K., Orobia, L. & George, B. P. (2011): Development of a Conceptual Model to Understand International Social Entrepreneurship and its Application in the Ugandan Context, in: Journal of International Entrepreneurship, Jg. 9, Nr. 4, S. 282-298.

Tumasjan, A. & Braun, R. (2012): In the Eye of the Beholder: How Regulatory Focus and Self-Efficacy interact in influencing Opportunity Recognition, in: Journal of Business Venturing, Jg. 27. Nr. 6, S. 622-636.

Ucbasaran, D., Westhead, P. & Wright, M. (2008): Opportunity Identification and Pursuit: Does an Entrepreneur's Human Capital Matter?, in: Small Business Economics, Jg. 30, Nr. 2, S. 153-173.

Ucbasaran, D., Westhead, P. & Wright, M. (2009): The Extent and Nature of Opportunity Identification by Experienced Entrepreneurs, in: Journal of Business Venturing, Jg. 24, Nr. 2, S. 99-115.

Van Auken, H., Stephens, P., Fry, F. L. & Silva, J. (2006): Role Model Influences on Entrepreneurial Intentions: A Comparison between USA and Mexico, in: Entrepreneurship and Management Journal, Jg. 2, Nr. 3, S. 325-336.

Van de Ven, A. H. (1986): Central Problems in the Management of Innovation, in: Organization Design, Jg. 32, Nr. 5, S. 590-607.

Veciana, J., Aponte, M. & Urbano, D. (2005): University Students' Attitude Towards Entrepreneurship: A Two Countries Comparison, in: International Entrepreneurship and Management Journal, Jg. 1, Nr. 2, S. 165-182.

Vehviläinen, M, Vuolanto, P. & Ylijoki, O.-H. (2010): Gender Equality in Interface Organizations between Science, Technology and Innovation, in: Journal of Technology Mangement & Innovation, Jg. 5, Nr. 1, S. 64-74.

Venkataraman, S. (1997): The Distinctive Domain of Entrepreneurship Research, in: Katz, J. & Brockhaus, R. (Hrsg.): Advances in Entrepreneurship, Firm, Emergence, and Growth, Band 3, JAI Press: Greenwich, S. 119-138.

Venkataraman, S., Van de Ven, A. H., Buckeye, J. & Hudson, R. (1990): Starting Up in a Turbulent Environment: A Process Model of Failure among Firms with High Customer Dependence, in: Journal of Business Venturing, Jg. 5, Nr. 5, S. 277-295.

Verbeke, A., Chrisman, J. J. & Yuan, W. (2007): A Note on Strategic Renewal and Corporate Venturing in the Subsidiaries of Multinational Enterprises, in: Entrepreneurship: Theory & Practice, Jg. 31, Nr. 4, S. 585-600.

Vila, L. E., Perez, P. J. & Morillas, F. G. (2012): Higher Education and the Development of Competencies for Innovation in the Workplace, in: Management Decision, Jg. 50, Nr. 9, S. 1634-1648.

Vinzi, V. E., Trinchera, L. & Amato, S. (2010): PLS Path Modeling: From Foundations to Recent Developments and Open Issues for Model Assessment and Improvement, in: Vinzi, V. E., Chin, W. W., Henseler, J. & Wang, H. (Hrsg.): Handbook of Partial Least Squares: Concepts, Methods and Applications, Springer: Heidelberg, S. 47-82.

Völke, M. C. & Erdfelder, E. (2010): Varianz- und Kovarianzanalyse, in: Wolf, C. & Best, H. (Hrsg.): Handbuch der sozialwissenschaftlichen Datenanalyse, VS Verlag: Wiesbaden, S. 455-493.

Volery, T. & Gundolf, K. (2008): Entwicklung in der deutschsprachigen Entrepreneurship- und KMU-Forschung: Eine Artikelanalyse von 1997-2006, in: Kraus, S. & Gundolf, K. (Hrsg.): Stand und Perspektiven der empirischen Entrepreneurship- und KMU-Forschung, ibidem Verlag: Stuttgart, S. 65-78.

Vossen, R. W. (1998): Relative Strengths and Weaknesses of Small Firms in Innovation, in: International Small Business Journal, Jg. 16, Nr. 3, S. 88-94.

Vozikis, G. S., Bruton, G. D., Prasad, D. & Merikas, A. A. (1999): Linking Corporate Entrepreneurship to Financial Theory Through Additional Value Creation, in: Entrepreneurship: Theory & Practice, Jg. 24, Nr. 2, S. 33-44.

Wagner, P. & Piller, F. T. (2011): Open Innovation: Methoden und Umsetzungsbedingungen, in: Howaldt, J., Kopp, R. & Beerheide, E. (Hrsg.): Innovationsmanagement 2.0: Handlungsorientierte Einführung und praxisbasierte Impulse, Gabler: Wiesbaden, S. 101-129.

Walter, S. G. & Walter, A. (2011): Personenbezogene Determinanten von Unternehmensgründungen: Stand der Forschung und Perspektiven des Fortschritts, in: Zeitschrift für betriebswirtschaftliche Forschung, Jg. 61, Nr. 2, S. 57-89.

Wang, C. L. (2008): Entrepreneurial Orientation, Learning Orientation, and Firm Performance, in: Entrepreneurship: Theory & Practice, Jg. 32, Nr. 4, S. 635-657.

Ward, T. B. (2004): Cognition, Creativity, and Entrepreneurship, in: Journal of Business Venturing, Jg. 19, Nr. 2, S. 173-188.

Weiber, R. & Mühlhaus, D. (2010): Strukturgleichungsmodellierung: Eine anwendungsorientierte Einführung in die Kausalanalyse mit Hilfe von AMOS, SmartPLS und SPSS, Springer: Heidelberg.

Weins, C. (2010): Uni- und bivariate deskriptive Statisitk, in: Wolf, C. & Best, H. (Hrsg.): Handbuch der sozialwissenschaftlichen Datenanalyse, VS Verlag: Wiesbaden, S. 65-89.

Welpe, I. M., Spörrle, M., Grichnik, D., Michl, T. & Audretsch, D. B. (2012): Emotions and Opportunities: The Interplay of Opportunity Evaluation, Fear, Joy, and Anger as Antecedent of Entrepreneurial Exploitation, in: Entrepreneurship: Theory & Practice, Jg. 36, Nr. 1, S. 69-96.

Wennekers, S. & Thurik, R. (1999): Linking Entrepreneurship and Economic Growth, in: Small Business Economics, Jg. 13, Nr. 1, S. 27-55.

Wernerfelt, B. (1984): A Resource-Based View of the Firm, in: Strategic Management Journal, Jg. 5, Nr. 2, S. 171-180.

Widaman, K. F. (1993): Common Factor Analysis versus Principal Component Analysis: Differential Bias in Representing Model Parameters?, in: Multivariate Behavioral Research, Jg. 28, Nr. 3, S. 263-311.

Wiklund, J. (1999): The Sustainability of the Entrepreneurial Orientation-Performance Relationship, in: Entrepreneurship: Theory & Practice, Jg. 24, Nr. 1, S. 39-50.

Wiklund, J. & Shepherd, D. (2003): Knowledge-Based Resources, Entrepreneurial Orientation, and the Performance of Small and Medium-Sized Businesses, in: Strategic Management Journal, Jg. 24, Nr. 13, S. 1307-1314.

Wiklund, J. & Shepherd, D. (2005): Entrepreneurial Orientation and Small Business Performance: A Configurational Approach, in: Journal of Business Venturing, Jg. 20, Nr. 1, S. 71-91.

Wilson, B. (2010): Using PLS to Investigate Interaction Effects between Higher Order Branding Constructs, in: Vinzi, V. E., Chin, W. W., Henseler, J. & Wang, H. (Hrsg.): Handbook of Partial Least Squares: Concepts, Methods and Applications, Springer: Heidelberg, S. 621-652.

Wilson, F., Kickul, J. & Marlino, D. (2007): Gender, Entrepreneurial Self-Efficacy, and Entrepreneurial Career Intentions: Implications for Entrepreneurship Education, in: Entrepreneurship: Theory and Practice, Jg. 31, Nr. 3, S. 387-406.

Witt, J. & Witt, T. (2008): Innovative Unternehmensführung: Kreatives Denken und Handeln der Mitarbeiter fördern. Symposion: Düsseldorf.

Witten, E., Mathes, V. & Mencke, M. (2007): Betriebliches Innovationsmanagement: Wie Sie erfolgreich neue Produkte und Dienstleistungen entwickeln, Cornelsen: Berlin.

Wördenweber, B. & Wickard, W. (2008): Technologie- und Innovationsmanagement im Unternehmen: Lean Innovation, 3. Auflage, Springer: Heidelberg.

Wolfe, R. A. (1994): Organizational Innovation: Review, Critique and Suggested Reseach Directions, in: Journal of Management Studies, Jg. 31, Nr. 3, S. 405-431.

Wolff, H.-G. & Bacher, J. (2010): Hauptkomponentenanalyse und explorative Faktoranalyse, in: Wolf, C. & Best, H. (Hrsg.): Handbuch der sozialwissenschaftlichen Datenanalyse, VS Verlag: Wiesbaden, S. 333-365.

Wong, P. K., Ho, Y. P. & Autio, E. (2005): Entrepreneurship, Innovation and Economic Growth: Evidence from GEM Data, in: Small Business Economics, Jg. 24, Nr. 3, S. 335-350.

Wood, R. & Bandura, A. (1989): Social Cognitve Theory of Organizational Management, in: Academy of Managment Review, Jg. 14, Nr. 3, S. 361-384.

Woodman, R. W., Sawyer, J. E. & Griffin, R. W. (1993): Toward a Theory of Organizational Creativity, in: Academy of Management Review, Jg. 18, Nr. 2, S. 279-290.

Wooldridge, B. & Floyd, S. W. (1990): The Strategy Process, Middle Management Involvement, and Organizational Performance, in: Strategic Management Journal, Jg. 11, Nr. 3, S. 231-241.

Wright, M., Hmieleski, K. M., Siegel, D. S. & Ensley, M. D. (2007): The Role of Human Capital in Technological Entrepreneurship, in: Entrepreneurship: Theory & Practice, Jg. 31, Nr. 6, S. 791-806.

Wright, M., Hoskisson, R. E., Busenitz, L. W. & Dial, J. (2000): Entrepreneurial Growth Through Privatization: The Upside of Management Buyouts, in: Academy of Management Review, Jg. 25, Nr. 3, S. 591-601.

Wright, P. M., Dunford, B. B. & Snell, S. A. (2001): Human Resources and the Resource Based View of the Firm, in: Journal of Management, Jg. 27, Nr. 6, S. 701-721.

Wunderer, R. (2007): Internes Unternehmertum: Gefordert, Gefördert, Gelebt, in: Raich, M., Pechlaner, H. & Hinterhuber, H. H. (Hrsg.): Entrepreneurial Leadership: Profilierung in Theorie und Praxis, Deutscher Universitäts-Verlag: Wiesbaden, S. 43-64.

Yiu, D. W. & Lau, C.-M. (2008): Corporate Entrepreneurship as Resource Capital Configuration in Emerging Market Firms, in: Entrepreneurship: Theory & Practice, Jg. 32, Nr. 1, S. 37-57.

Yli-Renko, H., Autio, E. & Sapienza, H. J. (2001): Social Capital, Knowledge Acquisition, and Knowledge Exploitation in Young Technology-Based Firms, in: Strategic Management Journal, Jg. 22, Nr. 6-7, S. 587-613.

Zahra, S. A. (1993a): A Conceptual Model of Entrepreneurship as Firm Behavior: A Critique and Extension, in: Entrepreneurship: Theory & Practice, Jg. 17, Nr. 4, S. 5-21.

Zahra, S. A. (1993b): Environment, Corporate Entrepreneurship, and Financial Performance: A Taxonomic Appraoch, in: Journal of Business Venturing, Vol. 8, Nr. 4, S. 319-340.

Zahra, S. A. (1996): Goverance, Ownership, and Corporate Entrepreneurship: The Moderating Impact of Industry Technological Opportunities, in: Academy of Management Journal, Jg. 39, Nr. 6, S. 1713-1735.

Zahra, S. A. & Bogner, W. C. (2000): Technology Strategy and Software New Ventures´ Performance: Exploring the Moderating Effect of the Competitive Environment, in: Journal of Business Venturing, Jg. 15, Nr. 2, S. 135-173.

Zahra, S. A. & Covin, J. G. (1995): Contextual Influences on the Corporate Entrepreneurship-Performance Relationship: A Longitudinal Analysis, in: Journal of Business Venturing, Jg. 10, Nr. 1, S. 43-58.

Zahra, S. A., Filatotchev, I. & Wright, M. (2009): How Do Threshold Firms Sustain Corporate Entrepreneurship? The Role of Boards and Absorptive Capacity, in: Journal of Business Venturing, Jg. 24, Nr. 3, S. 248-260.

Zahra, S. A. & George, G. (2002): Absorptive Capacity: A Review, Reconceptualization, and Extension, in: Academy of Management Review, Jg. 27, Nr. 2, S. 185-203.

Zahra, S. A. & Gravis, D. M. (2000): International Corporate Entrepreneurship and Firm Performance: The Moderating Effect of International Environmental Hostility, in: Journal of Business Venturing, Jg. 15, Nr. 5-6, S. 469-492.

Zahra, S. A., Jennings, D. F. & Kuratko, D. F. (1999): The Antecedents and Consequences of Firm-Level Entrepreneurship: The State of the Field, in: Entrepreneurship: Theory & Practice, Jg. 24, Nr. 2, S. 45-66.

Zahra, S. A., Neubaum, D. O. & Huse, M. (2000): Entrepreneurship in Medium-Size Companies: Exploring the Effects of Ownership and Governance Systems, in: Journal of Management, Jg. 26, Nr. 5, S. 947-976.

Zahra, S. A., Nielsen, A. P. & Bogner, W. C. (1999): Corporate Entrepreneurship, Knowledge, and Competence Development, in: Entrepreneurship: Theory & Practice, Jg. 23, Nr. 3, S. 169-189.

Zajac, E. J., Golden, B. R. & Shortell, S. M. (1991): New Organisational Forms for enhancing Innovation: The Case of Internal Corporate Joint Ventures, in: Management Science, Jg. 37, Nr. 2, S. 170-185.

Zampetakis, L. A. (2008): The Role of Creativity and Proactivity on Perceived Entrepreneurial Desirability, in: Thinking Skills and Creativity, Jg. 3, Nr. 2, S. 154-162.

Zampetakis, L. A., Beldekos, P. & Moustakis, V. S. (2009): Day-to-Day Entrepreneurship within Organizations: The Role of Trait Emotional Intelligence and Perceived Organizational Support, in: European Management Journal, Jg. 27, Nr. 3, S. 165-175.

Zellweger, T., Sieger, P. & Halter, F. (2011): Should I Stay of Should I Go? Career Choice Intentions of Students with Family Business Background, in: Journal of Business Venturing, Jg. 26, Nr. 5, S. 521-536.

Zerfaß, A. (2009): Kommunikation als konstitutives Element im Innovationsmanagement: Soziologische und kommunikationswissenschaftliche Grundlagen der Open Innovation, in: Zerfaß, A. & Möslein, K. M. (Hrsg.): Kommunikation als Erfolgsfaktor im Innovationsmanagement: Strategien im Zeitalter der Open Innovation, Gabler: Wiesbaden, S. 23-55.

Zhang, X. & Bartol, K. M. (2010): Linking Empowering Leadership and Employee Creativity: The Influence of Psychological Empowerment, Intrinsic Motivation, and Creative Process Engagement, in: Academy of Management Journal, Jg. 53, Nr. 1, S. 107-128.

Zhang, Z. & Jia, M. (2010): Using Social Exchange Theory to Predict the Effects of High-Performance Human Resource Practices on Corporate Entrepreneurship: Evidence from China, in: Human Resource Management, Jg. 49, Nr. 4, S. 743-765.

Zhao, H., Seibert, S. E. & Hills, G. E. (2005): The Mediating Role of Self-Efficacy in the Development of Entrepreneurial Intentions, in: Journal of Applied Psychology, Jg. 90, Nr. 6, S. 1265-1272.

Zhao, H., Seibert, S. E. & Lumpkin, G. T. (2010): The Relationship of Personality to Entrepreneurial Intentions and Performance: A Meta-Analytic Review, in: Journal of Management, Jg. 36, Nr. 2, S. 381-404.

Zhou, J. & George, J. M. (2001): When Job Dissatisfaction Leads to Creativity: Encouraging the Expression of Voice, in: Academy of Management Journal, Jg. 44, Nr. 4, S. 682-696.

Zhou, J. & George, J. M. (2003): Awakening Employee Creativity: The Role of Leader Emotional Intelligence, in: Leadership Quarterly, Jg. 14, Nr. 4, S. 545-568.

Zhou, J. & Shalley, C. E. (2003): Research on Employee Creativity: A Critical Review and Directions for Future Research, in: Research in Personnel and Human Resource Management, Jg. 22, Nr. 1, S. 165-217.

Ziemendorf, B. (2009): Emotionale Akzeptanz in Veränderungsprozessen: Entwicklung eines didaktischen Konzeptes, Peter Lang: Frankfurt am Main.

Zillner, S. & Krusche, B. (2012): Systematisches Innovationsmanagement: Grundlagen, Strategien, Instrumente, Schäffer Poeschel: Stuttgart.

Zwerenz, K. (2006): Statistik: Datenanalyse mit Excel und SPSS, 3. Auflage, Oldenbourg: München.

Springer Gabler RESEARCH

„Entrepreneurship"
Herausgeber: Prof. Dr. Malte Brettel, Prof. Dr. Lambert T. Koch,
Prof. Dr. Tobias Kollmann und Prof. Dr. Peter Witt
zuletzt erschienen:

Christian Brehm
Das Venture-Capital-Vertragswerk
Die Bedeutung für Management und Strategie des Zielunternehmens
2012. XIX, 245, Br. € 49,95
ISBN 978-3-8349-3507-6

Patrick Krell
Immaterielle Belohnungen, individuelle Kreativität und Innovationen in KMU
Eine empirische Analyse des mittleren und oberen Managements
2014. XVII, 264 S., 23 Abb., 9 Tab., Br. € 49,99
ISBN 978-3-658-05437-3

Yvonne Meves
Emotionale Intelligenz als Schlüsselfaktor der Teamzusammensetzung
Eine empirische Analyse im Kontext der Sozialpsychologie und des organisationalen
Verhaltens in jungen Unternehmen
2013. XXII, 305 S., 46 Abb., 29 Tab., Br. € 59,95
ISBN 978-3-658-01067-6

Nils Middelberg
**Erfolgsfaktoren bei der Investitionsmitteleinwerbung
von Venture-Capital-Gesellschaften**
Eine Mixed-Method-Analyse
2012. XXVI, 287 S., 32 Abb., 16 Tab., Br. € 59,95
ISBN 978-3-8349-4319-4

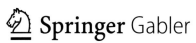

Änderungen vorbehalten. Stand: März 2014. Erhältlich im Buchhandel oder beim Verlag.
Abraham-Lincoln-Str. 46 . 65189 Wiesbaden . www.springer-gabler.de

Printed by Books on Demand, Germany